参与国家区域战略的路径研究

——以浙江省为例

王立军◎著

CANYU GUOJIA QUYU ZHANLUE DE LUJING YANJIU
YI ZHEJIANGSHENG WEILI

企业管理出版社
ENTERPRISE MANAGEMENT PUBLISHING HOUSE

图书在版编目（CIP）数据

参与国家区域战略的路径研究：以浙江省为例 / 王立军著.
—北京：企业管理出版社，2020.7

ISBN 978-7-5164-2154-3

Ⅰ.①参… Ⅱ.①王… Ⅲ.①区域经济发展—经济发展战略—研究—浙江 Ⅳ.①F127.55

中国版本图书馆 CIP 数据核字（2020）第 094177 号

书　　名：参与国家区域战略的路径研究——以浙江省为例
作　　者：王立军
责任编辑：刘一玲　黄　爽
书　　号：ISBN 978-7-5164-2154-3
出版发行：企业管理出版社
地　　址：北京市海淀区紫竹院南路 17 号　　**邮　　编**：100048
网　　址：http：//www.emph.cn
电　　话：编辑部（010）68701322　发行部（010）68414644
电子信箱：80147@sina.com　zbs@emph.cn
印　　刷：北京虎彩文化传播有限公司
经　　销：新华书店
规　　格：710 毫米×1000 毫米　16 开本　15 印张　200 千字
版　　次：2020 年 7 月第 1 版　　2020 年 7 月第 1 次印刷
定　　价：58.00 元

前言

区域空间格局是我国区域经济发展的一个重要变量。中华人民共和国成立以来，我国区域发展战略和区域政策经历了从平衡发展到非均衡发展，再到协调发展的演进过程。2012年以来，“一带一路”倡议及长江经济带、京津冀协同发展、粤港澳大湾区、长三角一体化与黄河流域生态保护和高质量发展五大国家区域发展战略相继提出，并与西部开发、中部崛起、东北振兴和东部率先发展的区域发展战略相结合，形成了我国“一大倡议＋五大战略＋四大板块”的区域总体发展战略体系。

浙江省地处我国东南沿海，属于长江的下游地区，也是长江三角洲的核心地区。从历史来看，浙江省的宁波市是海上丝绸之路三大始发港之一。因此，浙江省与五大国家区域发展战略密切相关的是长江经济带和长三角一体化战略。自这些国家区域发展战略提出以来，浙江省积极响应，结合本省实际，采取了行之有效的措施推进国家战略的实施。本书即是对浙江省参与“一带一路”建设和长江经济带、长三角一体化战略的路径与实践的一个实证研究。第一篇是理论研究，对国家区域经济发展战略的演进，以及浙江经济发展与区域经济理论创新进行分析。第二篇长江经济带战略、第三篇长三角一体化战略以及第四篇“一带一路”建设分别对国家发展战略（倡议）进行介绍，研究浙江省参与上述战略（倡议）的路径和实践，并且每一篇均有一章介绍浙江省所属市、县参与国家战略（倡议）的案例。

王立军

2020年3月

目　录

第一篇　理论研究

第二篇　长江经济带战略

第三篇　长三角一体化战略

第四篇　“一带一路”建设

第一篇　理论研究

第一章　国家区域经济发展战略的演进

区域经济政策是一国政府为改善经济活动的空间分布、促进国内各地区经济均衡和有效发展而实施的各项措施的总称。我国国土面积辽阔，地区间区位条件和资源禀赋各异，经济发展水平也不尽相同。中华人民共和国成立以来，我国区域经济的发展思潮经历了从平衡发展到不平衡发展论，再到协调发展论的变革。伴随着发展思潮的变革，我国的区域发展战略和区域政策也经历了一个演进过程。①

一、我国区域经济发展政策的实践与生产力布局的调整

我国幅员辽阔，区域禀赋条件差异大，如何处理区域间发展关系是我国经济社会发展中的关键问题。文献一般将中华人民共和国成立以来的区域经济政策划分为四个阶段，即平衡发展阶段、非均衡发展阶段、均衡发展阶段和协调发展阶段。不同文献中各阶段的分界点不尽一致，

① 本章的主体部分以《建国70年来我国区域经济发展政策的演进及其效应分析》为题入选庆祝“新中国成立70周年暨党校建校70周年”理论研讨会。感谢论文合作者周梦天博士！

但总体差异不大。一般认为第一阶段为改革开放前；第二阶段是从1978年的改革开放到1999年，第三阶段是从1999年到党的十八大召开前，党的十八大以来进入第四阶段。改革开放前，区域政策的研究较少。段艳和陈耀（2019）对1978年以前的区域发展政策进行了回顾总结，认为这一阶段以重视内地建设、降低沿海投资来减少地区差距的做法使得资源配置效率低下，阻碍了经济发展。对于改革开放后的区域政策，文献研究成果较为丰富。刘云中（2018）将改革开放后三个阶段的区域发展目标分别总结为“东部沿海地区优先发展”“区域协调发展”“区域总体发展和主体功能区建设并行”。蔡之兵（2018）指出，改革开放后，我国区域发展政策稳定性增强、协调性提高，更加注重发展的质量、内涵和可持续性。

综上所述，中华人民共和国成立以来，我国的区域发展战略与区域经济政策大致经历了以下几个重要的时期。

（一）平衡发展时期（1949—1978年）

20世纪50—70年代，我国的区域经济发展政策受到苏联生产配置理论的影响，加上我们对马克思主义经典作家关于平衡发展的教条与机械的理解，因此，平衡发展论是当时主流的理论。基于这一认识，在很长一段时期内，我国学界把有计划地平衡配置生产力，消灭地区与城乡之间的经济不平等与差别，看作是社会主义国家生产力布局的首要原则。

从现实的情况来看，中华人民共和国成立之初的经济基础相当薄弱，生产力布局集中于东部与东北地区，广大的西部与中部地区工业基础薄弱。因此，在主观愿望上也希望改变1949年以前的生产力畸形分布状况。加上朝鲜战争的爆发，国际形势紧张，出于国防安全的考虑，“一五”时期的新建工业企业大都放在了战略后方地区。之后，由于中苏关系的紧张，1965年中共中央发出《关于加强备战工作的指示》。根据中央精神，我国的“三五”和“四五”计划，转向了以备战为中心和以建设“三线”地区为重点的轨道。

就生产力布局而言，这一时期经历了三次大规模的西进。先是在

“一五”时期，国家除了东北外，集中建设了包头、武汉、西安、兰州、郑州、太原、成都等城市的工业基地。在全国基本建设投资总额中，沿海与内地投资比为0.79:1。虽然1956年毛泽东发表了《论十大关系》，在论述沿海与内地关系的基础上，强调兼顾内地与沿海区域发展，但是1958年开始的“大跃进”打乱了这一部署。生产力布局再次向内地推进。在各协作区与各省均能建立独立工业体系的指导思想影响下，各地大小项目遍地开花，星罗棋布。这一时期，沿海与内地投资比达到了0.60:1。第三次西进是“四五”时期的“三线”建设。当时的重点是“三西”（豫西、鄂西、湘西）同时积极进行大西南建设。除了国家的“大三线”建设外，也要求各省建立各自的“小三线”，形成了“大而全、小而全”的工业体系。

这一时期的大规模投资西进，有力地推进了广大内陆地区的工业化进程，加快了其发展。但是也存在着“遍地开花”与盲目追求工业自成体系等问题，尤其是忽视沿海工业发展的倾向，严重制约了沿海经济潜力的发挥和经济增长。

（二）非均衡发展时期（1979—1991年）

党的十一届三中全会做出了重大战略决策：把工作重点转移到社会主义现代化建设上。这一重大战略转变也反映到区域发展思想上，原来的平衡发展论逐渐被非均衡发展论所取代。

1978年年底，改革开放的总设计师邓小平就提出了先富带后富，实现共同富裕的思想，标志着我国区域经济从平衡发展战略向效率导向的非均衡发展战略转变。随后，学术界就非均衡发展战略的具体模式进行了热烈探讨。具体而言表现为两大主线：一条是增长极理论的中国化及其应用，主要包括增长极理论、点轴开发理论等；另一条是梯度推移理论的中国化及其应用，包括不同重点开发论等。

从“六五”计划开始，我国的生产力布局和区域经济发展指导方针，从过去的强调缩小地区差别，逐步转向效率导向，向沿海倾斜。“七五”期间进一步将全国划分为东、中、西部三大经济地带，把经济建设重点放在东部地区，并在1988年开始实施沿海地区经济发展战略。

就生产力布局而言，1980 年国家在东部沿海地区成立了深圳、厦门、珠海和汕头等 4 个经济特区。1984 年，相继开放了大连、青岛、温州、福州等 14 个沿海开放城市。随后又将珠江三角洲、长江三角洲、闽南厦漳泉三角、辽东半岛和胶东半岛等地区划分为沿海经济大开放区，形成了东部沿海地区对外开放的格局。“六五”时期沿海地区的基建投资占比由“五五”时期的 42.2% 上升到 47.7% 。“七五”时期这一比重进一步上升到 53.2% 。①

这一时期，国家通过投资布局和对外开放等政策，实行了优先支持禀赋条件好的沿海地区发展的东倾政策。这些政策的实施，改善与优化了东部地区的发展环境，推动了沿海地区的快速发展，使其成为我国吸收外商投资集聚地和出口的重要基地，也成为我国经济高速发展的重要力量。但是，在这一过程中也存在着一些问题，积累了一些矛盾。一方面，东、西部的地区差距有扩大趋势，尤其是东北等老工业基地经济增长持续不景气；另一方面，区域间的矛盾和摩擦也不断加剧。随着地方政府经济权益的增加，各地通过行政手段，构筑各种贸易壁垒，加大对区域资源、人才、技术和商品的垄断和封锁，诱发了各种资源大战。区际摩擦，阻碍了统一市场的形成。

（三）非均衡向协调发展转变时期（1992—2011 年）

随着改革开放的深入，面对区域发展差距尤其是东、西差距的扩大，国家开始将促进区域协调发展提到战略高度。1992 年春邓小平同志发表了南方谈话。他指出：“如果富的越来越富，穷的越来越穷，两极分化就会产生，而社会主义制度就应该而且能够避免两极分化。解决的办法之一，就是先富起来的地区多交点利税，支持贫困地区的发展。”（邓小平，1992）这一讲话是其“两个大局”战略构想的深化，对促进我国区域发展战略与政策的转变，产生了深远的影响。江泽民提出要正确处理东部地区和中、西部地区的关系，并做出了实施西部大开

① 魏后凯．现代区域经济学［M］．北京：经济管理出版社，2011．

发战略，加快中、西部地区发展的部署。胡锦涛在党的十七大上提出科学发展观，其中就包含了统筹区域发展，推进生产力和生产关系相协调的内涵（胡锦涛，2004）。

1995 年党的十四届五中全会以及“九五”计划明确了“区域经济协调发展，逐步缩小地区发展差距”的重要方针。“十五”计划明确了“实施西部大开发，促进地区协调发展”；“十一五”规划提出了“区域发展总体战略”，指出要“坚持实施推进西部大开发，振兴东北地区等老工业基地，促进中部地区崛起，鼓励东部地区率先发展”（见表 1－1）。以“效率优先，兼顾公平”为原则的区域协调发展格局开始形成。

表 1－1 我国协调发展战略的初步形成过程

时间	文件、会议或小组名称	具体内容
1999 年 3 月	《国务院关于进一步推进西部大开发的若干意见》	提出进一步推进西部大开发的十条意见
1999 年 12 月	中央经济工作会议	正式提出西部大开发战略，明确中央政府集中援助中西部地区
2000 年 3 月	政府工作报告	正式实施西部大开发战略
2001 年	《国民经济和社会发展第十个五年计划纲要》	强调了“十五”期间（2001—2005 年）要“实现西部大开发战略，促进区域协调”
2002 年 11 月	党的十六大报告	支持东北地区等老工业基地加快调整和改造
2003 年 10 月	《中共中央、国务院关于实施东北地区等老工业基地振兴战略的若干意见》	提出了振兴东北地区的指导思想、原则、任务和政策措施
2003 年 11 月	老工业基地领导小组	以温家宝总理为组长的振兴东北地区等老工业基地领导小组
2004 年 4 月	老工业基地办公室	国务院成立振兴东北地区等老工业基地办公室，全面启动振兴东北老工业基地战略
2004 年 3 月	政府工作报告	首次提出促进中部地区崛起
2004 年 12 月	中央经济工作会议	温家宝总理提出要抓紧研究制定支持中部地区崛起的政策措施

就生产力布局而言，1992 年，国务院先后批准黑河、满洲里、伊宁、瑞丽等 13 个沿边开放城市，鼓励贸易和投资，允许建设边境经济合作区。之后，又相继开放了重庆、武汉、芜湖等长江沿岸城市，在中、西部增设了一批国家级经济技术开发区，并鼓励东部企业到中、西部投资。在振兴东北等老工业基地方面，2007 年国务院发布了《东北地区振兴规划》；2010 年又将沈阳经济区列为国家新型工业化综合配套改革试验区，推动资源型城市转型。中央财政从 2001 年起加大对革命老区的转移支付，完善老少边穷地区政策。

这一时期，随着国家投资布局和政策开始向中、西部和东北地区倾斜，中、西部地区的营商环境大幅提升。随着 2008 年世界金融危机的爆发，使得东部地区的企业要素成本上涨，面临产业转型升级压力，加速了东部地区传统产业的转移。在政府和市场的共同推动下，产业布局逐步向中、西部扩散与转移，东、中、西部的差距由扩大开始向缩小转变。

（四）协调发展时期（2012 年至今）

习近平在党的十八届五中全会上提出了“创新、协调、绿色、开放、共享”的新发展理念。他指出：“协调发展注重的是解决发展不平衡问题。在经济发展水平落后的情况下，一段时间的主要任务是要跑得快，但跑过一定路程后，就要注意调整关系。为此，我们必须牢牢把握中国特色社会主义事业总体布局，不断增强发展的整体性。”（习近平，2015）党的十九大报告明确提出了实施区域协调发展战略，为我国区域经济发展指明了方向。在新发展理念的指引下，我国区域协调发展进入了新时期。

2013 年习近平相继提出了建设“丝绸之路经济带”和 21 世纪“海上丝绸之路”的构想。“一带一路”的提出为我国构建了一种全方位、多层次的区域合作开放新格局。从国内区域合作来看，以疏解北京非首都功能为“牛鼻子”的京津冀协同发展和以共抓大保护、不搞大开发为导向的长江经济带发展是区域发展的重点。2018 年，粤港澳大湾区建设正式上升为国家战略。同年11月，在首届中国国际进口博览会上，习近平又将长江三角洲区域一体化上升为国家战略。2019年9月，在河南考察期间，习近平提出黄河流域生态保护和高质量发展，同京津冀协同发展、长江经济带发展、粤港澳大湾区建设、长三角一体化发展一样，是重大国家战略。由此，形成了新时期我国区域发展的五大战略格局。

在区域协调发展中，习近平尤其重视通过东、西部的协作，解决西部地区的脱贫扶贫问题。他指出："东、西部扶贫协作和对口支援，是推动区域协调发展、协同发展、共同发展的大战略，是加强区域合作、优化产业布局、拓展对内对外开放新空间的大布局，是实现先富帮后富、最终实现共同富裕目标的大举措，必须长期坚持下去。"（习近平，2016）

就生产力布局而言，按照习近平提出的"要在中西部和东北有条件的地区，依靠市场力量和国家规划引导，逐步发展形成若干城市群，成为带动中西部和东北地区发展的重要增长极，推动国土空间均衡开发"的要求，我国加大了中、西部地区城市群建设力度，形成了"两横三纵"的城市化战略格局。这一时期，国家级新区的设立也进入密集期。作为区域发展的新增长极，中、西部地区的新区数量明显高于东部。在2012年之后设立的国家级新区中，兰州新区、西咸新区、贵安新区、天府新区、湘江新区、滇中新区、哈尔滨新区、长春新区、赣江新区均位于中、西部地区。根据国家发展和改革委员会（以下简称国家发展和改革委）的统计，2018年中西部地区积极承接产业转移、加大基础设施建设力度，拟建项目数量增速领先全国。①

① 国家发展和改革委员会.2018年全国固定资产投资发展趋势监测报告及2019年投资形势展望［OL］. 国家发展改革委门户网站，2019－02－26.

二、中华人民共和国成立以来我国区域经济发展差异的实证分析

中华人民共和国成立以来我国区域经济发展差异与区域发展战略的调整是否有着某种关联，我们运用锡尔指数这一工具来进行分析。

（一）以往文献研究综述

我国区域发展差距状况的研究成果虽然丰富，但由于指标选取、数据处理、测算方法、地区划分等不同，结论上存在较大分歧。就中华人民共和国成立到改革开放这段时期而言，Riskin（1978）认为我国地区间差距逐渐缩小，而徐建华等（2005）则认为差距呈扩大趋势。同样，对于改革开放初期的地区差距，文献采用不同测算方法得出的结论也差异较大。Li 和 Xu（2008）计算基尼系数发现这段时期我国省际差异初步缩小。Li 等（2004）根据人均 GDP 指标，同样发现省际差异缩小的现象。刘夏明等（2004）通过基尼系数分解结果也认为地区间总体差异在下降。魏后凯和刘楷（1994）则发现 1978—1992 年东、中、西三大地带经济增长日趋不平衡，东部发展明显领先于中部和西部地区。杨开忠（1994）利用考虑了价格因素后的人均 GNP，发现无论是省区经济差异还是沿海和内地的经济差异都在改革开放后呈现扩大趋势。对于 20 世纪 90 年代区域差距的结论，文献研究结果较为统一。Li 和 Xu（2008）、宋德勇（1998）、吴三忙和李善同（2010）、徐建华等（2005）均认为这段时期区域间差距逐渐拉大。对于进入 21 世纪之后至现在 20 年的区域差距，文献结论也较为一致。许召元和李善同（2006）、吴三忙和李善同（2010）、张红梅等（2019）均认为我国地区经济差距逐渐缩小。

为了进一步揭示中华人民共和国成立以来我国区域经济政策演变对区域经济发展差异的影响，我们将引入锡尔指数进行实证分析，量化考察我国地区间差异、地区内部差异以及各省之间差异的演变趋势，并通

过指数分解分析主导整体差异的关键因素。

（二）分析工具和数据来源

1. 锡尔指数及其分解

锡尔指数（Theil Index）是衡量区域经济发展差异的常用指标，该指数可以通过分解衡量区域内部差异和区域间差异对整体差异的贡献。本书按照经济发展水平和地理位置相结合的原则和文献惯例，将全国划分为东、中、西三个地区。① 据此，全国锡尔指数可分解为三个地区内部各省份间差异的贡献，以及东、中、西部地区之间差异的贡献。

锡尔指数的计算公式为

$$T = \sum_{i=1}^{n} y_i \lg \frac{y_i}{p_i} \tag{1}$$

其中 n 为基本单元个数，y_i 为第 i 个基本单元 GDP 占总体的份额，p_i 为第 i 个基本单元人口占总体的份额，锡尔指数越大表示区域间经济发展差距越大。

按基本区域单元和整体的定义不同，本书将计算以下三种锡尔指数。

（1）以省份为基本区域单元的全国锡尔指数 T_p 。计算此系数时，（1）式中的 i 代表第 i 个省份，y_i 表示该省份 GDP 占全国的份额，p_i 表示该省份人口占全国的份额。

（2）以省份为基本区域单元的区域内部锡尔指数 T_{pj} 。具体来说，计算此系数时，（1）式中的 i 代表 j 地区内的第 i 个省份，y_i 和 p_i 分别表示该省份 GDP 和人口占其所在的区域的份额。

（3）以三大地区作为基本区域单元的全国锡尔指数 T_r 。具体来说，

① 东部包括辽宁、北京、天津、河北、山东、江苏、上海、浙江、福建、广东、广西和海南等 12 个省、直辖市、自治区；中部包括黑龙江、吉林、内蒙古、山西、河南、湖北、湖南、安徽和江西等 9 个省、自治区；西部包括宁夏、陕西、甘肃、青海、新疆、西藏、四川、重庆、云南和贵州等 10 个省、直辖市、自治区。

计算此系数时，（1）式中的 i 代表三大区域中的某个区域，y_i 和 p_i 分别表示该区域 GDP 和人口占全国的份额。

全国总体的锡尔指数 T_p 可以分解为区域间的锡尔指数 T_r 和各区域内部的锡尔指数 T_{pj} 加权之和：

$$T_p = \sum_{j=1}^{3} \frac{Y_j}{Y} T_{pj} + T_r \qquad (2)$$

其中，Y_j 为第 j 个地区的 GDP 总量，Y 为全国的 GDP 总量。其中 $\frac{Y_j}{Y} T_{pj}$ 是 j 区域内部各省发展差异对全国差异的贡献，T_r 是三个区域之间发展差异对全国差异的贡献。

2. 数据来源和说明

计算锡尔指数需要各省人口与 GDP 数据，综合考虑这两项数据的可得性，本书将锡尔指数时间限定在 1952—2017 年，2008 年以前的数据来自《新中国六十年统计资料汇编》，2009 年以后的数据来自国家统计局网站。其中海南省 1977 年以前 GDP 数据缺失，根据全国 GDP 总值的一定比例推算得到，该比例定为 1978 年的水平。需要说明的是，由于两个数据来源的统计口径和 GDP 核算方法之间存在系统差异，锡尔指数的发展趋势在 2008 年和 2009 年之间可能出现跳跃，需谨慎解读（见 14 页附表）。

（三）中华人民共和国成立以来我国区域经济发展差异的变化趋势

1. 区域经济发展差异的趋势

中华人民共和国成立以来区域间锡尔指数的演进趋势（见图 1－1）。1979 年以前，我国东、中、西部经济发展差距一直较小。这一平衡发展态势在 20 世纪 80 年代初开始被打破，三大地区差异在 80 年代逐步缓慢拉大。进入 20 世纪 90 年代，地区间差距急剧扩大。到了 90 年代中期，地区间锡尔指数开始小幅波动上升，到 2003 年达到峰值，说明这期间协调发展战略开始发挥作用。从 2006 年开始，地区间差距迅速收窄，到 2012 年，地区间锡尔指数重新回落到 90 年代快速上涨前的水平，意味着我国成功完成了从非均衡发展到协调发展的转变。2012 年以后，我国地区间锡尔指数稳定地维持在较低水平，全面迈入协调发展阶段。

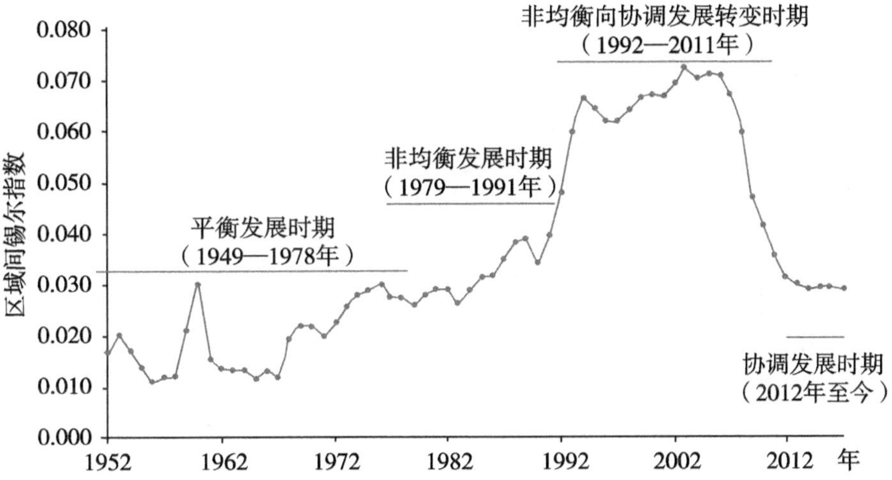

图 1－1　区域间锡尔指数（1952—2017 年）

进一步分析各区域内部的经济发展差异情况（见图 1－2）。东部地区自 1979 年开始其内部各省发展差异大幅减小，到 20 世纪 90 年代之后维持稳定，但差异一直高于中部和西部地区。相较而言，后两个地区自中华人民共和国成立以来区域内部发展差异一直稳定在较低水平，但两者之间变化趋势不尽相同。中部地区内部发展差异一直保持下降趋势。而西部地区自 20 世纪 90 年代开始，内部差异逐步扩大。从 1993 年开始，西部地区锡尔指数超过并持续高于中部地区。

各地区内部和全国省份层面锡尔指数（见图 1－2）在 1979 年以前波动较大，这与此期间区域发展战略政策时有反复、国内经济大幅波动的背景相吻合。改革开放后，各省之间差距持续缩小，这一趋势在 1990 年开始反转。此后省份间锡尔指数略有升高，从 2006 年开始大幅下降，直至 2013 年开始稳定，并持续保持在较低水平。通过对比可以发现，20 世纪 90 年代以前，省份层面锡尔指数与东部地区锡尔指数走势大致相同，而此后，省份层面锡尔指数转而与地区间锡尔指数走势高度一致。可见主导全国地区发展差异的因素随时间发生了变化。下面将通过锡尔指数分解考察区域经济发展差异构成的演变。

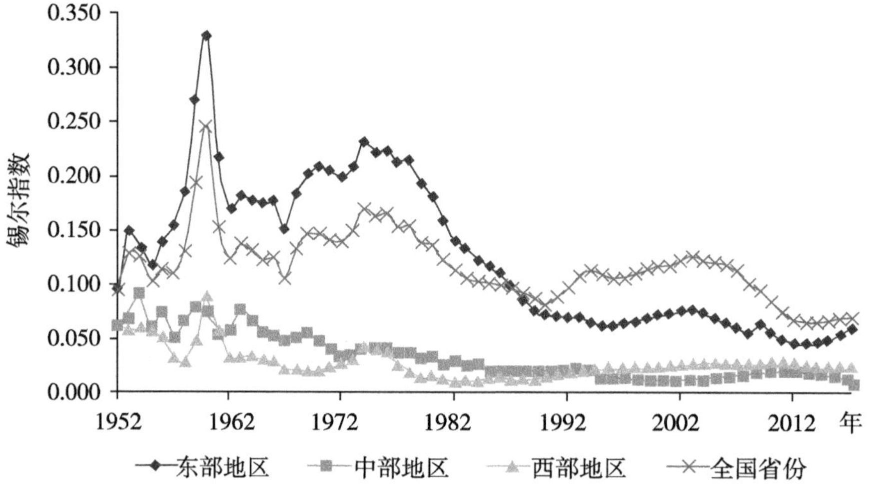

图 1－2　各地区内部和全国省份层面锡尔指数（1952—2017 年）

2. 区域经济差距的构成

中华人民共和国成立以来各地区内部发展差异和区域间发展差异对全国发展不均等的贡献率（见图 1－3）。东部地区内部差异一直是导致全国省份发展不均等的重要因素，1988 年以前，它对全国整体差异的贡献率均超过 50%。然而这一主导地位自 1991 年开始被地区间差异所取代。改革开放后，东部沿海地区凭借面向国际市场的区位优势和开放政策的利好开始腾飞，与中、西部地区差距逐步拉大，这具体表现为地区间差异对整体差异的贡献不断增大，而东部地区内的差异贡献率不断下降。地区间差异的主导地位一直维持到 2015 年，此后又重新被东部地区内差异的贡献所超越。这意味着区域间协调发展战略已见成效，而东部地区内各省份发展又发生了进一步分化。

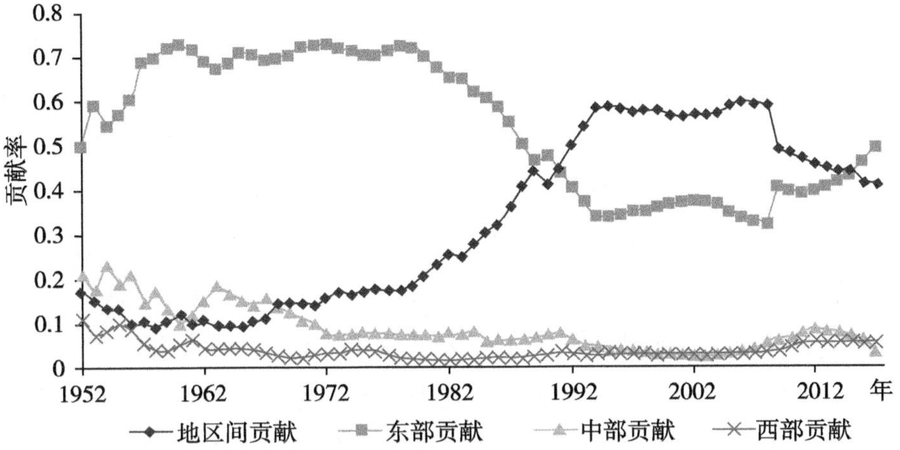

图1－3　地区间、各地区内部差异对全国整体差异的贡献（1952—2017 年）

三、未来国家区域发展战略展望

党的十八大以后，在习近平总书记区域协调发展战略思想指引下，我国各区域发展潜力进一步释放、发展活力进一步激发、区域间发展联系进一步增强，打破地域限制、有差异、开放的区域发展格局正逐步成型。

展望未来，在习近平新时代中国特色社会主义思想的指导下，通过深化全面改革，通过市场化的产业有序转移和新增长极建设，我国的区域经济将实现高质量协调发展。

（一）以“一大倡议＋五大战略＋四大板块”的总战略指引区域高质量协调发展

“一带一路”倡议及长江经济带、京津冀协同发展、粤港澳大湾区、长三角一体化与黄河流域生态保护和高质量发展等五大战略与西部开发、中部崛起、东北振兴和东部率先发展的区域发展战略相结合，形成了我国“一大倡议＋五大战略＋四大板块”的区域总体发展战略体系。以四大板块为基础，协调统筹东、中、西部区域发展；以五大战略和一大倡议为指引，构建以长江经济带、黄河流域为主轴，“一带一路”为辐射的沿江、沿海、沿边经济轴带体系，打通四大板块与世界经济的联系，促进区域间的产业分工协作，提高资源配置效率，优化要素流动，促进区域高质量协调发展。

（二）以新增长极建设为重点推进区域高质量协调发展

加快现有20个国家级新区建设，适时将郑州郑东新区、武汉长江新区、合肥滨湖新区和南宁五象新区等升级为国家级新区。优化“两横三纵”的城市化战略布局，一张蓝图干到底。重点发展成渝、武汉、中原、长株潭、呼包鄂榆、关中—天水和北部湾中、西部城市群；培育滇中、黔中、银川沿黄等城市群，在中、西部地区形成新的增长极和经济轴带，增强区域发展活力，推进区域高质量协调发展。

（三）以市场化的产业有序转移促进区域高质量协调发展

近年来，随着土地、劳动力等要素成本的大幅度上升，东部地区产业发展的压力大增。中、西部地区不但有丰富的劳动力，土地、能源等要素成本低，也有一定的工业基础，完全可以承接东部沿海地区的产业转移与扩散。在市场化选择的基础上，辅之以一定的地方政策优惠，东部地区的产业有序向中西部梯度转移，不但能促进中、西部地区经济发展，也将促进东部地区产业转型升级，从而实现区域高质量协调发展。

附表　全国省份、地区间、各地区内部锡尔指数以及全国锡尔指数的分解（1952—2017年）

年份	全国 Theil	地区间 Theil	地区间/%	东部 Theil	东部/%	中部 Theil	中部/%	西部 Theil	西部/%
1952	0.096	0.017	17.29	0.096	50.18	0.062	21.32	0.064	11.22
1953	0.128	0.020	15.43	0.150	59.63	0.069	17.50	0.059	7.43
1954	0.125	0.017	13.43	0.135	54.82	0.092	23.37	0.061	8.38
1955	0.102	0.014	13.48	0.118	57.45	0.059	19.17	0.058	9.91
1956	0.113	0.011	9.60	0.139	60.56	0.074	21.29	0.053	8.55
1957	0.110	0.012	10.73	0.155	69.22	0.050	14.74	0.033	5.32
1958	0.131	0.012	9.33	0.186	69.79	0.066	16.94	0.030	3.94

续表

年份	全国 Theil	地区间 Theil	地区间/%	东部 Theil	东部/%	中部 Theil	中部/%	西部 Theil	西部/%
1959	0.194	0.021	10.68	0.270	72.04	0.079	13.25	0.049	4.03
1960	0.245	0.030	12.14	0.333	72.83	0.074	9.68	0.092	5.34
1961	0.154	0.015	10.06	0.216	72.35	0.054	11.21	0.059	6.38
1962	0.124	0.014	11.02	0.170	69.36	0.058	15.23	0.033	4.39
1963	0.136	0.013	9.62	0.181	67.51	0.078	18.73	0.034	4.14
1964	0.131	0.013	9.99	0.179	69.04	0.066	16.52	0.035	4.45
1965	0.123	0.012	9.47	0.175	71.09	0.056	15.14	0.031	4.30
1966	0.124	0.013	10.55	0.177	70.82	0.053	14.51	0.031	4.12
1967	0.107	0.012	11.13	0.152	69.47	0.050	16.04	0.021	3.36
1968	0.133	0.019	14.57	0.183	69.48	0.051	13.34	0.022	2.60
1969	0.147	0.022	14.79	0.202	70.57	0.055	12.41	0.021	2.23
1970	0.147	0.022	14.66	0.209	72.48	0.047	10.66	0.021	2.20
1971	0.141	0.020	14.19	0.206	72.87	0.042	10.04	0.025	2.90
1972	0.140	0.022	15.96	0.200	73.05	0.033	7.79	0.028	3.20
1973	0.149	0.026	17.11	0.209	72.08	0.034	7.56	0.031	3.25
1974	0.170	0.028	16.45	0.234	71.84	0.040	7.56	0.045	4.14
1975	0.164	0.029	17.47	0.222	70.66	0.041	7.99	0.040	3.89
1976	0.166	0.030	17.90	0.224	70.63	0.041	7.70	0.039	3.78
1977	0.154	0.027	17.84	0.211	71.65	0.038	7.64	0.027	2.87
1978	0.155	0.027	17.66	0.215	72.60	0.039	7.66	0.019	2.08
1979	0.139	0.026	18.50	0.194	72.23	0.033	7.43	0.015	1.84
1980	0.137	0.028	20.34	0.184	69.96	0.034	7.75	0.016	1.96
1981	0.123	0.029	23.47	0.160	67.81	0.027	6.95	0.014	1.77
1982	0.113	0.029	25.56	0.140	65.09	0.029	7.90	0.010	1.44
1983	0.106	0.027	25.03	0.134	65.54	0.025	7.47	0.013	1.96
1984	0.103	0.029	27.83	0.122	62.28	0.027	8.15	0.011	1.74
1985	0.102	0.031	30.63	0.118	61.04	0.020	6.07	0.015	2.27

续表

年份	全国 Theil	地区间 Theil	地区间/%	东部 Theil	东部/%	中部 Theil	中部/%	西部 Theil	西部/%
1986	0.099	0.032	31.98	0.111	59.24	0.020	6.30	0.016	2.48
1987	0.096	0.035	36.27	0.099	55.22	0.020	6.44	0.013	2.07
1988	0.093	0.038	40.94	0.086	50.37	0.020	6.47	0.013	2.21
1989	0.088	0.039	44.22	0.075	46.75	0.020	6.71	0.013	2.32
1990	0.082	0.034	41.47	0.073	48.03	0.021	7.63	0.014	2.87
1991	0.089	0.040	44.85	0.071	43.98	0.024	7.88	0.018	3.29
1992	0.096	0.048	49.73	0.069	40.81	0.022	6.43	0.019	3.02
1993	0.109	0.060	54.79	0.070	37.74	0.020	4.83	0.019	2.64
1994	0.113	0.066	58.33	0.065	33.93	0.021	4.82	0.023	2.91
1995	0.110	0.065	58.96	0.063	34.05	0.016	3.77	0.025	3.21
1996	0.106	0.062	58.68	0.062	34.30	0.016	3.99	0.022	3.02
1997	0.108	0.062	57.59	0.065	35.28	0.015	3.84	0.025	3.28
1998	0.110	0.064	58.14	0.066	35.29	0.014	3.41	0.024	3.16
1999	0.114	0.066	58.09	0.069	36.14	0.013	2.98	0.023	2.79
2000	0.118	0.067	57.02	0.072	36.95	0.014	3.12	0.025	2.90
2001	0.118	0.067	56.86	0.073	37.35	0.013	2.81	0.025	2.98
2002	0.122	0.069	56.89	0.076	37.60	0.012	2.58	0.026	2.92
2003	0.127	0.072	57.06	0.078	37.31	0.013	2.66	0.028	2.96
2004	0.123	0.070	57.30	0.075	37.10	0.012	2.58	0.028	3.02
2005	0.120	0.071	59.20	0.069	34.61	0.015	3.21	0.028	2.98
2006	0.119	0.071	59.75	0.065	33.54	0.017	3.65	0.028	3.06
2007	0.113	0.067	59.61	0.062	33.06	0.018	4.21	0.027	3.12
2008	0.101	0.060	58.80	0.055	32.31	0.020	5.49	0.026	3.40
2009	0.095	0.047	48.97	0.064	40.94	0.024	6.45	0.026	3.63
2010	0.085	0.042	48.88	0.056	39.96	0.022	6.56	0.030	4.60
2011	0.075	0.035	47.33	0.049	39.25	0.022	7.93	0.030	5.49
2012	0.069	0.031	45.42	0.046	40.11	0.023	8.70	0.028	5.77

续表

年份	全国 Theil	地区间 Theil	地区间/%	东部 Theil	东部/%	中部 Theil	中部/%	西部 Theil	西部/%
2013	0. 066	0. 030	45. 00	0. 046	41. 17	0. 021	8. 29	0. 025	5. 54
2014	0. 065	0. 029	44. 17	0. 047	42. 14	0. 020	8. 05	0. 025	5. 64
2015	0. 067	0. 030	44. 38	0. 049	43. 21	0. 019	7. 17	0. 024	5. 24
2016	0. 070	0. 029	41. 75	0. 055	46. 75	0. 017	6. 21	0. 025	5. 29
2017	0. 070	0. 029	41. 11	0. 059	49. 92	0. 009	3. 43	0. 025	5. 54

第二章　浙江省经济发展与区域经济理论创新

中华人民共和国成立 70 年来，特别是改革开放以来，在党中央和历届省委、省政府的坚强领导下，浙江成功实现了由基本温饱向全面小康的历史性跨越，实现了由农业大省向经济大省的历史性跨越，实现了由自给自足的小农经济到深度融入全球发展的历史性跨越，其实践探索，不仅为中国改革开放提供了浙江元素、浙江经验、浙江案例，也为发展中经济体实现跨越式发展提供了有益的参考和启示。①

一、70 年来浙江省经济发展取得的成绩

70 年来，浙江发生了翻天覆地的变化，成为全国经济最具活力的省份之一，创造了前所未有的繁荣和富足，人民生活实现了由解决温饱向全面建成小康的历史性跨越，正向高水平建成全面小康、高水平建设社会主义现代化奋力迈进。②

（一）综合实力突飞猛进，发展质量显著提升

经济总量连续翻番。浙江生产总值（GDP）从 1949 年的 15 亿元、1978 年的 124 亿元跃升至 1991 年的千亿元、2004 年的万亿元，2008 年、2011 年、2014 年、2017 年分别跃上 2 万亿元、3 万亿元、4 万亿元、5 万亿元的新台阶，2018 年达 56197 亿元（8492 亿美元），超过 2017 年居世界第 18 位的荷兰（8262 亿美元），接近第 17 位的土耳其（8511 亿美元），在全国的位次由 1952 年的第 11 位、1978 年的第 12 位

---

① 本章的主体部分以《浙江改革开放 40 年的实践启示》为题，入选中共浙江省委宣传部举办的"浙江改革开放 40 周年理论研讨会"。感谢浙江省社会科学界联合会盛世豪主席的指导！

② 王美福，傅吉青，黄洪琳．辉煌壮丽 70 年 砥砺奋进新时代［OL］．浙江统计信息网，2019－06－02.

升至第4位，连续23年稳居第4。人均GDP由1949年的72元，1978年的331元，2016年按当年平均汇率计算为12784美元，跨入世界银行国别收入分组标准高收入经济体门槛，2018年增至14722美元，在全国的位次由1978年的第16位升至第5位。按可比价格计算，1950—2018年，GDP、人均GDP分别增长610和201倍，年均分别增长9.7%和8.0%，其中，1979—2018年年均分别增长11.9%和10.8%，是改革开放以来全国经济增长最快的地区之一。

经济增长质量明显改善。浙江省财政总收入由1949年的0.45亿元，1978年的27.45亿元增至2018年的11706亿元，一般公共预算收入从1994年的94.6亿元增至2018年的6598亿元，在全国的位次由1978年的第14位升至第4位。全体居民人均可支配收入增至45840元，居全国第3位、省区第1位，相当于人均GDP的比例由2013年的43.3%升至2018年的46.5%。城镇、农村居民人均可支配收入从1949年的116元和47元，1978年的332元和165元增至2018年的55574元和27302元，扣除价格因素，1979—2018年年均实际增长7.9%和8.4%。城镇居民人均可支配收入连续18年居全国第3位、省区第1位，农村居民人均可支配收入居全国第2位，连续34年居省区第1位。规模以上工业营业收入、利润总额分别增至71446亿元和4452亿元，均居全国第4。全员劳动生产率增至14.7万元/人，为全国的1.3倍。

（二）产业结构实现根本性变革，数字经济等新产业蓬勃发展

1949年，浙江产业层次很低，属典型的农业社会，三次产业增加值比例为68.5∶8.0∶23.5，1978年演变为38.1∶43.3∶18.7，2018年进一步演变为3.5∶41.8∶54.7，形成工业和服务业共同推动产业发展的格局。工业增加值从1952年的2.3亿元、1978年的47亿元增至2018年的20500亿元，同期服务业增加值由5.5亿元、23.1亿元增至30724亿元，2018年均居全国第4，按可比价格计算，年均分别增长8.7%和9.9%。实施数字经济“一号工程”，新产业蓬勃发展。2018年，数字经济增加值达2.33万亿元，占GDP的41.5%，居全国第4（中国信通

院发布)。“三新”经济增加值占 GDP 的 24.9%，增长贡献率达 33.5%。八大万亿产业不断壮大。数字经济核心产业、旅游、文化及相关特色产业总产出和金融产业总收入超万亿元，增加值分别占 GDP 的 9.9%、7.8%、7.5%和 7.4%。

（三）市场化改革成效显著，民营经济成为浙江省最亮丽的名片

创业创新氛围浓厚。至 2018 年年底，浙江省工商部门注册登记市场主体达 654.2 万户，是全国最具发展活力的省份之一。创新投入力度不断加大，财政科技支出由 1978 年的 0.43 亿元增至 2018 年的 379.9 亿元，年均增长 18.5%。2018 年，R&D 经费投入占 GDP 的比重由 1990 年的 0.23% 升至 2.52%；科技进步贡献率升至 61.8%。特色小镇集聚大批创业创新人才，截至 2018 年年底，集聚创业团队 4463 个，创业人才 2 万多人。全省高新技术企业、科技型中小企业分别增至 14649 家和 50898 家。

民营经济是浙江省最亮丽的金名片。2018 年，民营经济创造了浙江省 58.1% 的税收、63.1% 的投资、65.5% 的生产总值、71.9% 的研发投入（2017 年）、78.0% 的外贸出口、87% 的就业岗位、91.2% 的企业数量。在 2018 年最新公布的中国民营企业 500 强中，浙江省有 93 个企业上榜，连续 20 年居全国第一。鼓励支持民营企业完善产权制度，全面实施“凤凰行动”。境内外上市公司增至 535 家，其中，境内上市公司 432 家，上市公司总数居全国第 2 位。

商品交易市场繁荣是浙江省独特优势。1978 年，商品交易市场 1051 个，商品市场成交额仅 8.6 亿元。2018 年，商品交易实体市场增至 3759 个，成交额达 2.19 万亿元，其中，十亿级市场 268 个，百亿级市场 39 个，千亿级市场 2 个，均列全国前茅，义乌小商品市场年度成交额连年居全国第一。2018 年，社会消费品零售总额 25008 亿元，居全国第 4 位，比 1952 年增长 2260 倍，年均增长 12.4%。网络零售额达 16719 亿元，居全国第 2 位，淘宝镇和淘宝村数均居全国第一。

（四）对外开放不断扩大，国际影响力不断增强

外贸规模不断扩大。进出口总额由 1978 年的 0.70 亿美元增至 2018 年的 4325 亿美元，其中，进口由 0.18 亿美元增至 1113 亿美元，出口由 0.52 亿美元增至 3212 亿美元，年均增速均为 24.4%，出口占全国的比重从 0.5% 升至 12.9%，出口规模在全国的位次由第 11 位升至第 3 位。出口结构不断优化。2018 年，机电产品和高新技术产品出口占出口总额的比重分别升至 43.5% 和 6.6%。服务贸易进出口总额从 1996 年的 4.9 亿美元增至 2018 年的 3815 亿美元，居全国第一方阵。2018 年，跨境电商交易额居全国第 2 位，对“一带一路”沿线国家进出口 8967 亿元，占全省进出口的 31.4%。

利用外资量质提升。实际利用外商直接投资从 1984 年的 252 万美元增至 2018 年的 186.4 亿美元，列全国第 5 位。2018 年，高技术制造业和服务业实际外资占全省总数的 23.6%。累计批准 182 家世界 500 强来浙江省投资企业 614 个，投资总额 376.5 亿美元。积极开拓海外市场。对外投资项目遍布六大洲、145 个国家和地区。国外经济合作营业额从 1984 年的 20 万美元增至 2018 年的 75.6 亿美元。

二、浙江省经济演进的动力与活力之源

改革开放 40 多年来，浙江省发生了巨大的变化。其巨变的动力与活力，主要来自以下几个方面。

（一）率先推进市场化改革，是推动浙江省加快发展的活力之源

市场主体是经济发展的基础。区域发展的动力归根结底取决于市场主体的活力和竞争力。中国的改革开放实际上就是一场制度变革。这一变革从明晰产权、保护产权开始，不断降低交易费用，最大限度地释放市场主体活力，推进经济快速发展。回顾过去 40 年，我们可以清晰地看到，改革开放以来浙江省从政府到民间率先推进市场化改革的实践探索。

率先放手发展民营经济，推进产权制度改革，最大限度地释放主体活力。得益于浙江省民间工商文明传统，在传承并发扬民间“自主谋生、自立创新”精神的基础上，浙江省的民营经济率先在全国萌发成长。1980年温州市发出全国第一张个体工商户营业执照。随后，浙南地区冒出了一大批个体、私营企业。1983年1月，温岭县核发了全国第一张股份合作制企业营业执照，企业性质为“社员联营集体”，这是经济体制的重大突破。此后，乡镇股份合作制企业迅猛发展。率先改革，使浙江省的乡镇企业由1978年的7.4万家增至1991年的51.6万家。1992年后，浙江省从明晰产权入手，率先推进国有及城镇集体企业产权制度改革。进入21世纪以来，浙江省进一步推动民营经济新飞跃，出台了一系列政策举措，支持民营经济发展。尤其是党的十八大以后，以高校系、阿里系、海龟系和浙商系为代表的“创业新四军”，再次掀起浙江省的创业潮。

率先推进市场建设，健全完善市场体系，推进资源配置方式由计划向市场转变。20世纪80年代初，随着集市贸易的恢复，面向城乡群众的农贸市场和小商品市场破土而出。1981年，省政府发文要求各地恢复传统摊市和开辟新的市场；1982年，全面开放日用工业品市场，义乌小商品市场、路桥日用品商城、绍兴轻纺市场、海宁皮革城等一大批专业市场迅速崛起，并在全国乃至世界各地形成一个又一个“浙江村”“温州城”，“小商品、大市场”带动区域经济快速发展。进入新世纪，以阿里巴巴为代表的电子商务平台经济迅速崛起，成为浙江省经济新名片。目前，全省拥有全球最大的中小企业电子商务平台、网络零售平台，有各类活跃网店74.1万家，网络零售额达13337亿元。[①]

民营优先、市场优先，不仅激发了市场主体的充沛活力，造就了民营经济大省，更是推动完善了与市场化相适应的体制机制，使浙江发展

---

① 浙江省统计局．改革开放40年浙江经济实现历史性跨越［OL］．浙江省统计信息网，2018－06－15.

获得了先发优势。可以说，走以明晰产权、市场化为导向的探索之路，正是浙江省改革得以成功的关键之举，也为浙江省发展注入了最根本、最具可持续性的动力。

（二）坚持以人为本，是浙江省改革开放的目标追求

浙江省改革开放40年的历史，正如习近平同志所指出的，“始终坚持发展为了人民、发展依靠人民、发展成果由人民共享，使经济社会发展的成果惠及全体人民，进一步焕发人民群众理解、支持、参与改革和发展的积极性”①。

始终坚持解放思想、充分尊重群众首创精神。人是生产力中最革命的因素，既是经济活动的主体和生产方式的创造者，也是各类产品的最终消费者。因此，能不能充分激发每个人包括市场主体的创造力是检验区域发展模式成败的主要标志。40年来，浙江省各级党委政府突破各种束缚，充分尊重人民群众的首创精神，并因势利导加以保护和发展，支持形成了“千家万户办企业，千辛万苦搞经营，千山万水闯市场，千方百计创新业”的局面。比如，在义乌，早在1982年8月，政府就正式开放“小商品市场”，允许农民经商；允许从事长途贩运；允许开放城乡市场；允许多渠道竞争。正是由于对群众的实践探索采取鼓励包容的态度，创造宽松的发展环境，允许试、允许看、鼓励闯、允许失误、善于等待，② 才使浙江省有了众多的“全国第一”：第一个个体工商户、第一家私营企业、第一批专业市场、第一个股份合作制企业、第一个海外专业市场等。浙江省民营经济发展和市场化之路才能始终走在全国前列。

始终坚持发展为了人民群众。2016年2月23日，在中央全面深化改革领导小组第二十一次会议上，习近平总书记指出，要把是否促进经济社会发展，是否给人民群众带来实实在在的获得感，作为改革成效的

---

① 习近平．干在实处 走在前列——推进浙江新发展的思考与实践［M］．北京：中共中央党校出版社，2006.

② 李泽民．坚定不移地坚持解放思想、实事求是［J］．今日浙江，2008（8）．

评价标准。40 年来，浙江省坚持把解决群众最关心、最直接、最现实的利益问题，作为改革发展的出发点和落脚点，建立健全为民办实事的长效机制，每年都着力解决一批事关群众利益的民生问题，努力让广大群众共享改革发展成果。① 比如，率先打破城乡二元结构、推进新型城市化，率先构建全覆盖、保基本、多层次、可持续的社会保障体系，努力使低收入群体共享经济发展成果等。近年来，针对群众、企业办事难的问题，率先推出“最多跑一次”改革，充分利用“互联网 +”的优势，着力提升政府服务理念、体制机制和工作方式，群众办事的简便化、智能化程度显著提高，得到了群众的广泛认可和拥护。

坚持以人为本，做到改革为了人民、改革依靠人民、改革让人民受益，既是改革开放的目标追求，也是新时代全面深化改革的重要方法。浙江省的实践表明，坚持以人为本，不仅使广大人民群众在改革开放中共享到了实实在在的获得感，而且激发广大人民群众更加主动积极地参与到改革开放的伟大实践中来，为发展提供无穷的智慧和创新，进而推动改革开放在认识和实践上的新突破。

（三）坚持创新驱动，是浙江省从资源小省到经济大省的动力基础

浙江省是陆域资源小省，发展基础薄弱。改革开放以来浙江省经济之所以能够获得快速发展，一个重要的原因是源自市场主体的主动创新。通过创新实现对物质资源的优化配置，把全国甚至全球的资源汇集到浙江省，推动区域经济发展。而科技创新则是其中最核心的内容。早在 1992 年，浙江省就提出了科技兴省战略，2003 年省委把建设科技强省纳入“八八战略”，2006 年全省自主创新大会进一步强调了建设创新型省份和科技强省的目标。

不断推进科技体制改革，激发创新活力。为增加市场主体的创新动力和能力，1983 年浙江省就试行科技人员兼职和合理流动；1984 年开

① 吕祖善．改革开放是浙江富民强省的必由之路［J］．今日浙江，2008（23）．

始对独立科研机构实行管理、分配、奖励制度改革；1998 年出台《关于技术要素参与分配的若干规定》，并在全省企业和科研院所改制中得到了较好的落实。比如，毛江森院士以其甲肝疫苗研究成果技术入股普康公司，获得2000 多万元的股份，占公司总股本的 29.05%。2018 年又出台了《关于实行以增加知识价值为导向分配政策的实施意见》，进一步激发科研人员的积极性、主动性和创造性，促进科技成果转化。

充分利用市场机制，集聚和优化创新资源。由于浙江省科技资源较少，早在改革开放初期，德清等地的许多乡镇企业就开始了民间的技术交易和技术服务活动，“星期天工程师”就是当年浙江省乡镇企业主动对接上海的智力与技术的真实写照。1981 年，浙江省举办首次技术交易会，开创了国内有组织开展技术交易活动的先例。2002 年 11 月，由浙江省政府、科技部共同举办的中国浙江网上技术市场正式投入运行。时任浙江省委书记的习近平同志明确指出，要加强网上技术市场建设，充分发挥市场机制在配置科技资源中的基础性作用。2014 年 12 月，集“展示、交易、交流、合作、共享”五位一体的浙江省科技大市场正式运营，实现了有形市场和无形市场的结合。目前，初步形成了“浙江的钱全国用，全国的科技资源浙江用”的开放型区域科技创新体制机制。①

为弥补省内创新资源不足的短板，在习近平同志的倡导下，浙江省启动了引进大院名校共建创新载体工作。2003 年 12 月 31 日，浙江省政府和清华大学联合建立了清华长三角研究院。之后，又先后引进了中科院材料所、浙江省加州国际纳米技术研究院等一批创新载体。2004 年以科技资源集成开放和共建共享为目标，启动省级科技创新服务平台建设试点。目前，国家自主创新示范区、城西科创大走廊、G60 科创走廊等一批重大创新平台建设稳步推进。2017 年，成立了新型科研机构——“之江实验室”。同时，还以人才管理改革试验区为依托，深化

① 蒋泰维．走浙江特色的自主创新道路［J］．政策瞭望，2006（4）．

人才发展体制机制改革，先后推出“人才+资本”、职称评审改革等一系列人才政策，用最优的政务环境使得大批“高精尖缺”人才和项目落户浙江省。正是充分利用市场机制集聚和优化创新资源，使得浙江省区域创新能力稳步上升，目前居全国第5位。

40年来的实践探索为区域创新驱动提供了丰富的经验：坚持改革创新、激发主体活力，是区域创新驱动的内在动力；充分利用市场机制，集聚配置创新资源，是强化区域创新驱动的关键路径。

（四）坚持转型升级，是浙江省建设现代化产业体系的基本路径

产业转型升级是支撑和提升区域经济发展水平的关键因素。改革开放以来，浙江省区域产业结构从劳动密集型加工工业向加工深度、加工规模和资本集约度不断提高的资本密集型加工工业转变，由二产主导向三产主导的结构转变，走出了一条符合区域特点的现代化产业体系成长之路。

加快农村工业化，推动产业结构由“二、一、三”向“二、三、一”转变。改革开放初期，浙江省顺应农村大量剩余劳动力向非农产业转移的迫切需要，发挥区域特点，凭借灵活的市场机制，以“轻、小、集、加”为导向，着力推进农村工业化，着力培育以市场为导向的产业体系，推动三次产业增加值比例由1978年的38.1∶43.3∶18.6，转变为1987年的26.3∶46.4∶27.4。

“腾笼换鸟、凤凰涅槃”，推动产业结构由“二、三、一”向“三、二、一”转变。进入21世纪以后，随着发展环境和发展阶段的变化，为破解资源要素缺乏、生态环境压力和内外市场约束等瓶颈制约，习近平同志在深入调研基础上提出了“八八战略”，加快先进制造业基地建设，积极发展服务业，全面推动信息技术在经济社会各领域的应用，着力优化经济结构，转变增长方式，在“腾笼换鸟”中实现“凤凰涅槃”。2014年，全省第三产业占比超过第二产业。

随着经济进入新常态，浙江省着力深化供给侧结构性改革。一方

面，改造提升传统制造业，统筹推进标准强省、质量强省、品牌强省建设，联动推进“互联网 +”“智能化 +”“标准化 +”“文化 +”，建设产业创新服务综合体，促进传统动能修复。另一方面，深化推动先进制造业与现代服务业“双轮驱动”、融合发展，加快打造一批世界级先进制造业集群，推动信息、环保、健康、旅游、时尚、金融、高端装备制造、文化等产业做大做强。同时，提升现代服务业新引擎，促进生产性服务业向专业化和价值链高端提升，推进生活性服务业向便利化精细化品质化提升。浙江第一、第二、第三产业比例已由 1978 年的 38. 1∶43. 2∶18. 7 变为 2017 年的 3. 9∶43. 4∶52. 7。随着“数字浙江”建设的推进，第三产业占比将进一步上升。

在“八八战略”的指引下，浙江省以供给侧结构性改革为主线深入推进转型升级，遵循三次产业结构演进的经济规律，产业结构完成了由“二、三、一”向“三、二、一”的转变。服务业与制造业双轮驱动，实体经济、科技创新、现代金融、人力资源协同发展的现代产业体系初步形成，为加快新旧动能转换提供了重要支撑。

（五）坚持跳出浙江发展浙江，是浙江省开放发展的主要途径

在现代经济体系中，开放是任何一个区域经济发展的客观要求。对浙江这样一个资源缺乏、市场有限的省份来说，开放更是发展的必然路径。跳出浙江发展浙江，开放不仅为浙江省提供了国内外市场，也为浙江省建立了广泛的经济联系，还为浙江省集聚优质资源要素创造了条件。

跳出浙江发展浙江，鼓励“走出去”拓宽经济联系。1978 年，国务院正式批准浙江省为对外贸易口岸，成为全国最早实行对外开放的省份之一。1979 年，宁波、沈家门等港口首先对外开放。1984 年，宁波、温州被列为全国沿海对外开放城市。20 世纪 90 年代，中央提出沿海、沿边、沿江、沿路的对外开放“四沿战略”，浙江省沿海地区全部作为对外开放地区。21 世纪初，面对加入世贸组织的重要机会窗口，习近平同志以卓越的全球意识和战略眼光，将开放纳入“八八战略”，提出

“立足全局发展浙江，跳出浙江发展浙江”的重要思想，全面拓展浙江省对外开放的广度和深度。从首家贸易机构亚利公司在香港注册到阿里巴巴美国上市、吉利收购沃尔沃，浙江省企业在国际上的竞争力和影响力日益加强。近年来，浙江省又积极谋划打造“一带一路”枢纽，大力推进舟山江海联运服务中心和义甬舟大通道建设，着力提升在国家新一轮开放战略中的综合服务能力。

高水平“引进来”，集聚全球优质资源要素。改革开放之初，浙江省实际利用外资规模较小，与广东省、江苏省相比有相当大的差距。21世纪初，在习近平同志推动下，浙江省坚持“利用外资与结构调整相结合”，世界零售巨头“沃尔玛”、日本“三井住友”等世界500强企业纷至沓来。近年来，浙江省成功承办G20峰会、六届世界互联网大会，大力推进开发区、自贸试验区、世界电子贸易平台等各类开放平台建设。截至2017年，浙江省共有1个自贸试验区、21个国家级经济技术开发区、56个省级经济开发区、8个海关特殊监管区，形成了全方位、多层次、宽领域的对外开放新格局。

在全球化日益加剧的背景下，开放是融入全球经济体系、集聚优势资源要素、拓展经济网络的唯一途径。浙江省40年的开放实践充分表明，唯有开放才能更加强大，唯有开放才能提升发展。建立现代化经济体系，更是要在全面开放上下功夫，要更好把握经济全球化机遇，深化内外开放联动，推动区域经济在更加全面深刻地融入全球产业链、价值链、创新链的基础上进一步迈向中高端。

（六）坚持统筹兼顾，是推动浙江省区域协调发展的根本方法

推动协调发展是贯彻落实新发展理念、推动区域经济由高速增长阶段转向高质量发展阶段的重要遵循。改革开放以来，浙江省因地制宜地提出并实施“山海协作工程”、新型城市化、城乡一体化等举措，不仅有力地促进了区域协调发展，也为区域现代化提供了重要保障。

统筹城乡发展，促进城乡一体化。2003年1月，习近平同志提出，要统筹城乡经济社会发展，走以城带乡、城乡一体化的路子；并把

“统筹城乡经济社会发展，加快推进城乡一体化”纳入“八八战略”。2004年浙江省率先出台《浙江省统筹城乡发展推进城乡一体化纲要》，组织实施“千村示范、万村整治工程”和“欠发达乡镇奔小康工程”。2010年12月又率先开展美丽乡村建设。从“千村示范、万村整治工程”到美丽乡村建设行动，城乡发展更加协调。到2017年，浙江省城乡居民人均可支配收入比为2.054:1，延续十余年持续降低的走势，成为全国城乡居民人均收入差距最小的省份。

优势互补互利共赢，推动区域协调发展。“七山一水二分田”的省情特征决定了多样化的区域发展条件，也造成了浙江省区域之间发展的不平衡，尤其是西部山区和沿海岛屿发展滞后。早在2001年，浙江省出台《关于推进欠发达地区加快发展的若干意见》，推进欠发达地区加快绿色发展、生态富民、科学跨越。2003年，“八八战略”进一步强调，大力发展海洋经济，推动欠发达地区跨越式发展，努力使海洋经济和欠发达地区的发展成为浙江省经济新的增长点。组织实施“百亿帮扶工程”“欠发达乡镇奔小康工程”和“山海协作工程”等，通过政府联动、市场拉动、产业带动，逐渐形成了有浙江特色的区域协调发展新机制。到2015年，浙江省26个欠发达县一次性全部“摘帽”，全面消除家庭人均年收入低于4600元的绝对贫困现象，成为全国率先完成脱贫攻坚任务的省份。

践行“两山”理论，推动实现绿色发展。“八八战略”明确把发挥浙江生态优势，创建生态省，打造“绿色浙江”作为重要举措。2005年习近平同志进一步提出“绿水青山就是金山银山”的重要论述，为浙江省绿色发展和生态文明建设提供了根本遵循。省第十三次党代会强调要坚持生态立省方略，加快建设生态浙江。从率先实行河长制开展“8·11”环境污染整治行动，到实施“四边三化”“五水共治”“三改一拆”等专项行动，再到推进“大花园”建设行动，浙江省不断提升生态保护、生态修复、生态治理能力，绿色发展的步伐更加快速稳健。

区域协调发展旨在促进城乡区域协调发展、经济社会协调发展，以及人与自然协调发展，促进区域发展的整体性和均衡性。改革开放以来，浙江省正确处理“城与乡”“山与海”“经济与环境”等关系，走出了一条城乡统筹、区域协调、人与自然和谐的绿色、共享发展之路。

（七）坚持集聚发展，是推动浙江省从县域经济向都市区经济转变的加速器

改革开放以来，生机勃勃的县域经济是浙江省经济发展的突出特点，也是助力浙江省经济起飞的重要动力源泉。县域经济的典型特征是，以轻工业、小企业、民营经济和加工经济为主，形成了“小企业、大集聚，小资本、大集中，小商品、大市场，小城镇、大发展”的发展格局。浙江省的县域经济通过产业集群和专业化分工极大地发挥了规模效应。浙江省发达的县域经济与其省管县的财政制度密不可分。浙江省分别于1992年、1997年、2002年和2006年四次出台政策，扩大部分经济发达县市经济社会管理权限，不断完善省对县市财政转移支付办法，引导和鼓励县域经济因地制宜，宜工则工，宜农则农，宜商则商，极大地激发了县域经济发展的主动性和积极性。

但随着我国进入新时期，县域经济资源整合能力有限、行政分割造成资源浪费严重等局限性也愈发显现，甚至在一定程度上削弱了自身的区域竞争力。顺势应时，“十三五”时期，浙江省坚决破除县域经济的路径依赖，在新型城市化中着力强化中心城市功能，大力构建以杭州、宁波、温州、金义四大都市区为“一体”，以海洋经济区和生态功能区为“两翼”的“一体两翼”发展格局，聚焦提升中心城市高端要素和高端产业集聚能力，扎实推进县域经济向都市区经济转型。2016年又提出大湾区、大花园、大通道和大都市等四大建设，进一步完善了全省区域空间布局。

浙江省县域经济发展的历程表明，无论是提升企业竞争力、加快产业转型升级，还是优化空间布局、促进区域协调发展，都需要突破县域行政区划的限制，从原来的以“县域经济”为主体，转型为以中心城

市为核心，布局合理、通勤率较高、要素流动比较自由、产业关联度较强、公共资源配置相对均衡且有效共享，具有较强一体化倾向的“都市区经济”。

（八）正确处理好政府和市场“两只手”关系，是推动浙江省发展的有效保障

正确处理好政府和市场的关系，是社会主义经济体制改革所面临的核心问题。区域发展的理论和实践都表明，推动区域经济持续增长和社会进步，既需要充分发挥市场机制在资源配置中的作用，也需要政府发挥积极有效的作用。改革开放以来，浙江省通过充分发挥政府和市场“两只手”的关系，构建了富有活力的体制机制，为区域发展提供了有效的保障。

有为政府推动区域市场化进程。早在改革开放初期，浙江省各级政府就通过灵活、包容，或“先做不说，做了再说”（浙江省原省长柴松岳认为是“政府开明”）的政策举措，激活培育市场主体，推动民间力量参与区域经济发展。在之后的改革进程中，各级政府发挥了更加积极有为的作用。一方面，按照建立“统一、开放、竞争、有序”市场环境的要求，深入推进法治浙江、平安浙江建设，积极打造服务型、法治型政府，提供有效的公共产品供给和公共服务，不断优化营商环境；另一方面，主动推进政府自身改革，在全国率先开展机关效能建设，率先进行行政审批制度改革，在此基础上，进一步推进实施“四张清单一张网”改革和多证合一、证照联办、并联审批等改革。尤其是始于2016年的“最多跑一次”改革，有力提升了政府的治理能力。

同时注重发挥市场在资源配置中的决定作用。早在20世纪80年代中期，浙江省就在全国率先开展土地流转试点。之后，全面开展工业用地招拍挂改革，深化水、电等价格机制改革，开展排污权交易改革试点。如，东阳—义乌水权交易开创了全国水权交易先例，嘉兴市排污权储备交易中心成为全国首个排污权交易平台，海宁以“亩产效益综合评价和要素差别化配置”为核心的要素市场化配置改革在全省

得到推广等。

政府和市场关系是市场经济体制演变的主题。在中国特色社会主义制度下，区域发展中如何正确处理好政府和市场的关系，是一个需要不断探索的课题。浙江省的实践表明，有效市场和有为政府，二者不是相互割裂、相互对立的，而是有机统一、相辅相成的。只有着力使市场在资源配置中起决定性作用和更好发挥政府作用，才能构建形成市场机制有效、微观主体有活力、宏观调控有度的经济体制，才能更好地体现社会主义市场经济体制的特色和优势。

三、浙江省经济发展经验与区域经济学的关系

改革开放40年来，浙江省上下坚持和发展"自强不息、坚韧不拔、勇于创新、讲求实效"的精神，与时俱进地培育和弘扬"求真务实、诚信和谐、开放图强"的精神，"干在实处、走在前列、勇立潮头"，走出了一条富有时代特征——中国特色、浙江特点的区域发展道路，为习近平新时代中国特色社会主义思想的萌发形成提供丰富的实践依据和理论素材。浙江省经济40年的发展，固然借鉴并印证了区域经济学的一般原理，但更重要的是从浙江省改革开放的实际情况出发，推动理论创新、制度创新，探索形成了浙江省特色的区域发展道路。

第一，浙江省经济的成功有赖于市场化改革的率先成功推进，各级政府因势利导，为市场经济发育和民营经济成长提供宽松的环境，使"无形之手"与政府"有形之手"形成合力。

第二，浙江省经济发展坚持创新驱动、转型升级，产业结构不断优化，逐步走出原有"低、小、散"的发展格局，实现"腾笼换鸟"，实现经济从量的扩张蝶变为质的提高。

第三，浙江省从县域经济起家，又适时向都市区经济转变。这一转变打破了原有的行政壁垒，使得要素流动更加充分，并得以在更大的空间尺度上集聚，提升了中心城市高端要素和高端产业集聚能力，走出了一条有浙江特色的新型城市化道路。省直管县的财政体制则赋予地区灵

活的经济社会管理权限，焕发市场主体的活力和竞争力，这些对于财政分权理论和中央政府激励制度而言都是宝贵的现实经验。

第四，浙江“七山一水二分田”的省情特征决定了多样化的区域发展条件，也从客观上造成了浙江省区域之间发展的不平衡。浙江省通过实施山海协作，将这一劣势转化为优势。欠发达山区主动接受沿海发达地区辐射，充分挖掘地区发展潜力，处于不同发展阶段的地区实现共同发展，推进城乡区域统筹发展，有效实践了区域经济学的梯度推移理论，走出一条区域与城乡协调发展之路。

显然，以上这些经历和特点很多不是传统区域经济学能够解释的，需要广大经济学理论工作者深化研究和深入总结，为新时代浙江省经济健康发展提供更好的理论分析。

第二篇　长江经济带战略

第三章　国家长江经济带发展战略

长江是中华民族的母亲河，中华民族的繁衍生息，离不开长江的哺育。长江经济带横跨我国东、中、西三大区域，覆盖上海、江苏、浙江、安徽、江西、湖北、湖南、重庆、四川、云南、贵州等 11 个省（直辖市），面积约 205 万平方公里，占全国的 21%，人口和经济总量均超过全国的 40%。从发展历程看，20 世纪 90 年代初，我国以上海浦东开发开放为龙头，拉开了长江经济带综合开发的序幕。历经 20 多年开发建设，长江经济带综合运输通道初步形成，产业发展优势不断增强，城镇化战略格局基本形成，在我国发展格局中的战略地位日益凸显。

一、长江经济带战略的缘起与演进

改革开放以来国家长江经济带发展战略的演变大体经历三个阶段，即早期构想阶段（1978—1992 年）、早期探索阶段（1992—2013 年）、全面实施推进阶段（2013 年至今）。[①]

---

① 明海英，吴传清．长江经济带发展战略演进历程［OL］．中国社会科学网，2019 - 03 - 04.

（一）早期构想阶段（1978—1992 年）

改革开放初期，国务院发展研究中心经济学家马洪提出“一线一轴”战略构想，“一线”即指“沿海一线”，“一轴”即指“长江发展轴”。1984 年 12 月，中国科学院院士陆大道根据“点—轴开发理论”提出国土空间“T 型”发展战略格局，明确指出 20 世纪末期与 21 世纪初期我国应重点发展两条一级轴线（海岸地带轴与长江沿岸轴）。陆大道倡导的沿海、沿江 T 型开发格局主张被国家计划委员会（2003 年更名为国家发展和改革委员会）1987 年编制的《全国国土总体规划纲要》（草案）、1990 年编制的《全国国土总体规划纲要》采纳。1986 年孙尚清主编《长江经济研究——综合开发长江的构想》。孙尚清在序言中写道：“据我所知，在我国从经济学角度研究综合开发利用长江的专著迄今尚未出现。本书作为研究长江经济的一种尝试，想在这方面开个头。”① 1984 年、1986 年和 1988 年中国生产力经济学研究会先后对长江干流和主要支流进行综合开发考察，提出“长江产业密集带”，称其是以长江流域若干超级城市或特大城市为中心，通过辐射、联结各自腹地的大、中、小型城市和农村组成经济区。② 20 世纪 80 年代，长江沿岸轴总体上仍处于自我发展阶段，长江沿岸轴的开放开发仍停留在规划构想阶段。

（二）早期探索阶段（1992—2013 年）

20 世纪 90 年代初期，随着上海浦东新区开发和三峡工程建设，长江沿线地区发展问题得到了学者和地方政府的关注。徐国弟于 1997 年发表《“十五”时期应将长江经济带的综合开发放在更加重要的战略地位》，认为 1992 年 10 月，党的十四大提出“以上海浦东开发开放为龙头，进一步开放长江沿岸城市，尽快把上海建成国际经济、金融、贸易

① 孙尚清．长江经济研究——综合开发长江的构想［M］．北京：中国展望出版社，1986.

② 秦尊文．长江经济带战略形成前的理论研究［J］．长江大学学报（社会科学版），2018（1）．

中心之一，带动长江三角洲和整个长江流域地区经济的新飞跃”，长江经济带的开发由此全面展开，并由以往的专项开发为主转向综合开发为主。2005 年，长江沿线七省二市在交通运输部牵头下签订了《长江经济带合作协议》，但“流于形式，效果不佳”。2009 年以来，长江沿线七省二市不断呼吁“将长江经济带的发展上升为国家战略”。不过，受制于沿岸省市分割的行政体制与尚不完善的交通基础设施等客观条件制约，经济发展极不平衡，长江经济带仍旧未能形成一条横贯东西、连接南北的协调经济带。

（三）全面实施推进阶段（2013 年至今）

2013 年 7 月 21 日，习近平总书记考察湖北时指出：“长江流域要加强合作，发挥内河航运作用，把全流域打造成黄金水道。”2013 年 9 月 21 日，李克强总理在国家发展和改革委呈报件上批示：“沿海、沿江先行开发，再向内陆地区梯度推进，这是区域经济发展的重要规律。请有关方面抓紧落实，深入调研形成指导意见，依托长江这条横贯东西的黄金水道，带动中上游腹地发展，促进中、西部地区有序承接沿海产业转移，打造中国经济新的支撑带。”随后，国家发展和改革委会同交通运输部在京启动《依托长江建设中国经济新支撑带指导意见》研究起草工作。2014 年 9 月 25 日，国务院发布《关于依托黄金水道推动长江经济带发展的指导意见》，长江经济带正式上升为国家战略。2016 年 1 月，习近平总书记在重庆市召开《推动长江经济带发展座谈会》并发表重要讲话，全面深刻阐述了长江经济带发展战略的重大意义、推进思路和重点任务。此后，习近平总书记又多次发表重要讲话，强调推动长江经济带发展必须走生态优先、绿色发展之路，涉及长江的一切经济活动都要以不破坏生态环境为前提，共抓大保护、不搞大开发，共同努力把长江经济带建成生态更优美、交通更顺畅、经济更协调、市场更统一、机制更科学的黄金经济带。2016 年 9 月，中共中央、国务院印发《长江经济带发展规划纲要》，对长江经济带交通网络、产业布局、生态环境、新型城镇化、对外开放、体制机制创新等做出了一系列部署。

随后长江经济带沿线11省份陆续出台相应的地方行动方案。不同时期关于长江经济带的范围如表3－1所示。

表3－1　不同时期关于长江经济带的范围

名　称	提出时间	范　围	国土面积	作者代表
长江沿岸产业带	1984年	仅包括长江干流沿岸地区，构成“T”字型结构的东西向轴带。具体范围较模糊	不　定	陆大道
长江沿岸开发轴线	1987年	长江口到四川渡口，全长约3000公里，南北宽约50公里	模　糊	陆大道
长江沿岸经济区	1992年	沪、苏、浙、皖、赣、鄂、湘、川、黔、滇	10省市面积之和	国家计委
长江流域经济区	1993年	沪、苏、浙、皖、赣、鄂、湘、川、黔、滇、青、藏	180余万平方公里，人口占全国60%	陈国阶
长江产业带	1997年	沪、苏、浙、皖、赣、鄂、湘、川	143.3万平方公里，占全国15%	陈雯，虞孝感
长江经济带	1998年	沪、苏、浙、淮河以南的安徽地区、赣、鄂、湘、渝、川		郭振淮
长江流域经济协作区	2001年	以长江干流的辐射效应为依据，范围变动。以沿长江经济协作区中下游辐射的范围为长度，以垂直于长江的辐射范围为宽度形成的区域	有机变动	厉以宁
长江经济带	2014年	沪、苏、浙、皖、赣、鄂、湘、渝、川、滇、黔	205万平方公里	国务院

资料来源：根据陈修颖．长江经济带空间结构演化及重组［J］．地理学报，2007（12）整理。

由此可见，经过多年自我发展与国家间断性的投入，长江经济带在经济体量、增长速度、产业基础、创新资源、交通网络、生态资源等诸多方面均已形成良好的发展基础，能够成为新常态下我国经济、社会、生态全面发展的重要支撑带，客观要求长江经济带发展必须上升为国家重大发展战略，成为挺起新时期中国发展的“脊梁”。

二、长江经济带战略的主要内容

根据《国务院关于依托黄金水道推动长江经济带发展的指导意见》《长江经济带发展规划纲要》的战略部署，长江经济带战略的主要内容有以下几个方面。

（一）指导思想

按照“五位一体”总体布局和“四个全面”战略布局，牢固树立和贯彻落实创新、协调、绿色、开放、共享的发展理念，坚持生态优先、绿色发展，坚持一盘棋思想，理顺体制机制，加强统筹协调，处理好政府与市场、地区与地区、产业转移与生态保护的关系，加快推进供给侧结构性改革，更好发挥长江黄金水道综合效益，着力建设沿江绿色生态廊道，着力构建高质量综合立体交通走廊，着力优化沿江城镇和产业布局，着力推动长江上、中、下游协调发展，不断提高人民群众生活水平，共抓大保护，不搞大开发，努力形成生态更优美、交通更顺畅、经济更协调、市场更统一、机制更科学的黄金经济带，为全国统筹发展提供新的支撑。

（二）战略定位

长江经济带发展遵循“四带”战略定位，即“生态文明建设的先行示范带、引领全国转型发展的创新驱动带、具有全球影响力的内河经济带、东中西互动合作的协调发展带”①。

生态文明建设的先行示范带：长江经济带横跨我国“两屏三带”生态安全战略中的八大国家级重点生态功能区，森林资源丰富、水资源

① 国务院．关于依托黄金水道推动长江经济带发展的指导意见（国发〔2014〕39号）［Z］．2014－9－25.

充裕、生物种类繁多、生态流量充足，在涵养江河湖泊水源、调节气候变化、保护生态多样性与防治水土流失方面发挥着巨大作用，是我国生态文明建设的重要支撑带，构成我国生态文明建设的“绿色脊梁”。长江经济带在维护国家生态系统稳定的可持续发展进程中占据着极其重要的地位。

引领全国转型发展的创新驱动带：长江经济带是我国创新驱动的重要策源地，教育、科技创新资源富集，先进制造业、高技术产业、战略性新兴产业发展迅猛。总体而言，长江经济带创新投入与创新产出极为庞大，创新驱动规模效应和带动效应显著，创新驱动能力强劲，是我国最具创新活力的区域之一。长江经济带已成为引领全国转型发展的创新驱动带。

具有全球影响力的内河经济带：长江货运量居全球内河第一，长江经济带是人口、产业集聚带，具有横贯东西、连接南北、通江达海的水陆空立体交通运输网络，对周边地区有着极强的辐射引领作用。长江经济带已形成电子信息产业、汽车产业、高端装备制造业、钢铁工业、有色金属工业、纺织服装产业等优势产业集群，通过“渝新欧”“蓉欧快铁”“汉新欧”“湘新欧”“义新欧”“合新欧”等中欧班列与沿海、沿江、大港、大湾深度融入国际市场，已具备较强的国际竞争力。

东中西互动合作的协调发展带：长江经济带横跨九省二市，各地区具备独特的梯度比较优势，下游长三角地区经济发达，拥有雄厚的资金和先进的技术，而中、上游地区开发强度相对较低，具有较为充足的后备土地和劳动力，同时拥有丰富的矿产、水利与生态资源，交叉的比较优势使得上、中、下游地区具备良好的协调发展基础，长三角地区能够充分发挥辐射引领作用，促进中、上游地区有序承接产业梯度转移，推动上、中、下游地区协同发展。长江经济带上、中、下游地区梯度发展格局与交叉比较优势，有条件建设成为我国东中西部区域协调发展的示范带。

（三）空间布局

空间布局是落实长江经济带功能定位及各项任务的载体，也是长江经济带规划的重点，根据“生态优先、流域互动、集约发展”的思路，《长江经济带发展规划纲要》提出了“一轴、两翼、三极、多点”的格局。

“一轴”是指以长江黄金水道为依托，发挥上海、武汉、重庆的核心作用，以沿江主要城镇为节点，构建沿江绿色发展轴。突出生态环境保护，统筹推进综合立体交通走廊建设、产业和城镇布局优化、对内对外开放合作，引导人口经济要素向资源环境承载能力较强的地区集聚，推动经济由沿海溯江而上梯度发展，实现上、中、下游协调发展。

“两翼”是指发挥长江主轴线的辐射带动作用，向南北两侧腹地延伸拓展，提升南北两翼支撑力。南翼以沪瑞运输通道为依托，北翼以沪蓉运输通道为依托，促进交通互联互通，加强长江重要支流保护，增强省会城市、重要节点城市人口和产业集聚能力，夯实长江经济带的发展基础。

“三极”是指以长江三角洲城市群、长江中游城市群、成渝城市群为主体，发挥辐射带动作用，打造长江经济带三大增长极。长江三角洲城市群，充分发挥上海国际大都市龙头作用，提升南京、杭州、合肥都市区国际化水平，以建设世界级城市群为目标，在科技进步、制度创新、产业升级、绿色发展等方面发挥引领作用，加快形成国际竞争新优势；长江中游城市群，增强武汉、长沙、南昌中心城市功能，促进三大城市组团之间的资源优势互补、产业分工协作、城市互动合作，加强湖泊、湿地和耕地保护，提升城市群综合竞争力和对外开放水平；成渝城市群，提升重庆、成都中心城市功能和国际化水平，发挥双引擎带动和支撑作用，推进资源整合与一体发展，推进经济发展与生态环境相协调。

“多点”是指发挥三大城市群以外地级城市的支撑作用，以资源环境承载力为基础，不断完善城市功能，发展优势产业，建设特色城市，加强与中心城市的经济联系与互动，带动地区经济发展。

（四）战略任务

新时期长江经济带发展，重点实施“六大”战略任务。①

1. 保护长江生态环境

长江生态环境保护是一项系统工程，涉及面广，必须打破行政区划界限和壁垒，有效利用市场机制，更好发挥政府作用，加强环境污染联防联控，推动建立地区间、上下游生态补偿机制，加快形成生态环境联防联治、流域管理统筹协调的区域协调发展新机制。主要包括：建立负面清单管理制度，加强环境污染联防联控，建立长江生态保护补偿机制，开展生态文明先行示范区建设等。

2. 构建综合交通运输体系

加快交通基础设施互联互通，是推动长江经济带发展的先手棋。要着力推进长江水脉畅通，把长江全流域打造成黄金水道；统筹铁路、公路、航空、管道建设，率先建成网络化、标准化、智能化的综合立体交通走廊，进一步提高质量和效益，增强对长江经济带发展的战略支撑力。主要包括：提升黄金水道功能，促进港口合理布局，完善综合交通网络，大力发展联程联运等。

3. 创新驱动产业转型升级

（1）增强自主创新能力。一是打造创新示范高地，支持上海市加快建设具有全球影响力的科技创新中心，推进全面创新改革试验，形成一批可复制、可推广的改革举措和重大政策。二是强化创新基础平台，加强长江经济带现有国家工程实验室、国家重点实验室、国家工程（技术）研究中心、国家级企业技术中心建设，支持建设国家地方联合创新平台，建立和完善一批创新成果转移转化中心、知识产权运营中心和产业专利联盟。三是集聚人才优势，国家各类人才计划结合长江经济

① 推动长江经济带发展领导小组办公室负责人就长江经济带发展有关问题答记者问［OL］. 新华网，2016－09－11.

带对人才需求予以积极支持，吸引高层次人才创新创业。建立高水平人才双向流动机制，鼓励地方或企业对引进急需紧缺的高层次、高技能人才给予一定的薪酬补贴。四是强化企业技术创新能力，深入实施技术创新工程，整合优势创新资源，打造重点领域产业技术创新联盟，构建服务于区域特色优势产业发展的高水平创新链，开展重大产业关键共性技术、装备和标准的研发攻关。五是营造良好创新创业生态，大力推动大众创业、万众创新，为公众尤其是以大学生为主体的创新力量提供低成本、便利化、全要素的创新创业综合服务平台。

（2）推进产业转型升级。一是推动传统产业整合升级，依托产业基础和龙头企业，整合各类开发区、产业园区，引导生产要素向更具竞争力的地区集聚。二是打造产业集群，加快实施《中国制造 2025》，加强重大关键技术攻关、重大技术产业化和应用示范，联合打造电子信息、高端装备、汽车、家电、纺织服装等世界级制造业集群。三是加快推进农业现代化，推动多种形式适度规模经营，提升现代农业和特色农业发展水平，促进农村第一、第二、第三产业融合发展，提高农业质量效益和竞争力。四是积极发展服务业，优先发展生产性服务业，提升研发设计、金融保险、节能环保、检验检测、电子商务、融资租赁、服务外包、商务咨询、售后服务、人力资源等服务业质量和水平。大力发展教育培训、文化体育、健康养老家政等生活性服务业，推动其向精细和高品质转变。五是大力发展现代文化产业，支持现代传媒、数字出版、动漫游戏等文化产业加快发展，推动文化业态创新，促进文化与科技、信息、旅游、体育、金融等产业融合发展，打造一批有鲜明特色的长江文化基地。

（3）打造核心竞争优势。一是培育和壮大战略性新兴产业，构建制造业创新体系，提升关键系统及装备研制能力，加快发展高端装备制造、新一代信息技术、节能环保、生物技术、新材料、新能源等战略性新兴产业。优化战略性新兴产业布局，加快区域特色产业基地建设。二是推进新一代信息基础设施建设，加快“宽带中国”战略实施，实施沿江城市宽带提速工程，持续推进城镇光纤到户和农村光纤入户，提升宽带用户网络普及水平和接入能力，加快4G移动宽带网络建设。三是促进信息化与产业融合发展，实施“互联网+”行动计划，构建先进高端制造业体系，推进智慧城市建设，开展电子商务进农村综合示范试点。

（4）引导产业有序转移。一是突出产业转移重点，下游地区积极引导资源加工型、劳动密集型产业和以内需为主的资金及技术密集型产业加快向中上游地区转移。中、上游地区要立足当地资源环境承载能力，因地制宜承接相关产业，促进产业价值链的整体提升。严格禁止污染型产业、企业向中上游地区转移。二是建设承接产业转移平台。积极利用扶贫帮扶和对口支援等区域合作机制，建立产业转移合作平台。三是创新产业转移方式。积极探索多种形式的产业转移合作模式，鼓励上海、江苏、浙江到中上游地区共建产业园区，发展“飞地经济”，共同拓展市场和发展空间，实现利益共享。

4. 推动新型城镇化发展

（1）优化城镇化空间格局。一是抓住城市群这个重点，以长江为地域纽带和集聚轴线，以长江三角洲城市群为龙头，以长江中游和成渝城市群为支撑，以黔中和滇中两个区域性城市群为补充，以沿江大、中、小城市和小城镇为依托，形成区域联动、结构合理、集约高效、绿色低碳的新型城镇化格局。二是促进各类城市协调发展，发挥上海、武汉、重庆等超大城市和南京、杭州、成都等特大城市的引领作用，发挥合肥、南昌、长沙、贵阳、昆明等大城市对地区发展的核心带动作用，加快发展中、小城市和特色小城镇，培育一批基础条件好、发展潜力大的小城镇。三是强化城市交通建设，加强城际铁路、市域（郊）铁路建设，形成与新型城镇化布局相匹配的城市群交通网络，实现城市群内中心城市之间、中心城市与周边城市之间1～2小时通达。按照公共交通优先的理念，加快发展城市轨道交通、快速公交等大容量公共交通，鼓励绿色出行。

（2）推进农业转移人口市民化。一是拓宽进城落户渠道。一方面因地施策，根据上、中、下游城镇综合承载能力和发展潜力，促进有能力在城镇稳定就业和生活的农业转移人口举家进城落户；另一方面因城施策，实施差别化落户政策，超大城市和特大城市要建立完善的积分落户制度，统筹推进外来人口落户和控制城市人口规模，其他城市要努力实现符合条件的农业转移人口自由落户。二是创新农业转移人口市民化模式。坚持异地城镇化与就地城镇化相结合，健全有利于人口合理流动的体制机制，统筹推进技术扩散、产业扩散、公共服务扩散、就业扩大四个同步，促进人口流动、产业转移。

（3）加强新型城市建设。一是提升城市特色品质，将生态文明理念全面融入城市发展，合理确定城市功能布局和空间形态，促进城市发展与山脉水系相融合。推进人文城市建设，延续城市历史文脉，注重保护民族文化风格和传统风貌。二是增强城市综合承载能力，增强城市经济、基础设施、公共服务和资源环境的承载能力，建设和谐宜居、充满活力的新型城市。三是创新城市规划管理，统筹规划、建设、管理三大环节，合理确定城市规模、开发边界和开发强度，有效化解各种“城市病”，促进城市发展由规模扩张向内涵提升转变。控制特大城市人口和空间过度扩张，推动特大城市部分功能向周边疏解、产业向中上游转移。

（4）统筹城乡发展。一是推进美丽乡村建设，加强农村道路、供水、垃圾、污水等设施建设和环境治理保护，做好乡村规划，突出建筑风格，体现特色、传承文化，扶持建设一批具有历史、地域、民族特点的特色旅游村镇。二是加大扶贫开发力度，深入推进集中连片特困地区扶贫攻坚，加快交通、水利、能源等设施建设，加强生态保护和基本公共服务建设，扶持特色产业发展。以革命老区、原中央苏区为重点，加快老区开发建设步伐。加强跨区域扶贫协作，引导下游企业参与中、上游贫困地区扶贫开发。三是提高居民生活水平，实施积极的就业政策，鼓励以创业带就业，加强上、中、下游产业合作，创造更多就业岗位。

推动公共服务供给方式多元化，大力改善农村公共服务条件，努力实现基本公共服务全覆盖。

5. 建立全方位开放格局

立足上、中、下游地区对外开放的不同基础和优势，因地制宜提升开放型经济发展水平，包括：①发挥上海及长江三角洲地区的引领作用；②将云南建设成为面向南亚、东南亚的辐射中心；③加快内陆开放型经济高地建设。

6. 完善区域协调体制机制

重点做好统一市场准入制度，促进基础设施共建共享，加快完善投融资体制等工作。

三、长江经济带战略的实施

长江经济带战略实施以来取得了明显的成绩，但也面临着一些问题和困难。我们要按照习近平总书记的要求，坚持生态优先、绿色发展，勇于担当、主动作为，坚决打好长江保护修复攻坚战。

（一）实施长江经济带战略取得的成绩

近年来，各部门和沿江 11 省（直辖市）深入学习贯彻习近平总书记重要讲话精神，推动长江经济带发展各项工作全面展开，在生态环境进一步改善的同时，经济发展质量和效益不断提升。2018 年，长江经济带地区生产总值 40.3 万亿元，比上年增长 7.4%，占全国比重为 44.1%，比 2015 年提高 1.8 个百分点。①

1. 顶层中层设计基本完成

形成了“1 + N”的长江经济带发展规划体系。“1”是指《长江经济带发展规划纲要》（以下简称《规划纲要》），这是推动长江经济带发展的纲领性文件，为实施长江经济带发展战略提供了基本遵循。“N”是指有关方面围绕落实《规划纲要》，制定的 10 个专项规划、11 个实

① 何立峰．扎实推动长江经济带高质量发展［J］．求是，2019（18）．

施方案，以及“4+1”指导意见等一系列支持政策。

2. 共抓大保护格局基本确立

以持续改善长江水质为中心，统筹推进水污染治理、水生态修复、水资源保护等“三水共治”，扎实推进城镇污水垃圾处理、化工污染治理、农业面源污染治理、船舶污染治理，以及尾矿库污染治理“4+1”工程，组织开展系列专项整治行动，全面完成1361座非法码头整治，2018年长江经济带断面水质优良比例达到79.3%。

3. 综合立体交通走廊建设加快推进

着力推动航道区段标准、船舶标准、港口码头管理、通关管理“四个统一”建设，长江南京以下12.5米深水航道整治工程已全线贯通，长江通关一体化改革成效显著。2018年，长江干线年货物通过量达26.9亿吨，比上年增长7.6%，位居世界内河首位。同时，多式联运加快发展，综合交通网络建设持续加强。

4. 绿色发展的引领支撑作用不断增强

上海、安徽、四川、湖北全面创新改革试验扎实推进，以城市群为主体，大、中、小城市和小城镇协调发展的城镇格局加快构建。对外开放水平不断提升，上海、浙江、湖北、重庆、四川、江苏自贸试验区改革试点持续推进，长江经济带发展与“一带一路”建设融合共进。2018年，长江经济带各省市开行中欧班列4138列，占全国开行总列数的65%。

5. 体制机制逐步建立

划定沿江11省市生态保护红线，全面推行河长制湖长制，进一步理顺中央与地方、部门与部门间的管理职责界限，印发《长江经济带发展负面清单指南（试行）》，建立健全国土空间管控机制，初步实现长江国控断面水环境质量统一监测、统一发布，长江经济带“1+3”省际协商合作机制全面建立，《长江保护法》立法进程加快推进。

（二）面临的困难和问题

1. 从工作基础看，长江生态环境面临的形势仍然十分严峻

一是生态环境保护任务仍然艰巨。长江经济带污染物排放基数大，2017年废水排放量占全国的43%，废水中的化学需氧量、氨氮、总氮、总磷排放量都接近全国的一半。岸线管理利用粗放，环保设施跟不上，矿产开采遗留问题多，有的地方煤矿、磷渣废水通过支流进入长江，有的直接渗入地下水，治理难度和费用都很高。二是流域环境风险隐患较为突出。长江危险化学品码头和船舶数量多、分布广，仅重庆市至安徽省段危险化学品码头就接近300个。长江干线港口危险化学品年吞吐量已达1.7亿吨，运输量仍以每年近10%的速度增长，危险化学品发生泄漏的风险仍然较大。三是流域生态功能退化依然严重。长江“双肾”洞庭湖、鄱阳湖频频干旱见底，接近30%的重要湖库仍处于富营养化状态，长江生物完整性指数较差，中华鲟、胭脂鱼、“四大家鱼”（青鱼、草鱼、鲢鱼、鳙鱼）等鱼卵和鱼苗大幅减少，白鳍豚已功能性消失，江豚面临极危态势，野生扬子鳄处于极度濒危状态。

2. 从工作观念看，共抓大保护的压倒性位置仍然很不稳固

习近平总书记讲“长江病了”，这些“病”从根本上讲，还是一些基层干部政治站位不高，对习近平生态文明思想学习领会不透彻，贯彻落实不坚决。有的干部没有从政治高度充分认识共抓大保护的极端重要性，仍未真正树立绿水青山就是金山银山的理念，思想上麻痹大意，行动上被动消极，对于党中央提出的规矩红线缺少敬畏之心。有的干部在工作中没有真正坚持新发展理念，仍然受“先污染后治理”“先破坏后修复”的旧观念影响，认为在追赶发展阶段“环境代价还是得付”，与共抓大保护背道而驰。还有的干部没有真正树立正确的政绩观，简单地把政绩与经济指标画等号，为了快出政绩，搞破坏式开发、污染性增长和黑色GDP，不顾及未来发展和子孙后代福祉。

3. 从工作思路看，共抓大保护的系统性仍然很脆弱

主要表现在“三个不够明晰”。一是全流域生态环境底数不够明晰。目前，对各类生态隐患和环境风险梳理掌握得不全面，相关指标体系及基础数据库尚待建立，不仅在全局和整体层面，而且在沿江 11 个省（直辖市）各自省域内都尚未拿出系统性解决的策略方案。二是共抓大保护的突破口和抓手不够明晰。总的来看，目前的长江生态环境保护修复工作，还没有从长江流域的完整性和生态的整体性出发进行系统布局。面对长江经济带污染排放重、生态损害大、环境风险高的态势，还没有找到有效破解的抓手。三是推动高质量发展的路径不够明晰。一些地方对于推动供给侧结构性改革、建设现代化经济体系的路径还不明确，方法还不多，还在比拼要素投入、搞政策竞争。

4. 从工作机制看，协调联动发展的力度还不强

从全流域来看，条块分割，缺乏高层次协调机制。特别是省际沟通协商成本较高，跨部门、跨区域联动协调不够，导致沿江省市在水资源开发利用和生态补偿等方面矛盾依然突出。比如，水利、环保的监测站点多有重合，容易造成数据来源多头、相关监测口径不一致的问题。从流域内各区域来看，合作虚多实少，缺乏硬约束。当前“九龙治水”和“划江而治”的管理困境，导致区域环境污染联防联治、交通互联互通、生产力布局和一体化市场建设等方面的合作口号多、落实少。特别是环境污染联防联治方面，还存在推诿扯皮现象。

5. 从工作保障看，各方面主观能动性有待提高

一是资金使用效率不高。各个行业部门项目资金难以统筹整合，资金使用整体效率有待进一步提升。各类金融的支持力度也有待加强。二是人才队伍配备不足。沿江很多地方还没有充实工作专班。一些地方环保专业人才缺乏，难以满足生态环境日常监管需要。目前沿江有关省市在入河排污口整治、岸线清理整治、生态环境问题整改过程中，都不同程度面临技术人才短缺问题。三是法律法规保障不力。与共抓大保护的要求相比，长江经济带法治建设的引领保障作用不足。比如，按照《中华人民共和国自然保护区条例》《中华人民共和国水生动植物自然保护区管理办法》等规定，任何人禁止进入核心区，缓冲区只准从事科研活动，但由于长江干流属于开放性水域，很难封闭管理，导致相关规定难以执行。①

（三）加大推动长江经济带发展的工作力度

根据2018年4月26日，习近平总书记在第二次长江经济带发展座谈会上的讲话要求，要继续加大推动长江经济带发展的工作力度。②

1. 加强组织领导

各级党委和政府领导同志特别是党政一把手要增强“四个意识”，落实领导责任制，决不允许搞上有政策、下有对策，更不能搞选择性执行。这是对是否同党中央保持高度一致的重大考验。推动长江经济带发展领导小组要统一指导长江经济带发展战略的实施，统筹协调跨地区、跨部门重大事项，督促检查重要工作落实情况，对重点任务和重大政策要铆实责任、传导压力、强化考核。各有关部门要履职尽责、主动对表、积极作为，及时帮助地方解决工作中遇到的问题。沿江11省（直辖市）党委和政府要加强领导，充实工作专班，压实责任、改进作风，确保工作落实到位。

2. 调动各方力量

推动长江经济带发展不仅仅是沿江各地党委和政府的责任，也是全社会的共同事业，要加快形成全社会共同参与的共抓大保护、不搞大开发格局，更加有效地动员和凝聚各方面力量。要强化上、中、下游互动协作，下游地区不仅要出钱、出技术，更要推动绿色产业合作，推动下游地区人才、资金、技术，向中、上游地区流动。要鼓励支持各类企业、社会组织参与长江经济带发展，加大人力、物力、财力等方面的投入。三峡集团要发挥好应有作用，积极参与长江经济带生态修复和环境保护建设。

3. 强化体制机制

要落实中央统筹、省负总责、市县抓落实的管理体制。中央层面要

① 何立峰．扎实推动长江经济带高质量发展［J］．求是，2019（18）．

② 习近平．在深入推动长江经济带发展座谈会上的讲话［J］．求是，2019（17）．

做好顶层设计，主要是管两头，一头是在政策、资金等方面为地方创造条件；另一头是加强全流域、跨区域的战略性事务统筹协调和督促检查。省的层面主要是做到承上启下，把党中央大政方针和决策部署转化为实施方案，加强督导，推动工作开展。市县层面主要是因地制宜，推动工作落地生根。

4. 激发内生动力

要加强对有关部门、沿江省市、相关企业领导干部的专题培训，提高坚持生态优先、绿色发展的思想认识，形成共抓大保护、不搞大开发的行动自觉。要落实政府主体责任，强化企业责任，按照谁污染、谁治理的原则，把生态环境破坏的外部成本内部化，激励和倒逼企业自发推动转型升级。要做好宣传舆论引导工作，营造崇尚生态文明的良好氛围。要发挥广大人民群众的积极性、主动性、创造性，共同守护好母亲河。

第四章　浙江省参与长江经济带建设的实践

长江经济带发展战略是习近平总书记亲自部署、亲自推动的国家战略。浙江省作为长江经济带的重要成员，要进一步提高站位、统一思想，积极主动地参与长江经济带发展，坚决把“共抓大保护、不搞大开发”的要求落到实处。浙江省要把参与服务长江经济带发展的整体工作和大湾区大花园大通道大都市区建设、长三角一体化发展国家战略结合起来，从规划、产业等方面主动对接，做好深度融入文章，形成参与服务长江经济带发展的强大合力。①

一、浙江省参与长江经济带建设的基础与优势

浙江省是“绿水青山就是金山银山”理念起源地和率先实践地，其生态环境保护和生态文明建设备受关注。近年来浙江省上下正在全力推进的大湾区大花园大通道大都市区，这些均为浙江省参与长江经济带建设奠定了基础。

（一）“两山”理论指引下浙江省生态文明建设成绩显著

资源优势是无价之宝，是加快发展的潜在条件。在时任浙江省委书记习近平的推动下，2003 年中共浙江省委第十一届四次全体（扩大）会议明确提出了“八八战略”。“八八战略”的重要内容之一是“创建生态省”。生态省建设成为 10 多年来乃至更长时期浙江生态文明建设的主基调和主旋律。2005 年 8 月 15 日，习近平同志在安吉县余村考察时，明确提出了“绿水青山就是金山银山”的科学论断。回到杭州不久，

① 王国锋．专题研究参与长江经济带发展农村工作和扫黑除恶专项斗争［N］．浙江日报，2019 - 01 - 08.

习近平同志就在2005年8月24日的《浙江日报》上发表了《绿水青山也是金山银山》一文，强调："如果能够把这些生态环境优势转化为生态农业、生态工业、生态旅游等生态经济的优势，那么绿水青山也就变成了金山银山。绿水青山可带来金山银山，但金山银山却买不到绿水青山。绿水青山与金山银山既会产生矛盾，又可辩证统一。"①

党的十八大报告明确提出了以"美丽中国"为目标的生态文明建设思路。习近平同志担任总书记以后依然十分关心浙江省的生态文明建设。2013年年初，习近平总书记在与中共杭州市委原书记黄坤明谈话时指出："希望你们更加扎实地推进生态文明建设，努力使杭州成为美丽中国建设的样本。"浙江省理当成为美丽中国建设的先行区。因此，2014年召开的中共浙江省委第十三届五次全会专题研究生态文明建设，并且做出了《中共浙江省委关于建设美丽浙江创造美好生活的决定》。该决定进一步指出："建设美丽浙江、创造美好生活，是建设美丽中国在浙江省的具体实践，也是对历届省委提出的建设绿色浙江、生态省、全国生态文明示范区等战略目标的继承和提升。"

浙江省第十四次党代会报告中明确指出："深入践行'绿水青山就是金山银山'的重要思想，大力开展'811'美丽浙江建设行动，积极建设可持续发展议程创新示范区，全方位推进环境综合治理和生态保护，大力建设具有诗画江南韵味的美丽城乡，推动形成绿色发展方式和生活方式，为人民群众创造良好生产生活环境。"

2019年浙江省首个通过国家生态省建设试点验收。设区市 $PM_{2.5}$ 平均浓度为每立方米31微克，达到国家二级标准。省控断面I—III类水质占比91%，大花园核心区和重点生态功能区的出境断面水质全部达标，县级以上集中式饮用水水源地水质达标率96.7%。入海排污口自动在线监测实现全覆盖。完成千岛湖临湖地带综合整治，设立淳安特别生态功能区。推进重点污染地块治理修复和重金属污染防治，全面推进

① 习近平．绿水青山也是金山银山［N］．浙江日报，2005－08－24.

“垃圾革命”，新增危险废物利用处置能力 83.7 万吨/年。①

通过持续接力的生态文明建设，浙江人民在生态环境保护中尝到了绿色福利，从生态经济发展中获得了绿色效益，从生态文化繁荣中取得了绿色品质。

（二）“四大”建设为浙江省参与长江经济带建设打下坚实基础

中共浙江省第十四次党代会和省十三届人大一次会议做出统筹推进大湾区大花园大通道大都市区建设（简称“四大”建设）的重大决策和战略部署。“四大”建设作为“富民强省十大行动计划”之一，是浙江省推动高质量发展的主战场。

1. 大湾区：打造 T 字型黄金交汇点

从 2017 年 6 月首次提出浙江省大湾区建设的构想，到 2018 年 5 月 28 日浙江省政府对外宣布大湾区建设战略，浙江省对于大湾区建设的脚步在逐渐提速。浙江省大湾区处在中国沿海和长江经济带一个 T 字型的黄金交汇处，地理位置非常独特并极具优势，发展空间巨大，发展机遇难得。

在宏观层面，整个大湾区以“一环、一带、一通道”总体布局，即环杭州湾经济区、甬台温临港产业带和义甬舟开放大通道。

在中观层面，环杭州湾经济区作为大湾区建设重点，将构筑“一港、两极、三廊、四新区”的空间格局。其中，“一港”——高水平建设中国（浙江）自由贸易试验区，争创自由贸易港。“两极”——增强杭州、宁波两大都市区辐射带动作用，带动环杭州湾经济区高质量发展。“三廊”——加快建设杭州城西科创大走廊、宁波甬江科创大走廊、嘉兴 G60 科创大走廊。“四新区”——着力打造杭州江东新区、宁波前湾新区、绍兴滨海新区、湖州南太湖新区，将新区建设成为产城融

① 袁家军．浙江省第十三届人民代表大会第三次会议上的政府工作报告［OL］．浙江在线，2020－01－17.

合、人与自然和谐共生的现代化新区。

在微观层面，强调发挥现有产业优势，瞄准未来产业发展方向，整合延伸产业链，打造若干世界级产业集群；推进产业集聚区和各类开发区整合提升，打造若干集约高效、产城融合、绿色智慧的高质量发展大平台。

2. 大花园：共建长江沿线绿色生态廊道

落实“共抓大保护、不搞大开发”重要指示精神，浙江省制定实施《大花园建设行动计划》，加快落实《长江经济带生态环境保护规划浙江省实施方案》，加强长三角空气、水污染联防联治，持续实施新安江流域跨省补偿机制。尤其是近年来，浙江省在长江口海域环境保护和综合治理、长江支线航道水环境治理和水资源保护、长三角空气污染联防联控等方面持续发力。海上“一打三整治”专项行动，大力实施蓝色海湾整治行动；“十百千万治水大行动”，提速建设“百项千亿防洪排涝工程”，全面实施水污染防治行动计划；推进大气重污染企业关停搬迁，加大清洁能源开发力度等为长江经济带生态保护做出了贡献。浙江省将坚持走生态优先、绿色发展之路，以国家推进水污染治理、水生态修复和水资源保护为载体，打造陆海联动生态屏障，共建长江沿线绿色生态廊道。

3. 大通道：支撑开放发展

浙江省地处中国东南沿海、长三角南翼，“七山一水二分田”，向东是大海，向西是高山。先人们很早就意识到，只有逢山开路、遇水架桥，才能实现通江达海、跨越高山远水。习近平总书记在浙江省工作期间，把实施“五大百亿工程”作为“八八战略”的重要内容，亲自部署推动杭州湾跨海大桥、舟山跨海大桥和宁波舟山港一体化等一系列重大项目和重大改革，推动浙江省重大基础设施从“有效缓解”到“基本适应”再到“适度超前”的历史性飞跃。

大通道支撑开放发展，向东连通“海上丝绸之路”，向西连接丝绸之路经济带和长江经济带，形成对内辐射内陆腹地、对外辐射“一带一路”沿线国家和地区的综合交通网络，促进东西陆海双向大开放。大通道支撑现代化大湾区，向北托起杭州湾经济区创新发展，向南连接甬台温临港产业带，实现全省大湾区一体化发展。大通道支撑美丽浙江，以客运为主的骨干交通网络提升衢州、丽水的通达水平，彰显美丽通道的“通景”“融景”“造景”功能，实现全域旅游、全民共享。大通道支撑未来交通网络，顺应数字化时代的大趋势，推广运用大数据、云计算、人工智能，构建智慧、绿色、安全、高效的新型交通基础设施，实现上天入地、通江达海、互联互通，构筑起现代化浙江的强大动力。

4. 大都市区：现代化发展引领极

浙江大都市区建设以杭州、宁波、温州、金义四大都市区核心区为中心带动，以环杭州湾、甬台温、杭金衢、金丽温四大城市连绵带为轴线延伸，形成网络型城市群空间格局。作为“大湾区的主引擎、大花园的主支撑、大通道的主枢纽”，更是浙江省现代化发展的引领极。大都市区将聚焦聚力现代化，发挥大都市区城市现代化建设引领作用，全面建成蓝绿交织、集约紧凑、宜居宜业、智慧发展的未来城市，打造形成一批代表历史印迹和时代特征的标志性引领区块，城市生态环境持续改善，特色风貌更加彰显，综合治理水平明显提升。浙江省积极对接长江经济带和长三角一体化发展战略，从省域层面统筹考虑四大都市区功能定位，明确空间布局框架，推动四大都市区错位竞争和互联协同，形成整体发展合力。

杭州都市区以数字经济为特色，发挥其具有独特韵味、别样精彩的世界名城的辐射作用，建成具有全球影响力的数字经济中心、“互联网+”科创中心、国际金融科技中心、国际文化创意中心、国际重要的休闲旅游中心和长三角世界级城市群。重点打造杭州城西科创大走廊、钱塘江金融港湾、沿湾智造大走廊等功能平台。

宁波都市区建设以开放创新为特色的国际港口名城，建成全球综合枢纽、国际港航贸易中心、国家智造创新中心、亚太文化交往中心、幸福宜居美丽家园。重点打造义甬舟开放大通道、北翼产业制造大走廊、甬江科创大走廊、环象山港—三门港—台州湾海洋经济平台等功能平台。

温州都市区建设以国际时尚智造为特色的中国民营经济之都，建成中国时尚产业智造中心、世界华商综合发展交流中心、东南沿海医疗康养中心、全国性综合交通枢纽城市、浙南闽北区域中心城市。重点打造环大罗山科创走廊、沿海先进智造产业带、西部生态休闲产业带、世界（温州）华商综合发展试验区等功能平台。

金义都市区建设以丝路开放为特色的世界“小商品之都”、国际影视文化之都，重点打造金义科创廊道、义乌跨境电子商务综合试验区、金义国际陆港新区及快递物流中心、金义综合保税区、横店影视文化产业集聚区等功能平台。

二、浙江省参与长江经济带建设的政策设计

根据2017年9月省发展和改革委发布的《浙江省长江经济带发展实施规划》及2018年11月20日浙江省推动长江经济带发展领导小组办公室印发的《关于浙江省高质量参与推动长江经济带发展的实施意见》，浙江省参与长江经济带建设的政策设计如下。

（一）战略定位与发展目标

1. 指导思想

高举习近平新时代中国特色社会主义思想伟大旗帜，深刻把握习近平总书记“干在实处永无止境，走在前列要谋新篇，勇立潮头方显担当”的新要求、新使命、新期望，坚定不移沿着“八八战略”指引的路子走下去，正确把握整体推进和重点突破、生态环境保护和经济发展、总体谋划和久久为功、破除旧动能和培育新动能、自身发展和协同发展等“五个关系”，始终坚持以生态优先、绿色发展为引领，以共抓大保护、不搞大开发为导向，认真对标，找准定位，勇于担当，主动作为，更加坚定地守护好浙江一方水土，以打好污染防治攻坚战倒逼经

济转型升级，力争在绿色发展、创新发展、协调发展方面走在前列，为推动长江经济带高质量发展做出浙江省新的更大贡献。

2. 战略定位

（1）生态文明建设示范区。着力推进以治水、治气、治土为重点的环境综合整治，加快创建清洁能源示范省，积极推进湖州、杭州、丽水、宁波国家生态文明先行示范区建设和重点生态功能区转型发展，规划建设宁杭生态经济发展带，谋划实施“大花园”建设行动纲要，构筑水清地绿天蓝的长江经济带生态安全格局，为全国生态文明建设提供先行探索经验和发展示范。

（2）创新驱动发展先行区。坚持把创新驱动列为首位战略，推动发展方式由要素驱动、投资驱动向创新驱动转变，落实《中国制造2025》计划，以发展“互联网+”为核心的信息经济为重点，打造具有国际影响力的先进制造业和现代服务业集聚区。高水平建设国家信息经济示范区、两化深度融合国家示范区、国家科技成果转移转化示范区和杭州国家自主创新示范区、宁波《中国制造2025》试点示范城市。提升集聚国际资本、信息、科技、人才等高端要素的能力，加强与长江中上游地区技术、资本、人才、信息的对接交流，为长江经济带引领全国转型发展发挥先行带动作用。

（3）陆海联动发展枢纽区。突出对外开放的“海上门户”“陆上门户”“空中门户”和“互联网门户”建设，促进海港、陆港、空港联动，持续推进浙江海洋经济发展示范区、舟山群岛新区、义乌国际贸易综合改革试点建设，加快建设中国（浙江）自由贸易试验区、舟山江海联运服务中心和义甬舟开放大通道，谋划实施“大湾区”建设行动纲要，着力创建杭州国家临空经济示范区和杭州湾经济区，建设好国际产业合作园与国际化特色小镇，打造连接“一带一路”、推动长江经济带沿海内陆双向开放的高水平门户，为建设陆海双向开放新走廊起重要战略支撑作用。

（4）转型发展重要增长极。统筹推进大港口、大路网、大航空、大水运、大物流等现代交通“五大建设”，加快实现都市区通勤一体化，推动杭州都市经济圈转型升级和宁波世界级港口经济圈建设，提升杭州、宁波、温州和金义四大都市区国际化发展水平，加快产业集聚区发展，在科技进步、制度创新、产业升级、绿色发展等方面发挥引领作用，与长江三角洲及长江中、上游地区建立产业合作与生态补偿机制，共同培育世界级产业集群，成为长三角世界级城市群的重要一翼、构筑长江沿线黄金经济带的重要增长极。

3. 发展目标

到2020年，生态环境更加优化，主要污染物排放总量明显下降；环境保护体制机制不断健全，基本建成全国生态文明示范区和美丽中国先行区；全省1小时交通圈基本形成，杭州、宁波等核心城市国际化水平明显增强；创新驱动取得重大进展，以“互联网+”为核心的信息经济率先进入全球价值链中高端；链接长江经济带与“一带一路”枢纽功能更加突出，舟山江海联运服务中心功能不断强化；开放型经济体制更见成效，中国（浙江）自由贸易试验区建设成效初显，创建宁波“一带一路”建设综合试验区等。

到2030年，国际商贸物流重要枢纽地位基本确立，国际大宗商品储运、加工和交易中心基本建成，形成较为完善的适应全球化新特征的开放型经济体制。建成一批世界级创新型产业集群，成为长江经济带参与全球经济竞争与合作的标杆。生态系统功能显著增强，水环境和水生态质量全面改善。

（二）空间格局

构筑形成以“两核两带三区”为主体的空间发展格局。

两核：杭州都市区重点发挥创业创新优势，加快建设杭州国家自主创新示范区、跨境电子商务综合试验区和湖州国家生态文明先行示范区。宁波都市区重点围绕打造舟山江海联运服务中心和世界级港口经济圈，打造全球一流的现代化综合枢纽港、国际航运服务基地和国际贸易物流中心。

两带：义甬舟开放大通道发展带依托金甬、甬舟铁路建设，发挥宁波、金华—义乌两大都市区商贸物流枢纽和国际开放门户优势，巩固和提高全球小商品自由贸易中心和大宗商品储备加工交易中心地位。沿海发展带依托环杭州湾及温台沿海交通走廊的综合交通枢纽城市建设，积极发展服务经济和创新经济。

三区：海洋经济区突出海洋海域资源的节约集约利用，大力推进海港、海湾、海岛联动。浙皖闽赣国家生态旅游协作区以衢州、丽水为主，包括杭州和温州的部分市县，着力以生态保护为核心，以绿色发展为路径，以“旅游+”生态产业为引导，筑牢东、中部地区生态屏障。太湖流域治理区包括湖州、嘉兴和杭州部分地区，以全面推进园区循环化改造为重点，深入推进产业结构调整。

（三）主要任务

1. 正确把握整体推进和重点突破的关系，坚决打好长江保护修复攻坚战

（1）坚持生态环境系统治理。立足生态系统整体性和长江流域系统性，结合第二次全国污染源普查等专项工作，编制实施“浙江污染源地图”，系统梳理和评估各类生态环境风险隐患，划定高风险区域，从严实施生态环境风险防控措施。坚持山水林田湖草系统治理，出台从源头上系统开展长江生态环境保护修复的行动方案。

（2）强化生态环境空间管控。建立完善的生态保护红线、环境质量底线、资源利用上线和环境准入负面清单等生态环境“三线一单”空间管控体系。实施流域控制单元精细化管理，2019 年 6 月底前，按照控制单元细化生态环境管控目标，明确差别化的环境准入政策和保护修复任务，市县政府制定实施不达标水体限期达标规划；2020 年年底前，共同建立长江经济带统一的以改善生态环境质量为核心的流域控制单元精细化、信息化管理体系。

（3）完善水污染治理体系。以城镇污水处置为系统截污重点，以化工污染、船舶污染、农业面源污染、尾矿库治理为源头控污重点，以

严重污染水体、重要水域为全面治污重点，以点带面，大力构建源头控污、系统截污、全面治污三位一体的长江经济带水污染治理体系。2018年年底前，实现全省规模以上入河排污口规范化建设和监督性监测全覆盖。2019 年 6 月，完成污水处理厂、工业园区和重化工企业，以及太湖流域规模以下入河排污口规范化建设。2020 年年底前，彻底消除劣Ⅴ类水体，Ⅴ类水质断面大幅减少，县级以上城市建成区污水基本实现全收集、全处理、全达标，力争 30% 以上的县（市、区）建成“污水零直排区”，完成全部入河排污口规范化建设，实现规模以上入河排污口自动监测全覆盖、现有船舶全部完成达标改造。推进清废行动，深入实施“垃圾革命”，严厉打击跨界非法倾倒处置违法犯罪行为，实行固体废物闭环式管理，到 2022 年，力争 80% 以上的县（市、区）建成“污水零直排区”，危险废物规范化管理达标率达到 95%，各类固体废物实现源头减量化、分类资源化、处置无害化的目标。

（4）实施杭州湾水质提升工程。推进美丽大湾区建设行动，重点改善杭州湾水环境质量，以削减营养盐污染为突破点，推进入海排污口专项整治，加强港口和船舶污染控制，突出违法围填海、海水养殖污染等问题整改，全面实施杭州湾入海氮磷总量控制制度试点，到 2020 年，杭州湾主要入海河流（溪闸）断面总氮浓度达到控制目标，重点直排海污染源实现达标排放，汇水区内所有城市污水处理厂达到一级 A 排放标准，海水富营养化程度有所改善、水质保持稳定向好。

（5）加大生态保护与修复力度。加强饮用水水源地保护，2018 年年底前完成县级及以上城市水源保护区违法违规问题整改。全面落实河（湖）长制，实施水生态保护与修复工程、“百项千亿”防洪排涝工程和骨干引调水工程，建设生态海堤，持续开展河湖库塘清淤，严格水利水电开发管理，因地制宜建设沿江、沿河、环湖水资源保护带和生态缓冲带。推进高水平国土绿化，深入开展平原绿化和森林扩面提质，加快建成森林浙江，到 2020 年全省森林覆盖率稳定在 61% 以上。加强湿地保护与修复，逐步恢复湿地生态功能，到 2020 年全省湿地面积不低于

1万平方公里。

2. 正确把握生态环境保护和经济发展的关系，积极探索生态优先和绿色发展新路子

（1）开展生态产品价值实现机制试点。探索“绿水青山就是金山银山”理念实现路径，积极争取丽水、安吉、开化等地列为全国生态产品价值实现机制试点，科学核算生态产品价值，培育生态产品交易市场，创新绿色金融工具，探索推广生态产品价值实现的有效路径和成功模式，建立市场化、多元化生态补偿机制。

（2）加快形成绿色生产生活方式。推动绿色产业发展，着力壮大节能环保产业，大力发展清洁生产和清洁能源产业，加快建设清洁能源示范省，到2022年节能环保产业总产值达到1.2万亿元。实施新一轮循环经济“911”行动计划，加快推进循环化改造示范试点，创新“互联网+”再生资源回收利用模式。倡导简约适度、绿色低碳的生活理念，推行绿色消费、绿色出行，积极开展节约型机关、绿色家庭、绿色学校、绿色社区等行动，推动形成绿色生活方式。加强节约用水工作，积极落实国家节水行动。

（3）全力推进大花园建设。组织实施生态环境质量提升、全域旅游推进、绿色产业发展、基础设施提升、绿色发展机制创新等“五大工程”，到2022年，形成一户一处景、一村一幅画、一镇一天地、一城一风光的全域大美格局，建设现代版的“富春山居图”，打造全国领先的绿色发展高地。

（4）高起点实施乡村振兴战略。以实施“五万工程”为重点，全面推进乡村产业振兴、人才振兴、文化振兴、生态振兴、组织振兴，深入推进城乡融合发展和乡村特质发展，重点实施农村饮水安全巩固提升工程，打好低收入群众增收攻坚战，大力提升乡村治理能力，高水平推进农业农村现代化。到2022年，乡村振兴示范省全面建成，形成工农互补、城乡互补、全面融合、共同繁荣的新型工农城乡关系，初步实现农业农村现代化。

3. 正确把握总体谋划和久久为功的关系，坚定不移将一张蓝图绘到底

（1）完善总体规划政策体系。在目前实施方案、实施规划、三大重点突破方案和每年年度工作要点“1 +1 +3 + X”规划政策体系的基础上，着眼建立指标体系、工作体系、政策体系和考核体系，强化系统谋划，进一步完善高质量参与推动长江经济带发展的规划政策体系，持续推进各项工作任务的落实。

（2）制定实施专项政策意见。对照国家出台的水污染治理、水生态修复、水资源保护的工作方案，以及城镇污水垃圾、化工污染、农业面源污染、船舶污染和尾矿库治理“4 +1”工程等专项指导意见，相应制定出台浙江省的实施方案或落实意见，确保完成各专项工作任务。

（3）建立健全国土空间管控机制。积极参与编制长江经济带国土空间规划，按照“多规合一”的要求，结合浙江省省域国土空间规划编制工作，统筹划定生态、农业、城镇三类空间和生态保护红线、永久基本农田、城镇开发边界三条控制线（“三区三线”），以国土空间规划统领水资源利用、水污染防治、岸线利用、航运发展、防洪减灾等空间利用任务，做好与负面清单管理制度的衔接协调。

（4）全面实施生态文明新政。全面推行领导干部自然资源资产离任审计、生态环境损害赔偿制度。健全环保信用评价、信息强制性披露、严惩重罚等制度，推动长江流域环境违法违规企业信息共享，支持金融机构对违法违规企业采取信贷管理措施，强化企业排污责任。全面实施“区域环评 + 环境标准”改革，探索以亩产排污强度为基础的产业项目环境准入制度。建立健全环境保护奖惩机制，绿色发展财政奖补机制，完善主要污染物排放财政收费制度，建立健全以单位生产总值能耗为基础的用能权交易制度。加大对重点生态功能区的转移支付力度，实行生态环保财力转移支付资金与“绿色指数”挂钩分配制度，建立省内流域上、下游县（市、区）自主协商横向生态保护补偿机制。

4. 正确把握破除旧动能和培育新动能的关系，加快构建现代化经济体系

（1）推进产业转型升级。深入实施传统制造业改造提升行动计划，坚持“三去一降一补”，加快淘汰落后产能，实现“腾笼换鸟、凤凰涅槃”。严格控制环境风险项目，加大现有化工园区整治力度。依法依规推进“散乱污”企业（作坊）整治提升，确保2022年年底前完成分类处置工作。深化“亩均论英雄”改革，推进“标准地”供给，高效率推进资源要素市场化配置，推进产业创新升级。

（2）加快培育发展新动能。以重大创新为牵引、以数字经济为核心、以大湾区为主战场，实施加快培育发展新动能和大湾区建设行动计划，强化科技能力突破，突出新经济领跑，推进之江实验室、甬江科创大走廊等科技创新大平台和杭州国际金融科技中心建设。力争到2022年，新经济对全省经济增长的贡献率达到50%以上，成为推动经济高质量发展的主引擎，打造全国新动能培育先行区和全球数字经济创新高地。

（3）构建现代综合交通体系。实施大通道建设行动计划，加快推进开放通道、湾区通道、美丽通道和四大都市区综合交通枢纽建设，促进海港、陆港、空港和信息港融合发展。以高速铁路、高速公路建设为重点，消除省际断头路、瓶颈路，加快推进省际高水平互联互通。到2022年，新增高速铁路1400公里、高速公路1000公里，内河高等级航道100公里，省际接口达到42个，基本建成省域、市域、城区“三个1小时交通圈”。推进舟山江海联运服务中心建设，打造宁波舟山港国际枢纽港，加快江海、海铁联运发展，力争到2022年江海联运量达到4亿吨、海铁联运量（集装箱）达到100万标箱。

（4）推动新型城镇化发展。实施大都市区建设行动计划，着力保护城市山水特色和历史文脉，加强新型城市建设，提升城市特色品质，突出杭州、宁波、温州、金义等四大都市区建设，高水平打造100个特色小镇，促进大、中、小城市和小城镇协调发展，力争到2022年四大都市区经济总量占比达到70%以上，形成中心城区与周边县市一体化发展格局。深入实施山海协作工程，持续推进城乡区域协调发展。

5. 正确把握自身发展和协同发展的关系，共建长江经济带协同发展新机制

（1）推动长三角更高质量一体化发展，联动实施长三角一体化。努力在发展规划衔接、交通基础设施互联互通、环保联防联控、产业发展布局调整、改革创新联动和人才合作等方面取得更大的实质性突破。深化浙沪合作，支持嘉兴全面接轨上海示范区、杭州湾新区浙沪合作示范区建设，推进G60科创走廊、前湾新区建设，加快洋山区域合作开发建设。深化长三角水污染防治和大气污染防治协作机制，共建杭宁生态经济发展带和浙皖闽赣国家生态旅游协作区，继续推进浙皖新安江跨流域生态补偿试点。

（2）加强与长江中上游地区协商合作。发挥浙商优势，引导企业到长江中、上游地区共建产业园，促进纺织、化纤等劳动密集型和资源加工型产业向长江中、上游有序梯度转移，推进杭州、海宁、平湖等长江经济带国家级转型升级示范开发区建设。加强监管，严禁高能耗高污染高排放产业向中、上游转移。全面实施东、西部扶贫协作，继续大力做好对长江流域湖北省、重庆市、四川省、贵州省的对口帮扶和支援工作。

（3）推动构建统一市场体系。牢固树立开放发展理念，加强与兄弟省市在商标保护、监管执法、市场准入、信息平台、人才认证、旅游开发、商贸市场等方面的合作，进一步打破行政分割和市场壁垒，用足用好市场优势和浙商优势，推动长江经济带经济要素自由流动、资源高效配置、市场统一融合。以“最多跑一次”改革为突破口，完善养老、医疗、户籍管理等制度，加快打破区域合作的瓶颈障碍，推动建立健全公共服务和社会协同治理机制。①

---

①　浙江省推动长江经济带发展领导小组办公室．关于印发《关于浙江省高质量参与推动长江经济带发展的实施意见》的通知［Z］．2018-11-20.

三、浙江省参与长江经济带建设的路径

浙江省立足长三角、面向全流域，全面践行建设生态更优美、交通更顺畅、经济更协调、市场更统一、机制更科学的黄金经济带的目标要求，牢固树立“一盘棋”思想，不折不扣地落实中央各项工作部署，高质量参与长江经济带发展。

（一）实施“千村示范、万村整治”工程

2003年，时任浙江省委书记的习近平同志亲自调研、亲自部署、亲自推动，启动实施“千村示范、万村整治”工程（以下简称“千万工程”）。浙江省委和省政府始终践行习近平总书记“绿水青山就是金山银山”的重要理念，一以贯之地推动实施“千万工程”，村容村貌发生巨大变化。目前，全省农村生活垃圾集中处理建制村全覆盖，卫生厕所覆盖率98.6%，规划保留村生活污水治理覆盖率100%，畜禽粪污综合利用、无害化处理率97%，村庄净化、绿化、亮化、美化，造就了万千生态宜居美丽乡村，为全国农村人居环境整治树立了标杆。“千万工程”被当地农民群众誉为“继实行家庭联产承包责任制后，党和政府为农民办的最受欢迎、最为受益的一件实事”。2018年9月，浙江省“千万工程”获联合国“地球卫士奖”。2019年3月，中共中央办公厅、国务院办公厅转发《中央农办、农业农村部、国家发展改革委关于深入学习浙江“千村示范、万村整治”工程经验扎实推进农村人居环境整治工作的报告》，要求各地区各部门结合实际认真贯彻落实。

浙江省以实施“千万工程”、建设美丽乡村为载体，聚焦目标，突出重点，持续用力，先后经历了示范引领、整体推进、深化提升、转型升级等4个阶段，不断推动美丽乡村建设取得新进步。①

① 中共中央办公厅 国务院办公厅转发《中央农办、农业农村部、国家发展改革委关于深入学习浙江“千村示范、万村整治”工程经验扎实推进农村人居环境整治工作的报告》[Z/OL]. 新华网，2019-03-06.

1. 始终坚持以绿色发展理念引领农村人居环境综合治理

浙江省通过深入学习和广泛宣传教育，让习近平总书记“绿水青山就是金山银山”理念深入人心，成为推进“千万工程”的自觉行动。把可持续发展、绿色发展理念贯穿于改善农村人居环境的各阶段、各环节、全过程，扎实持续改善农村人居环境，发展绿色产业，为增加农民收入、提升农民群众生活品质奠定基础，为农民建设幸福家园和美丽乡村注入动力。

2. 始终坚持高位推动，党政“一把手”亲自抓

习近平总书记在浙江省工作期间，每年都出席全省“千万工程”工作现场会，明确要求凡是“千万工程”中的重大问题，地方党政“一把手”都要亲自过问。浙江省历届党委和政府坚持农村人居环境整治“一把手”责任制，成立由各级主要负责同志挂帅的领导小组，每年召开一次全省高规格现场推进会，省委省政府主要领导同志到会部署。全省上下形成了党政“一把手”亲自抓、分管领导直接抓、一级抓一级、层层抓落实的工作推进机制。省委省政府把农村人居环境整治纳入为群众办实事内容，纳入党政干部绩效考核和末位约谈制度，强化监督考核和奖惩激励。注重发挥各级农办统筹协调作用，发展改革、财政、国土、环保、住建等部门配合，明确责任分工，集中力量办大事。

3. 始终坚持因地制宜，分类指导

浙江省注重规划先行，从实际出发，实用性与艺术性相统一，历史性与前瞻性相协调，一次性规划与量力而行建设相统筹，专业人员参与并充分听取农民意见相一致，城乡一体编制村庄布局规划，因村制宜编制村庄建设规划，注意把握好整治力度、建设程度、推进速度与财力承受度、农民接受度等关系，不搞千村一面，不吊高群众胃口，不提超越发展阶段的目标。坚持问题导向、目标导向和效果导向，针对不同发展阶段的主要矛盾问题，制定有针对性的解决方案和阶段性工作任务。不照搬城市建设模式，区分不同经济社会发展水平，分区域、分类型、分重点推进，实现改善农村人居环境与地方经济发展水平相适应、协调发展。

4. 始终坚持有序改善民生福祉，先易后难

浙江省坚持把良好的生态环境作为最公平的公共产品、最普惠的民生福祉，从解决群众反映最强烈的环境脏乱差做起，到改水改厕、村道硬化、污水治理等提升农村生产生活的便利性，到实施绿化亮化、村庄综合治理提升农村形象，到实施产业培育、完善公共服务设施、美丽乡村创建提升农村生活品质，先易后难，逐步延伸。从创建示范村、建设整治村，以点串线，连线成片，再以星火燎原之势全域推进农村人居环境改善，探索农村人居环境整治新路子，实现了从“千万工程”到美丽乡村，再到美丽乡村升级版的跃迁。

5. 始终坚持系统治理，久久为功

浙江省坚持一张蓝图绘到底，一件事情接着一件事情办，一年接着一年干，充分发挥规划在引领发展、指导建设、配置资源等方面的基础作用，充分体现地方特点、文化特色，融田园风光、人文景观和现代文明于一体。坚决克服短期行为，避免造成“前任政绩、后任包袱”。推进“千万工程”注重建管并重，将加强公共基础设施建设和建立长效管护机制同步抓实抓好。坚持硬件与软件建设同步进行，建设与管护同步考虑，通过村规民约、家规家训“挂厅堂、进礼堂、驻心堂”，实现乡村文明提升与环境整治互促互进。

6. 始终坚持真金白银投入，强化要素保障

浙江省建立政府投入引导、农村集体和农民投入相结合、社会力量积极支持的多元化投入机制，省级财政设立专项资金、市级财政配套补助、县级财政纳入年度预算，真金白银投入。据统计，2015 年以来浙江省各级财政累计投入村庄整治和美丽乡村建设的资金超过 1800 亿元。积极整合农村水利、农村危房改造、农村环境综合整治等各类资金，下放项目审批、立项权，调动基层政府的积极性和主动性。

7. 始终坚持强化政府引导作用，调动农民主体和市场主体力量

浙江省坚持调动政府、农民和市场三方面积极性，建立“政府主导、农民主体、部门配合、社会资助、企业参与、市场运作”的建设机制。政府发挥引导作用，做好规划编制、政策支持、试点示范等，解决单靠一家一户、一村一镇难以解决的问题。注重发动群众、依靠群众，从“清洁庭院”鼓励农户开展房前屋后庭院卫生清理、堆放整洁，到“美丽庭院”绿化因地制宜鼓励农户种植花草果木、提升庭院景观。完善农民参与引导机制，通过“门前三包”、垃圾分类积分制等，激发农民群众的积极性、主动性和创造性。注重发挥基层党组织、工青妇等群团组织贴近农村、贴近农民的优势。通过政府购买服务等方式，吸引市场主体参与。同时，通过宣传、表彰等方式，调动引导社会各界和农村先富起来的群体关心支持农村人居环境，广泛动员社会各界力量，形成全社会共同参与推动的大格局。

（二）开展跨省环境保护合作

打破地域界限，深度合作，才能有效地防治污染、捍卫生态。浙江积极探索构筑跨省环境保护合作的新机制、新方式。近年来，浙江省通过治污迫使企业转型，打造清新空气示范区，并与上海市、安徽省、江苏省相继建立了区域大气污染和水污染防治协作机制，共同迎接区域污染防治挑战。

长三角地区打好污染防治攻坚战仍面临多重挑战，产业结构和布局、能源结构、交通运输结构、用地结构亟待进一步调整，在长江经济带“共抓大保护”方面承担的工作任务繁重。2019 年 5 月 23 日，在长三角区域大气污染防治协作小组第八次工作会议暨长三角区域水污染防治协作小组第五次工作会议上，上海市、浙江省、江苏省和安徽省明确表示，要全力推进“散乱污”企业及集群整治、工业锅炉和窑炉整治、钢铁行业超低排放改造等重点工作，提前谋划秋冬季攻坚行动，全面完善重污染天气应急预案，打赢蓝天保卫战；要全面落实城市黑臭水体治理、长江保护修复、饮用水水源地保护、农业农村污染治理等攻坚战行动计划，开展好劣Ⅴ类水体整治、入河排污口排查整治等专项行动，打好碧水保卫战。

（三）建设长江经济带综合立体交通走廊

通江达海，是浙江省主动融入长江经济带发展的重要抓手。在建设长江经济带综合立体交通走廊方面，浙江的发力点在于做好两篇文章：水和铁。

1. 江海联运

浙江省地处长江黄金水道和南北海运大通道交汇点，连接长江、走向大洋，是我国对外开放大省。近年来，浙江省始终以打造开放型经济新体制、成为辐射长江经济带陆海联动发展的开放大平台为使命，而构建现代综合交通运输体系则是重要基础和动力。

2018 年 4 月 5 日，舟山备受瞩目。我国首艘江海直达船“江海直达 1”号装载 2 万吨铁矿砂从宁波舟山港鼠浪湖矿石中转码头出发，涉海进江，4 月 10 日顺利停靠在安徽马鞍山马钢港务原料总厂码头。正是这艘一年前在舟山开建的“江海直达 1”号，彻底改变了我国江船出不了海、大型海船无法抵达南京以上港口的状况。由此，从马鞍山到宁波舟山港整整节约了 60 多个小时。

目前，舟山已然成为连通大海和长江的中转站。舟山已与武汉、马鞍山、重庆等长江沿线主要港口城市签订合作协议，形成了一条以运输铁矿石、粮油等产品为主的黄金通道。

推进舟山江海联运服务中心建设，是浙江省共建长江经济带综合立体交通走廊的重要举措，更是打造 21 世纪海上丝绸之路战略支点的关键一步。除了 2 万吨级江海直达船首航，自获国务院批复实施以来，舟山江海联运服务中心还在不少领域取得了实质性进展：江海直达散货运输船队成立，浙江海港大宗商品交易中心正式挂牌，“海上丝路贸易指数”正式发布等。预计到 2020 年，舟山江海联运运量将达到 2.5 亿吨。①

---

① 陈佳莹．浙江加快建设长江经济带综合立体交通走廊［OL］．浙江在线，2018－08－15.

拥有互联网优势的浙江省，整合国家物流信息平台和舟山江海联运公共信息平台资源，打破铁路、公路、水路、航空等多种运输方式间的壁垒，为企业提供“一站式”运输服务。例如，有一批矿石要运到重庆市去，第三方专业供应链公司就可以借助舟山江海联运公共信息平台，安排这批货物从国外到舟山、武汉、重庆等城市多个路段的运输方式，实现“一站到底”，大大提高了企业的效率。

2. 海铁联运

比较而言，海铁联运的服务空间更广、半径更大、速度更快。长江经济带上，点缀着许多并不靠海、靠江却是重要商品物流基地，辐射四海连通内外的“无水港”，例如义乌等。海铁联运正成为长江经济带物流的第二通道。2019 年宁波舟山港海铁联运全年业务量首次超 80 万标准箱，同比增长 33.3% 以上，跻身海铁联运全国第二大港，仅次于青岛港。宁波舟山港通过加快网络布局，大力推进多式联运，打造海铁联运品牌，助推海铁联运业务迈上新台阶。2019 年宁波舟山港新开拓省内龙游和省外长沙等地业务，开通了湖州、钱清等 5 条海铁联运班列，目前已拥有 17 条海铁班列及多条成组线路，业务辐射全国 15 个省（区、市）、50 个地级市。① 其中，义乌班列已实现 1 天 3 班常态化开行，月均箱量超 1 万标准箱。宁波舟山港持续做优客户开拓工作，为不同客户“量身定制”物流方案，提供“门到门”服务，先后开行了煤炭、黄砂等大宗货物到萧绍地区的“公转铁”班列；依托“肉类口岸 + 海铁联运 + 冷链运输”的资源优势，打造“冷链海铁精品专列”，冷链海铁业务辐射区域现已延伸至四川成都以及河南郑州等地区。在业务保障方面，宁波舟山港通过深化与中国铁路上海局集团的合作，首次尝试铁路箱下水出境，在白泉港区设立全国首个海港铁路集装箱无轨站；加强与船公司合作，在重点区域开拓精品示范线路、开发进出口货

① 王凯艺，洪宇翔，徐伦．宁波舟山港海铁联运跃上新台阶［N］．浙江日报，2020 - 01 - 03.

源，实现互利共赢。

在陆上，浙江省正在加快杭黄、商合杭等高铁项目建设，推进沪乍杭、沪苏湖、通苏嘉铁路等项目的前期工作，促进省际高水平互联互通，拉近与长江经济带各省市之间的距离。当前，浙江省已实现陆域高铁市市通，高速铁路、高速公路密度均居全国前列。

在空中，浙江省正以浙江机场集团为主体，以杭州萧山国际机场为龙头，整合省内机场资源，做大做强浙江机场集团，使其成为省级航空产业发展大平台。未来，还将建成杭州、宁波、温州三大国际机场综合交通中心，民用机场年旅客吞吐能力将超8000万人次。

在水上，浙江省深入实施内河水运复兴行动计划，提升京杭大运河、重振钱塘江水运、构建内河枢纽、发展海河联运，未来还将进一步加密水上运输网络，实现高等级内河航道超过1700公里，拓展长江黄金水道辐射范围。

统筹“海铁联运、海河联运、海空联运”的“大交通体系”建成后，浙江省服务长江经济带的能力将成倍提高。

（四）浙商西进助力长江经济带产业升级

进一步发挥沿江各省市资源禀赋和发展优势，这将在未来不断优化长江经济带的产业布局和发展水平，促进区内产业从中低端向中高端转型。参与长江经济带建设，企业是最重要的主体。长江经济带，沿江几百个大、中、小城市，这条黄金水道串起经济“珍珠链”，嗅觉灵敏的浙商，早已在长江沿岸布局。浙江省企业参与长江经济带建设的基本前提是与中、西部企业之间存在企业竞争优势的差异，并且这种差异表现为比较势差和互补特性。浙江省企业参与长江经济带建设的实质是通过异地化拓展，实现二者竞争优势的双向转移，以及通过重组产生一种协同效应，使重组后西部企业的资源得以重置，发生“帕累托”方向的改变，产生新的剩余收益；浙江省企业从而分享到其中的一部分，达到西进的目的。因此，关键的问题是如何将东部企业和西部企业各自的竞争优势真正对接起来，实现优势互补。以浙商为依托，浙江省积极有序推动与长江中上游地区的产业合作；充分发挥电子商务、信息经济等优势，积极在长江经济带形成一系列产业生产链、服务价值链，优化升级经济带产业形态。经过大量的资料收集和分析整理，笔者把浙江企业参与长江经济带建设的产业转移和对接路径概括为以下几种模式。①

1. 市场进入模式

市场份额代表市场的控制能力，企业市场份额的不断扩大可以使企业获得某种形式的垄断。尤其在横向兼并中，可以使行业中剩余企业“合谋”形成寡头垄断，这种垄断既能带来垄断利润，又能保持一定的竞争优势，因而大量的并购活动是围绕着这一动机而展开的。例如，1994 年，杭州娃哈哈集团股份有限公司响应对口支援三峡库区移民工作的号召，投身西部开发，兼并了重庆市涪陵地区受淹的 3 家特困企业，建立了娃哈哈集团第一家省外分公司——涪陵公司。娃哈哈集团采取合资控股，对存量资产进行调整和重组，与内地企业联合，优势互补，走共同发展之路，增强了产品的竞争力。同时，“娃哈哈”西进投资，不仅带活了亏损企业，盘活了企业资产存量，而且扩大了规模，提高了市场占有率。娃哈哈集团的产品仅在重庆市场的占有率就提高了两倍。此后，娃哈哈集团继续“西进北上”的步伐，先后在全国 29 个省市自治区建立了 160 多家分公司。

2. 兴办市场模式

兴办市场是浙江省企业参与西部开发和长江经济带建设的一种有效形式，通过市场和经商大军，带动东部到西部地区的人流、物流，在扩大东部产品市场占有率的同时，长江经济带的大量农产品和工业品也通过这些市场大批销往东部地区。为了使浙江省产品更好地进入西部市场，在西部有自己的落脚点，浙江省企业成为参与西部开发的“先行者”，例如，2011 年，义乌人寿建鸿投资成都国际商贸城，有 6 万个摊位，总投资 80 亿元。在这个商贸城中，专门划出 5 万平方米，成为浙

① 王立军．东部企业西进的十大模式［J］．理论学刊，2001（9）．

江省名牌产品展示销售中心，为浙江省商品拓展西部市场搭建了平台。除义乌小商品以外，其他诸如温州城、皮装城、批发城等在当地都有较大的辐射力。

3. 电商扶贫模式

除了线下的市场扩张，近年来随着电子商务的发展，浙江省也加大了线上的市场扩张力度。例如，浙江省的电商龙头阿里巴巴，在重庆市建立了电子商务国际贸易中心。尤其是近年来实施的阿里农村战略（见专栏1），不仅扩大了市场，也帮助中、西部贫困县探索独具特色的互联网＋脱贫模式，助力脱贫攻坚。

专栏1　阿里农村战略

阿里云计算、全球化（致力于全球战略）、农村战略是阿里巴巴的三大战略。回顾阿里巴巴的农村战略，经历“特色中国”，到后来的“淘宝村”，再到现在的“农村淘宝”，可谓逐步升级。“特色中国”是让农民把零星的特色产品搬到网上，把货卖出去，类似“让一部分人先富起来”；“淘宝村”是在村里形成产业，类似“让一些村先富起来”；而“农村淘宝”则实现的是农村电子商务的基础建设，将实现“共同致富”。

2014年，阿里巴巴集团明确提出了将农村战略作为未来的重点发展方向之一，同年10月，成立了农村淘宝项目，旨在打通“网货下乡”和“农产品进城”的双向流通功能。目前，农村淘宝已在全国30个省、近900个县域落地，其中包括217个国家级贫困县，吸引了3万余名“村小二”返乡创业，并上线了500多个兴农扶贫产品，建设了33个淘乡甜种植示范基地，为推动乡村振兴战略提供了有力的支撑。2014—2015年，阿里集中做基础建设，建立农村淘宝服务站，培养农村对互联网的认知和网页销售的感觉，同时政府也逐步建立起“网销”意识。经1年多的时间建设起基础物流后，2017年8月22日开始上线兴农扶贫服务站，同年12月1日，阿里巴巴集团成立脱贫基金，宣布5年投入100亿元到脱贫事业中，其中，包括环境脱贫、教育脱贫、电商脱贫、女性脱贫，用阿里巴巴的科技和生态力量，帮助贫困县探索独具特色的互联网＋脱贫模式，助力脱贫攻坚。

目前，阿里巴巴的农村战略形成了“一上两下”，“上”为农产品上行，撬动消费升级；“下”即生产资料下行和生活资料下行。目前，基本覆盖30个省1000多个县，有3万多个服务村点，其中有将近1000多人的团队去到第一线。阿里巴巴整合自身团队、农户、政府、技术等相关专家形成产业联盟，通过选品、采购和品控，提高商品的品质。

在阿里巴巴脱贫基金的帮扶下，重庆市奉节、安徽省金寨等10个脱贫样板县都拥有了自己的特色产品和品牌。此外，阿里巴巴兴农扶贫在全国18个省份落地，农村淘宝打造了400余款农产品上线，覆盖全国100多个县域。2019年3月，农村淘宝启动了“亩产一千美金计划”，在农产品标准化、品牌化、大数据等方面为农产品原产地提供支持，助力乡村振兴。阿里巴巴“兴农扶贫四步走”战略——基础完善、技术引进、流程再造、品牌强化，从多个层面打通“农村电商”发展壁垒，帮助贫困户脱贫，助力“乡村振兴”战略。

资料来源：黄晓怡．阿里巴巴农村战略——“创新电商脱贫模式 惊艳的百亿销售总额”［OL］．中国扶贫网，2018－12－20.

4. 品牌扩张模式

改革开放以来，浙江省企业率先实施“大进大出、两头在外”的外向型经济发展战略，开拓了国内外市场，建立了销售网络，积累了丰富经验，特别是创立了自己的品牌。总的来说，目前东部企业的产品设计能力和市场开拓能力已明显地高出中、西部企业一筹。二者实行产业对接，对于中、西部地区企业而言，可避免东部企业走过的弯路，并且挂靠东部大企业集团，借用东部企业现有的销售网络与产品牌子推销自己的产品，可有效地开拓东部市场和国际市场。这种“双赢”的结果体现在：一是有利于东部企业低成本扩张，迅速提高市场份额，在国内市场和国际市场上树立中国名牌。二是有利于西部企业渡过创业艰难时期，尽快吸取东部企业的管理经验和先进技术，逐步提高自己的整体素质。国际经验证明，创造一个新牌子，不如借用一个老牌子。因为创造一个著名品牌的代价是非常高的。国际研究表明，现在创造一个具有世界影响的新牌子，一年至少需要2亿元的广告投入，而成功率还不足

10%。20世纪80年代以来，东部轻纺工业的快速发展与部分企业作为耐克、阿迪达斯、飞利浦等跨国公司的加工厂不无关系。因此，对西部企业来说，在创业阶段，与其投入巨额资金塑造自己的牌子，不如借用东部企业的老牌子。这也是许多西部企业为什么能够突破“宁做鸡头，不做凤尾”的传统观念，愿意接受东部企业的重组，在某种意义上充当东部企业的加工厂的重要原因之一。

一般而言，这种产业对接模式多适合于劳动密集型的消费品工业。在起步阶段，这类对接模式中的东部企业还应担负一定的生产任务，但随着西部企业生产技术水平的提高，东部企业将会逐步退出多数生产领域，担负起专司产品设计、核心部件生产、市场开拓和金融服务等职能。这样会更有利于东、西部企业的分工与协作，集中力量树立中国名牌，促进全国产业结构升级。

5. 资金输出模式

这种模式主要是利用浙江省的资金优势和中、西部的项目优势，由浙江省企业自带资金到长江经济带中上游地区择优投资合作项目。例如，浙江省四川商会在促进浙、川两地的经贸交流、履行社会责任上发挥出了积极作用（见专栏2）。该商会吸纳直属和团体会员企业已超2000家，行业覆盖各个领域，在四川省先后成功打造了浙商工业园、川南皮革城、家居家纺城等数十个项目，累计投资金额达数百亿元。① 这种浙江省企业出资金在中、西部建项目的模式，充分体现了浙江省企业的特点和优势，巩固了东部企业在西部原有的合作基础，推动了商贸流通合作的新进展，并且还可以把浙江省的技术、品牌和市场网络、管理理念等方面的优势与西部的自然资源、劳动力及政策优势结合起来。

① 魏雯静．浙江省四川商会在浙川两地累计投资金额达数百亿元［N］．四川经济日报，2019－04－30.

专栏2 浙江省四川商会

浙江省四川商会成立于2008年，是浙江省成立的首家省级异地商会。商会的愿景是“成为助力川商兴盛的常青商会”，践行“为川商对外交流搭台，为川商创新发展助跑，为川商社会责任聚力”的使命和“聚义抱团、商行大道”的价值观，奉行“同举一面旗帜、同发一个声音、同树一个品牌”的团队发展理念。目前，商会会员总量突破2000家，并先后获得“中国社会组织5A商会”、浙江省“四好商会”、浙江省工商联“优秀商会”“川商返乡发展优秀商会”“推进川商发展奖”“招商引资先进单位”“捐赠见义勇为事业贡献奖”“川商好秘书”等荣誉。

在浙川两省党委政府的坚强领导下，浙江省四川商会不忘初心、牢记使命、抱团发展，团结宁波、温州、绍兴、台州、嘉兴、金华四川商会和共青团四川省委驻浙江省工委、浙江省阳光公益发展中心，设立了“直属会员＋团体会员”的组织架构。与浙江省、四川省两地政府建立了常态化联络沟通机制，与泛长三角四川省商会、全球川商总会、浙江省级异地商会、四川省浙江商会、杭州市诸暨商会建立了紧密联系，在促进浙川两地的经贸交流、响应家乡四川省委省政府“川商返乡”的号召、履行社会责任上发挥了积极的桥梁、纽带作用。11年来，在浙江、四川两省先后成功打造了浙商工业园、川南皮革城、家居家纺城、嘉丰万悦城等数十个项目，岩正中医医院等一批优质项目成功落户成都市武侯区等地，累计投资金额达数百亿元。同时，商会还先后参与了抗震救灾、捐资助学、精准扶贫、光彩事业等数十项公益活动，会员企业也积极参与在家乡设立奖教奖学金、捐建学校及文化广场、捐助家乡女足、修路修桥、结对助学、慰问贫困户等数十项公益行动，累计捐款捐物近4000万元。

目前，浙江川商的品牌和精神正在加快形成，浙江川商的凝聚力、影响力正在快速成长，已经形成“四川省优选资源浙江省精准对接平台”“川货出川最美家乡味展示平台”“浙江川商标杆人物评选平台”；“浙江川商大会”也成为浙江省四川商会的一个符号和品牌。

资料来源：浙江省四川商会网。

6. 资源开发模式

东、西部企业联合开发中、西部优势资源，建立一种特色产业型对接模式。由于自然条件不同等原因，有些资源是东、西部都有的，如钾和石棉等；有些资源经过长期开采其储量已在东部地区接近耗竭，需要中、西部地区的接济，如水电、煤、铅和锌等。这些资源在国民经济发展中有举足轻重的地位，有关产品市场也主要集中在东部，但开发这些资源仅靠中、西部自身的力量是不够的，需要东部在资金和技术上给予大力支持，并且要努力扩大相关产品的使用范围，尽量替代国外产品，从而为中、西部资源开发提供市场保证。中、西部也要适应东部市场的需求变化，开发新产品，提高产品质量和档次，提供多品种和多规格的相关产品，以及完善的售后服务。例如，2004 年 2 月 20 日，时任浙江省副省长王永明与时任安徽省副省长黄海嵩会谈，达成了能源合作事宜。浙、皖双方会议决定：同意浙能集团和淮南矿业集团合资成立煤电一体化合作项目；同步建设一对年产 600 万吨煤炭的矿井和一座装机容量为 4 ×60 万千瓦的发电厂，其中发电厂所发电量全部供给浙江省。2008 年 8 月，淮浙煤电公司凤台电厂 1 号 600 兆瓦机组顺利通过 168 小时满负荷试运行，正式投产向浙江省输电。皖浙合作煤电一体化项目是皖、浙两省加强能源合作，实现资源优势互补、优化配置的重大战略项目，它的建成投产有利于华东电网电源结构的调整，变输煤为输电，为浙江省提供可靠的能源保障。

通过这种对接模式，东部企业一则可以得到稳定的资源供应，摆脱对国外市场的过分依赖；二则有利于向西转移相关的生产要素，如劳动力和设备等。而中、西部企业则可以得到东部资金和技术上的支持，扩大生产规模，提高产品档次，获取规模效益。

第五章　丽水市：参与长江经济带发展

丽水市是“绿水青山就是金山银山”理念的重要萌发地和先行实践地。习近平总书记在浙江省工作期间，曾经八次深入丽水调研。2018年4月26日，习总书记在深入推动长江经济带发展座谈会上发表重要讲话，指出：“浙江丽水市多年来坚持走绿色发展道路，坚定不移保护绿水青山这个‘金饭碗’，努力把绿水青山蕴含的生态产品价值转化为金山银山，生态环境质量、发展进程指数、农民收入增幅多年位居全省第一，实现了生态文明建设、脱贫攻坚、乡村振兴协同推进。”习总书记102字“丽水之赞”，是对丽水市十多年一以贯之深入践行“八八战略”，坚定不移走生态优先、绿色发展道路所取得成效的高度肯定，更是新时期推动丽水市高质量绿色发发展的莫大鞭策。①

一、丽水市参与长江经济带发展的机遇与挑战

丽水市位于浙江省南部，生态环境优越，为其参与长江经济带发展提供了一定的基础。

（一）突出优势

生态资源富集。丽水市是华东地区重要的生态安全屏障、生态宝库，森林覆盖率达81.70%，生态环境状况指数连续15年全省第一，生态环境公众满意度连续11年全省第一，是全国空气质量十佳城市中唯一的非沿海、低海拔城市，素有“中国生态第一市”的美誉。丽水市的山是长三角之巅，丽水市的水是六江之源。长三角（江浙沪皖）最

① 本章内容根据笔者负责的丽水市发展和改革委员会2019年委托课题《丽水市高质量参与长江经济带发展实施规划及实施方案》改写而成。感谢课题合作者中共丽水市委党校周丽飞副教授的帮助。周丽飞提供了课题报告初稿，特此说明。

高的山在丽水市，最清的水在丽水市，最好的空气在丽水市，瓯江、钱塘江、闽江、飞云江、灵江和福安江的源头都在丽水；丽水市平均每年向下游地区提供水资源142.78亿立方米，固碳586万吨；全市空气中负氧离子平均浓度超过2800个/立方厘米。丽水牢牢守住绿水青山“金饭碗”，被列入首批全国生态文明先行示范区、首批国家级生态保护与建设示范区、“国家森林城市”、全国首个地级“中国长寿之乡”和全国唯一的“中国气候养生之乡”，初步实现了人与自然的协调发展。

特色文化深厚。丽水市是浙江省历史文化名城、中国地级市第一个民间艺术之乡，历史文化遗存丰富。“丽水三宝”龙泉青瓷、龙泉宝剑、青田石雕蜚声中外。农耕文明是丽水市最深厚的历史积淀，全市有龙泉青瓷、丽水木拱廊桥、遂昌班春劝农3项联合国人类非物质文化遗产，18项国家级非物质文化遗产；建造了全世界最古老拱形水坝、首批世界排灌工程遗产的通济堰；还有50个国家级、省级历史文化名城名镇名村，158个国家级传统村落，是华东地区古村落数量最多、风貌最完整的地区。丽水市是典型的少数民族散杂居地区，全市有景宁畲族自治县，7个民族乡镇，212个民族村，少数民族户籍人口10.6万人，其中畲族人口9.1万人，畲族人口占全省、全国畲族总人口的40%、12.8%。丽水市是全省唯一的所有县（市、区）都是革命根据地县的革命老区，全市属于老区的乡镇有145个、村有1768个，红色资源丰富。

绿色发展喜人。丽水市始终坚定生态优先、绿色发展的核心战略定力，一张蓝图绘到底，一任接着一任干，实现了生态保护与经济发展的双丰收。2006年以来的12年间，全市生态系统生产总值（GEP）增长1.2倍，地区生产总值（地区GDP）增长2.9倍，一般公共预算收入增长4.2倍，城乡居民收入分别增长2倍和4.1倍，农民收入增幅实现“十连冠”。2018年，全市地区生产总值增长8.2%，增幅创下5年新高，位居全省第一；18项经济指标有14项增幅跻身全省前三，9项位居全省第一，为新时代丽水市跨越发展打下了坚实的基础。

内生动力强劲。丽水市积极探索生态产品价值实现机制，在全国率先开展“扶贫改革”“农村金改”“林权改革”“河权到户”等改革创新，是全国“农村电商”发源地和辐射中心，打造了“丽水山耕”“稻鱼共生”等多种模式。瓯江流域上下游横向生态补偿、生态环境损害赔偿等机制全面推行，完成市级自然资源资产负债表编制。“拯救老屋”松阳模式、“政银保”小额扶贫贷款景宁模式等在全省推广，龙泉入选全国集体林业综合改革试验区。浙江（青田）华侨经济文化合作试验区、汤显祖—莎士比亚戏曲小镇，被列入浙江省新一轮对外开放10项重大举措。国家林草局将丽水市确定为全国唯一的国家公园设立试验区，生态环境部命名丽水市为“两山”实践创新基地，“诗画浙江”大花园最美核心区建设初显成效。

（二）发展机遇

共抓大保护机遇。党中央、国务院将修复长江生态环境摆在压倒性位置，推进共抓大保护、不搞大开发，这为丽水市推进山水林田湖草生态保护和修复、加大环境综合治理力度，厚植生态底色，促进生态增值，进一步健全“让保护环境变得有利可图”的体制机制，创造了前置条件。

共推大发展机遇。长江经济带是世界上可开发规模最大、影响范围最广的内河流域经济带，已上升为国家战略，将成为承载我国经济升级版的支撑带，这为丽水市彰显自身优势和分工定位，加速推进生态产品价值实现机制试点示范，提供更多优质生态产品，更好满足迅速扩张的优美生态环境需要，推进高质量绿色发展，创造了基础条件。

共建大通道机遇。长江经济带既是连接“一带一路”的重要纽带，也是疏通活络中国南、北区域的重要支撑。随着长江经济带特别是长三角地区交通一体化的快速推进，这为丽水市加快构建“北承长三角、南接海西区、东通大江海、西连大山河”综合交通大格局，打造全省大通道的浙西南门户，创造了有利条件。

共迎大变革机遇。当前世界新一轮科技革命和产业变革形势逼人，绿色、健康、智能引领科技创新，新产品、新业态、新模式、新经济不断涌现，将深刻改变产业形态、分工和组织模式，重构人们的生活、学习和思维方式，重塑区域、产业和企业竞争力，这为丽水加速推进新旧动能转换，构建现代化生态经济体系，打开了“蝶变窗口”。

共塑大开放机遇。当前国家正致力于培育全球最大市场，将进一步释放消费潜力、激发市场活力；长江经济带正加速构建陆海统筹、双向开放与“一带一路”建设深度融合的全方位对外开放新格局，这为丽水市进一步打好“桥牌”“台球”，并问海借力、山海协作、结对共建，增强市场主体活力，推动优势互补、创新协同、融合发展，创造了借力条件。

（三）问题与挑战

对长江经济带发展战略存在一些片面认识。部分干部认为，丽水市不是长江经济带的核心区域，部分干部对丽水市在长江经济带的定位和重要性认识不足，对共抓大保护、不搞大开发的认识不全面、不深入。

生态环境质量有待巩固提升。全市森林结构中针叶林多、阔叶林少，林种结构单一，纯林多、混交林少，群落结构单一。瓯江流域干流总体水质良好，少数流域段位水环境质量变化敏感，水电资源开发率偏高，生物多样性受到影响，地质灾害隐患尚未完全消除，“光头山式”的土地占补平衡不可持续，局部环境比较脆弱。

生态环境保护投入缺乏。生态环境保护资金投入仍然不足，城乡污水、垃圾处理等环境设施建设和运维水平仍然较低，农业农村面源污染问题不容忽视，环保执法力度还不够。

生态环境协同保护体制机制亟待建立健全。整个瓯江流域上下游之间横向生态补偿机制尚未真正建立，跨省域、市域和县域间的共抓大保护力度不足，生态环境协同治理较弱。

内外交通制约明显。丽水市与大都市区、大湾区快速无缝对接能力不强，公路等级相对偏低，通行条件不良，景区间交通联系方式单一，互联互通能力明显不足。

“两山”转化通道尚未完全打开。生态经济总量不大、结构不优、GEP 向 GDP 转化效率还不够高，招商引资落地慢，传统产业转型任务繁重，旅游缺少“拳头产品”，人才和创新方面的短板明显。

发展不平衡不充分依旧突出。丽水市区辐射带动能力不足，县域之间、城乡之间发展差异较大，不平衡、不充分在广大乡村表现尤为突出，城乡人均可支配收入、社会保障、卫生医疗、基础教育与全省平均水平还有较大差距。

二、丽水市参与长江经济带建设的思路与目标

（一）指导思想

高举习近平新时代中国特色社会主义思想伟大旗帜，深入学习贯彻习近平总书记关于长江经济带发展的重要讲话精神，深刻领悟“长江经济带”国家战略的丽水使命，深入践行“绿水青山就是金山银山”理念，坚定不移沿着“八八战略”指引的路子走下去，以“丽水之干”担纲“丽水之赞”，以共抓大保护、不搞大开发为导向，以提供更多优质生态产品满足人民日益增长的优美生态环境需要为主线，协同推进大花园核心区和绿色发展综合改革创新区建设，着力构建具有时代特征、丽水特色的现代化生态经济体系，努力把丽水市建设成为长江经济带大花园最美核心区、高质量绿色发展的全国标杆和全球绿色低碳发展的集大成者，为推动长江经济带高质量发展做出丽水市新的更大贡献。

（二）战略定位

全国山水林田湖草综合治理示范区。坚持山水林田湖草是一个生命共同体，以山水林田湖草生态保护与修复试点工程为核心抓手，用系统思维统筹山水林田湖草治理，建立覆盖全流域的国土空间开发保护制度，为全国流域保护与科学开发发挥示范作用。

全国生态产品价值实现机制示范区。推动绿水青山蕴含的生态产品价值在实现环节和供给侧端进行变革和创造创新，着力在核算评估、保护增殖、生态产业化、市场交易、支撑体系等方面寻求新突破，加快构

建多条示范全国的生态产品价值实现路径。

全国高质量绿色发展示范区。深刻把握“生态经济化、经济生态化”的基本内涵，厚植未来区域竞争和产业分工的特色优势，构建现代化生态经济体系，促进 GDP、GEP 规模总量协同较快增长，GDP 和 GEP 之间转化效率实现较快增长，在绿色发展上走在全国同类地区前列。

全国山海协作发展示范区。围绕新时期新特点、新需求，立足比较优势，加强山海并利、陆海联动、市场联结，建立生态与产业互为“飞地”模式，积极促进生态产品价值异地转化、高端产业要素当地安家，示范建设“飞地”平台共建、“飞地”要素共用、“飞地”经济共享的新机制。

（三）发展目标

第一阶段：到 2021 年，初步建成长江经济带大花园丽水市最美核心区，丽水市参与长江经济带共抓大保护的格局全面形成，设施互联互通、开放合作交流等取得重大进展，绿色发展走在全国同类地区前列。

生态环境更加优化。巩固华东生态屏障功能，高标准打赢蓝天、碧水、净土、清废“四场战役”，林木蓄积量突破 1 亿立方米；全域地表水监测断面水质 100% 达到或优于Ⅲ类，出境水质 100% 达到Ⅱ类，市区 PM2. 5 浓度力争达到 30 微克/立方米以下；自然保护区和受保护湿地面积占市国土面积比率保持 2% 以上，濒危珍稀动植物保护率达到 95% 以上；生态环境公众满意度、生态环境状况指数稳居全国前列，成为全国生态文明建设高地。

绿色发展更高质量。世界休闲旅游康养目的地、生态工业创新发展高地、长三角最安全农产品生产地建设卓有成效，基本形成创新引领的区域产业体系和协同创新体系，形成多条示范全国的生态产品价值实现路径和支撑体系，初步建成现代化生态经济体系框架，发展进程指数、农民收入增幅稳居全省前列，GEP 的 GDP 转化率达到 40% 以上。

统筹协调更为有力。市域“一带三区”协同发展的工作机制进一步健全，跨区域环境污染联防联治机制进一步完善，多元化主体参与、多种模式并存的治理机制建设取得突破。区域优质公共服务供给能力明显提升，公共服务共建共享机制不断健全，人民群众获得感、幸福感进一步增强。

开放经济更见成效。以长三角一体化、“一带一路”、山海协作、对口支援合作为依托，深度参与跨区域产业合作、价值链分工，建成一批国际化高能级对外交流和经贸合作平台，生态与产业互为“飞地”模式得到推广，全方位形成开放合作新格局。

第二阶段：到2030年，高水平建成长江经济带大花园丽水市最美核心区，成为高质量绿色发展的全国标杆和全球绿色低碳发展的集大成者，率先建成全国生态产品价值实现机制示范区。

三、丽水市参与长江经济带建设的主要任务

（一）共抓保护修复，协同推进污染防治

坚持高标准引领，严格保护跨省界、市界、县界重要生态空间，通过跨区共建、部门联动、监测联网，形成工作合力，统筹开展生态大保护、大修复和大防治。

1. 实施最顶格的生态标准管控

严格落实环保“三线一单”制度，加快确定生态保护红线、环境质量底线、资源利用上线，制定生态环境准入清单。加快开展生态保护红线勘界定标工作，着实把国土空间内生态状况最好、生态系统功能最强、生物多样性最丰富、生态环境最重要的区域保护起来，逐步提高生态保护红线划定比例，到2021年生态保护红线占国土面积的比例不低于32%。在重要节点区域，标准化开展生态保护红线标识布点工作，直观表达生态保护红线内的生态产品，提升公众对生态保护红线及其生态产品的认识。开展生态保护红线监测预警与评估考核，实现山水林田湖草系统监管和事前事中事后的全过程监管。统筹融合生态保护红线、建设项目环境保护管理、生态损害赔偿等管理制度，切实推动一条红线管控重要生态空间，严保丽水大花园生态底色。

2. 开展以丽水市国家公园为核心的自然保护地建设

以龙泉、庆元、景宁3县交界处为重点，以凤阳山—百山祖国家级自然保护区为核心，整合各级自然保护区、森林公园和风景名胜区，高质量建设丽水市国家公园（见专栏1），高水平开展国家公园设立标准和程序标准试验。吸引上海市等地理念先进、技术成熟、实力雄厚的企业和技术团队参与国家公园创建和管理，切实提升丽水市国家公园建设水平。按照“园内严格保护、园外联动发展”理念，积极对接、引入上海市资金、资本参与园内交通网络、园外快速通道以及周边入口社区、特色小镇、综合体和产业经济带等项目建设。鼓励公益保护组织与当地居民合作，在现有的以政府投入管护为主体的自然保护地外，开展公益保护地试点，建立由公益组织提供资金、当地居民实施有偿保护的机制。

专栏1　丽水市国家公园工程

以浙江省凤阳山—百山祖国家级自然保护区为核心，整合毗邻的自然保护地，申报创建丽水市国家公园。通过实行最严格保护和理顺体制机制、科学编制规划、资源调查确权、出台法规制度、建设标准体系、加强科学研究、完善发展机制、强化宣传教育等措施，建成规范、高效的国家公园体制，自然生态系统原真性、完整性得到有效保护，形成自然生态系统保护的新体制、新模式；开展地质环境修复、土地整治、水环境治理、生物多样性保护、监管能力建设，实施生态移民搬迁，促进生态环境治理体系和治理能力现代化，保障国家生态安全，实现人与自然和谐共生。

3. 系统推进山水林田湖草保护

遵循山水林田湖草生命共同体的理念，坚持保护优先、自然恢复为主，实施山水林田湖草一体化生态保护和修复，争取开展山水林田湖草生态保护修复试点工程，并纳入长江经济带或中央预算资金盘子。依据丽水市各个区、县的生态环境质量和主要生态问题、工业布局和经济发展状况等条件，将全市生态保护、修复功能分区划分为水源地涵养和生态功能巩固区、矿山修复和水土流失治理区、工业污染防治与治理区和瓯江流域环境保护与修复综合整治带，重点推进水环境保护与改善、矿山治理与修复、水土流失防护与治理、森林与生物多样性保护、土地整治与土壤改良等五大工程，突出生态环境要素保护与修复间的协同性、整体性，努力打造全国山水林田湖草综合治理的“示范样板”。

4. 高标准推进“四治”污染防治

持续实施“治气”。严格城市餐饮油烟、施工扬尘常态化监管，推动全域“两禁”执行到位，完成涉气排放“散乱污”工业企业整治任务，加快淘汰国 III 及以下营运柴油货车，严格实施船舶和非道路移动机械大气排放标准。落实网格化巡查，严禁秸秆、垃圾等露天焚烧，控制农业源氨排放。加快淘汰燃煤锅炉，加快推进“煤改电”“油改电”。加强区域大气污染联防联控联治和重污染天气应对。加快开展空气质量健康指数（AQHI）试点，全面开展清新空气示范区建设，空气质量保持全国前十。

深入实施“治水”。深化“五水共治”、河（湖）长制工作，基本实现城镇和开发区（园区）截污纳管全覆盖，完成市区污水管网修复工程，加快“污水零直排区”建设提升，加快腊口污水处理厂、水阁污水处理厂二期等项目建设，加快城镇污水处理厂清洁排放技术改造，确保城市地表水环境质量继续保持全省第一，全域出境水断面水质达到水环境功能区要求。深化农村环境综合整治，推进农村生活污水标准化运维提升改造，加强农家乐民宿污水治理。深入实施化肥施用量零增长行动，促进农药减量化使用。严格控制畜禽粪污等农业面源污染防治，加强水产养殖集中区域水环境监测，推动水产养殖绿色发展。到 2020 年，实现入河排污口监测全覆盖，并将监测数据纳入长江经济带综合信息平台。

全面推进“治土”。全面实施丽水市土壤污染防治工作方案，有效管控农用地和城市建设用地土壤污染风险。2020 年年底前，完成土壤污染状况详查。2020 年年底前，土壤环境监测网络基本覆盖全市耕地和所有县（市、区）的重点工业园区（产业集聚区）。加快土壤环境管理信息化，推动相关部门土壤环境质量信息共享。建立全口径的涉重金属重点行业的企业清单，突出抓好涉镉等重金属重点行业企业的排查整治。推行重点企业进场、退场土壤监测评估机制，实施农用地土壤超标风险对账销号。

统筹抓好“治废”。实施循环低碳试点工程，加快省级静脉产业示范城市试点建设，积极打造“无废”丽水。① 建立完善的城镇生活垃圾分类投放、分类收集、分类运输、分类处置体系，完成非正规垃圾堆放点整治，推行生活垃圾分类积分兑换。建立农村有机废弃物收集、转化、利用网络体系。加强生活垃圾渗滤液处理。统筹全市垃圾焚烧发电设施布局，到2020年，全市城镇生活垃圾实现“零增长”，基本实现生活垃圾焚烧处理设施和餐厨垃圾处理设施全覆盖。强化危险废物运输过程风险防控。全面禁止洋垃圾入境，清理整顿固废加工利用集散地，2020年年底前基本实现固体废物零进口。加强固废全过程封闭式管理，确保市工业固体废物综合处置场、松阳工业污泥处置、遂昌含重金属废物综合利用项目建成，基本实现市域内危险废物产生量与处置能力相匹配。

5. 优化生态环境治理体系

加强水源地、保护地等地方环境保护立法进程，形成生态环境硬约束机制。打造污染源地图升级版，推进生态环境监测监管全覆盖。完成中央和省级环保督察整改任务，对生态违法实行铁腕整治、长效监管，积极支持生态环境公益诉讼。实施生态环境损害赔偿制度，实行生态环境状况报告制度。以“最多跑一次”改革为牵引，撬动生态环境管理模式创新。全面实施“区域环评 + 环境标准”改革，建立健全以亩产排污强度为基础的环境准入制度。加快推行排污许可制度，强化证后监管和处罚，实现“一证式”管理。健全生态环境保护领域行政执法与司法联动机制。完善环保非诉案件强制执行协作机制。

---

① “无废城市”并不意味着不产生废物，也不意味着废物都能综合利用。它是一种先进的城市管理理念，旨在最终实现城市固废产生量最小、资源化利用充分、处置安全的终极目标。

（二）立行跨山统筹，携手共建美丽城乡

把握空间集聚加速化、空间利用集约化、空间形态组群化趋势，在更大时空尺度上，重构“一带三区”发展新框架，推进生产力布局统筹，优化要素资源配置，携手共建美丽城乡，更高质量融入长三角区域一体化。

1. 构建“一带三区”发展新框架

优化顶层设计。由市级层面推动建立“一带三区”发展领导体制和联席机制，打破思想桎梏，以一体化、协同化、差异化发展的思维加快编制“一带三区”发展规划，在更大时空范围内统筹生产力布局、资源开发、设施配套、交通建设，优化要素力量配置和主体功能区划，为现代化生态经济体系提供承载新空间。

重构发展空间。以瓯江山水诗之路为脉，通过强强联合、特色结合、优势组合，构建“一带三区”发展新格局，即东部莲、青、缙3个县（区），突出产业主导、创新驱动，组团打造生态经济示范区，加快形成百万人口、千亿GDP的市域发展核心带；西部6个县（市），突出文化引领、差异发展，组团打造龙庆经典文创、遂松乡村振兴、云景特色风情三个聚落区块，建设凸显山水神韵、人文底蕴的特色发展示范区（见专栏2）。打造浙西南中心城市，推动丽水市区扩能升级，努力把莲、青、缙县（区）域发展核心带打造成为联结温州都市圈、金义都市圈的新兴增长极；积极打造龙泉浙、闽、赣三省边际区域中心城市建设，加强与福建省南平市、宁德市以及江西省上饶市等互动发展。

专栏2 “一带三区”发展策略与统筹重点引导

莲、青、缙市域发展核心带：处于金丽温产业带上，是金—义都市圈和温州都市圈间的重要组成部分。在发展引导上，重点培育“市本级经济开发区+纳爱斯+青田腊口”“丽缙园+壶镇+缙云经济开发区”两大万亩千亿产业平台，以及“丽—青”高等级对外开放平台、浙西南综合物流平台，即四大标志性平台，形成生态经济发展示范带。

龙庆经典文创特色发展示范区：聚焦重振“一江丝路盛景”，提升“生态+文化”品牌溢价；按育精品、成经典的世界级水准，组团式、差异化推动“国家公园+生态小城+特色小镇+经典小村”有机融合生长，协同打造北承长三角、南接海西区的疗休养和旅游目的地。

遂松乡村振兴特色发展示范区：吸收德国、瑞士、日本等国的经验，对标国际标准，拓宽乡村振兴新路径，推动乡村生态产品价值多重实现，逐步把遂松打造成为双向开放、内外联动、富有特色、活力迸发的山区特色国际化发展新高地，使其在全球乡村生态文明建设领域起到示范引领作用。

云景特色风情发展示范区：围绕社会治理、民族乡村振兴等加强协同，进一步丰富和创新生态旅游文化产业园、“飞地经济”等协作载体，拓宽和升级健康农业新路径，大力推进木玩、轴承等传统产业“吐故纳新”，联动打造云景特色风情景区群，积极培育“丽水山居”美丽经济示范带，共同推动由“小县大城”向“小县名城”转变。

统筹重点——十大清单：产业平台，垃圾处理（焚烧发电），断头路、低等级公路，矿产资源保护利用，瓯江流域上、下游生态补偿机制，生态环境保护增殖机制，市场、标准与品牌，土地、能耗指标，莲、青、缙财政统筹，少数民族政策及跨县“最多跑一次”改革。

强化聚变裂变。突出产业高端化、绿色化、智能化、融合化方向，调结构、优布局、强产业、全链条，统筹区域资源要素的集约配置和产业的集聚发展，推动生产力由散到聚、以聚促变，努力将生态要素变为生产要素、生态优势变为发展优势，聚力打造具有区域竞争力的新增长极，进而培育形成区域发展整体规模优势和特色差异品牌。

2. 建设浙西南花园城市群

优化城市空间结构。围绕“一带三区”架构，打造“112”美丽城镇体系（见专栏3）集聚主平台，优化“中心城市+生态小城+特色小镇+经典小村”差异化多层次体系，通过推动浙西南花园城市群“长藤结瓜”式有机生长。重点推进园林城市建设，打造山水田园城市新标杆，到2021年，各县（市、区）全面建成省级园林城市，创建15个宜居、宜业、宜游的旅游小镇。推动与衢州等城市共同编制未来花园城市标准。

专栏3 丽水“112”美丽城镇体系

重点打造1个中心城市、10个小城市、20个中心镇。中心城市围绕生态品质之城定位，形成“起居院落里，游走山水间”瓯江山水花园城市意境，打造山水城市新标杆；县城、小城市试点镇，走绿色、文化、特色建城之路，形成望得见山、看得见水、记得住乡愁，打造宜居宜业新典范；中心镇、一般镇围绕新型城镇化发展要求，建设彰显山水生态、乡愁故事、文化底蕴的旅游文化小镇和历史经典文化小镇，打造产城融合新平台。

深化城市规划设计与有机更新。强化城市设计，落实海绵城市理念，突出建筑高度形态导控，优化城市空间形态。开展城市景观美化，实施“六个十”绿化景观工程，营造瓯江滨水景观。实施城中村改造三年行动计划，加快推进公寓建设、道路延伸工程改造等，强化城市微更新，积极打造“未来社区”。加强生活圈标准配置，健全便民市场、便利店网络，完善城市慢行系统，优化无障碍环境，打造高品位步行街，有序推动机关、企事业单位停车泊位向社会错时开放。实施“城市记忆”工程，推进历史文化街区有机更新，强化传统文化元素和现代城市相结合，提升城市的文化内涵和竞争力。实施“城市大脑”建设工程，提升中心城区精细化管理水平。

全力打造“四道迎宾客，九园展特色”城市意象（见专栏4）。加快提高丽水市对外连通性和影响力，高质量建设丽水市东、西、南、北四大通道，形成“四道迎宾客”态势。落实差异化发展战略，深入挖掘地方自然人文底蕴内涵，打响一县一主题，共同构建融合自然资源、人文底蕴和现代健康休闲养生为一体的瓯江山水画卷，打造“九园展特色”城市风貌。推广青田“城市微巴”模式，探索“出行零排放”小城市试点。

专栏 4　“四道九园”城市意象

四道。东部通道青田，打开丽水市东向通道，连通丽水市中心城区与温州，融入温州都市区；西部通道遂昌，打开丽水市西向通道，加快推进衢丽花园城市群建设，共享赣、皖两省优质旅游资源；南部通道庆元，打开丽水市南向通道，连接长三角和海西区两大国家级战略经济区；北部通道缙云，打开丽水市北向通道，积极对接义甬舟开放大通道，融入金义都市区。

九园。中心城区—莲都区着力打造“画乡莲都”；龙泉市着力打造“剑瓷名城”；青田县着力打造“石都侨乡”；云和县着力打造“童话云和”；庆元县着力打造“廊桥菇乡”；缙云县着力打造“黄帝仙都”；遂昌县着力打造“康养遂昌”；松阳县着力打造“田园古县”；景宁县着力打造“畲乡名城”。

3. 深入实施乡村振兴战略

深化农村改革。争创新一轮全国扶贫改革试验区，确保全面小康“一个不少”。实施新型农村集体经济振兴工程，盘活用好集体资源资产，发展多种形式股份合作，实现资源变资产、资金变股金、农民变股东。深化“强村计划”，建设发展壮大村集体经济。以浙江省建设全国民族乡村振兴示范省为契机，加快民族乡村发展，支持景宁建设民族地区城乡融合发展国家级试验区。健全城乡融合发展体制机制，推进科技进乡村、资金进乡村、青年回农村、乡贤回农村。

建设花园乡村。制订中国花园乡村建设行动计划，打造“千万工程”升级版，描绘新时代“丽水山居图”。推进“六边三化三美”行动提标升级，启动实施乡村全域土地综合整治与生态修复工程，全面完成小城镇环境综合整治。以世界文化遗产标准加强古街古村古镇保护利用，加快传统村落保护地方立法进程，推广“拯救老屋”经验，统筹实施“千村精品、万村景区”农村人居环境整治、农村饮用水达标提标等三年行动，打造一批 A 级景区村，推动“丽水山居”山景化。支持莲都、遂昌、龙泉、松阳、云和开展农村住房建设试点。高水平建设

“四好农村路”，力争在2019—2021年创成省级美丽乡村示范县3个、培育省级A级景区村600个、示范乡镇30个、示范乡村90个。

培育“未来乡村”美丽经济样板。未来乡村是乡村发展的高级形态，是“处处是花园”的具体诠释和直观体现。将乡村发展演变规律与乡村休闲旅游崛起相结合，以人本化、生态化、数字化等为导向编制未来乡村建设标准，根据不同乡村的发展现状、区位条件、资源禀赋等，因村制宜、精准施策，按古典型、思源型、避暑型、红旅型和民族型等分类实施建设，升级打造“丽水山耕”“丽水山居”“丽水山景”“三山融合”美丽经济新业态，创建“互联网+”三农先行区，促进乡村多元生态价值叠加释放，培育一批有代表性、可复制的未来乡村，引领乡村振兴。

拓展农村居民增收渠道。深化“乡村振兴合伙人”行动，积极培育新农民和新型农业经营主体。推广“土地流转+优先雇用+社会保障”“农民入股+保底收益+按股分红”等多种农民增收模式，深入实施低收入农户收入倍增计划，开展“八个万元”系列富民增收行动①，抓好“大搬快聚富民安居”工程，打好群众增收致富组合拳，确保群众收入增幅继续位居全省前列。

（三）聚焦先行先试，示范推动高质量绿色发展

以建立生态产品价值实现机制为贯穿各项工作的红线，推动“生态经济化、经济生态化”，全力构建现代化生态经济体系，走出具有丽水市鲜明特色的高质量绿色发展之路。

1. 建立生态产品价值核算评估应用机制

科学核算生态产品价值。探索组建服务全国的生态产品价值核算评估机构。完善丽水市生态产品目录清单，科学评估各类生态产品的潜在价值，开展以村为基本单元的全域自然资源与生态产品评估，建立生态

① “八个万元”系列富民增收行动是指实施“一亩山万元钱”“十箱蜂万元钱”“百斤鱼万元钱”“千斤粮万元钱”“万袋菌万元钱”“新三宝万元钱”“农合联万元钱”“活产权万元钱”等八个增收行动。

产品价值定期发布机制。

以维系生态系统原真性和完整性为导向，选取 1 ~ 2 个乡镇（街道）开展生态产品价值核算评估试点，完善指标体系、技术规范和核算流程。

推动 GEP 核算推广应用。率先开展 GEP 县级、乡镇、村三级核算，探索环环相扣的五大挂钩机制，即探索 GEP 规模与省级对县级生态补偿规模相挂钩，生态产品采购与 GEP 功能量指标相挂钩，GEP 规模与生态信用村增信相挂钩，生态信用行为与生态信用村相挂钩，乡镇、村级领导干部年度考核与 GEP 功能量指标相挂钩。努力为长江经济带地区提供 GEP 核算评估服务，推动 GEP 核算应用在结对合作地区推广。

健全绿色发展财政奖补机制。制订生态产品政府采购目录，在丽水市以及瓯江流域上下游之间率先探索政府采购生态产品试点，探索建立根据生态产品质量和价值确定财政转移支付额度、横向生态补偿额度的体制机制。鼓励受益地区与保护生态地区、流域下游与上游通过对口协作、产业转移、共建园区等方式加强生态协作共建。

2. 健全生态产品质量认证体系

培育生态产品区域公用品牌。构建以“丽水山耕”“丽水山居”“丽水山景”等核心品牌为主的地域特色公用品牌体系。支持筹建“丽水山耕”品牌研究院，升级农产品溯源体系，壮大“丽水山耕”生态农产品全产业链创新服务综合体，争创全国区域公用品牌创建示范区。成立区域生态产品品牌运营机构，培育一批品牌示范企业。到 2021 年，建设“丽水山耕”生态农产品产业园 10 个，“丽水山耕”生态农产品种类达到 1500 个以上，“丽水山居”农家乐综合体和精品民宿示范项目 100 个以上。

建立生态产品质量标准体系。重点围绕“丽水山耕”等核心品牌，引导行业协会、示范企业积极参与标准制定，提升企业在标准国际化中的话语权。对标国际先进标准，组织一批质量标准提升示范项目，深化区域公用品牌质量标准研究，到 2021 年建立质量标准 120 个以上，实现全产业链的标准指导。开展标准制定、人才培养等国际交流合作，推动“丽水标准”国际化。

巩固提升生态产品质量认证。充分吸收借鉴 FSC 森林认证、MSC 水产品认证、大熊猫友好型认证等质量认证标准，制定生态产品质量认证管理办法，培育联动长三角区域的“丽水山耕”农产品公用品牌的第三方生态产品质量认证机构，并推动认证结果国际互认，实现认证标准多领域、国标化，到 2021 年完成 100 个以上生态产品质量认证工作。

多渠道提升生态产品附加值。整合构建网商、电商、微商相融合的营销体系和品牌推介平台，推进国家农村电商示范区、“互联网 + 三农”先行区“双区”联创，打造服务全国的网上菜篮子市场。引导“丽水山耕”等区域公用品牌企业进行股份制改造，培育面向长江经济带的“丽水山耕”产品加盟基地。到 2021 年，努力实现“丽水山耕”产品年销售额突破 110 亿元，“丽水山耕”成为全国可持续农业示范品牌和国际一线农业区域公用品牌，生态产品附加值比普通产品增值 1 倍以上。

3. 共建生态产品市场交易体系

健全自然资源资产产权制度。建立自然资源资产全面调查、动态监测、统一评价制度，重点界定水流、森林、湿地等自然资源资产的产权主体及权利。开展生态保护修复的产权激励机制试点。开展集体林地地役权改革，健全集体林地“三权分置”、经营权流转、集体林租赁等机制。深入推进河道资源管理改革和农村宅基地“三权分置”改革试点工作。推广遂昌金矿国家矿山公园生态修复和发展矿业文化旅游的典型经验，进一步理顺其管理体制。

健全生态产品市场交易机制。培育一批从事生态保护修复和治理的专业化企业和机构。设立政府主导，水电生产、生物医药（不含化学合成工艺）等生态产品利用型企业参与的生态保护基金。探索建设生态产品交易平台，通过用能权交易机制鼓励清洁能源消费，争取国家支持探索开展清洁能源抵扣能耗消费总量改革试点；探索建立用能权、碳排放权等权益的初始配额与生态产品价值核算挂钩机制。

建立生态信用制度体系。建立企业和自然人的生态信用档案、正负面清单和信用评价机制，打造“生态信用领跑者城市”，引导生产和生活方式转变，护航生态产品价值加快变现。将参与植树造林、生态公益林保护、水源地保护、绿色生产、绿色消费、绿色生活等行为纳入守信范围，将破坏生态环境、超过资源环境承载能力开发等行为纳入失信范围，探索建立生态信用行为与金融信贷、行政审批、医疗保险、图书借阅等相挂钩的联动奖惩机制。引导杭州市等发达地区社会信用高的个人“漫游”到丽水市享受生态优惠、社会便利。

4. 致力建设现代化生态经济体系

培育生态旅游康养产业。做强做优生态旅游战略支柱产业，以“生态＋”带动“旅游＋”“文化＋”“农耕＋”，以农文旅融合催生新业态、激发新活力，重点开发一批创新型、换代型、改进型的旅游新产品，建设一批高等级景区、高品质度假区、高星级酒店，打造一批旅游风情小镇和历史经典文化小镇，培育瓯江山水诗之路黄金旅游带、瓯江文创产业带，创建国家全域旅游示范区，创新丽水高山气候价值化实现路径，重点打造一批位于海拔600米以上的康养小镇。加强与发达地区知名主体合作，共推长三角旅游产业一体化发展。依托中国摄影之乡优势，培育影像产业。加强与上海、杭州等城市的体育、文创领域合作，打造赛事训练基地，组织国际马拉松赛、国际自行车赛、少数民族传统运动会等品牌赛事，加快瓯江绿道网建设，打造国际徒步健身康养胜地。

大力发展生态工业。重点围绕打造生态制造业体系，加强与发达地区制造业协作配套，深入实施“丽水生态制造2025”。实施最严格的生态工业准入制度，大力支持国内外大型生态高科技公司落户丽水。以智能化为主攻方向，加快各类园区“腾笼换鸟”、改造升级，推进传统制造业生态化改造，实现“凤凰涅槃”。以高精尖为产业导向，着力招大引强，培育基于生态优势的生物医药、节能环保、新材料、新能源产业，发展数字经济、循环经济、低碳经济，推动生态工业第一产业全面扩量升级，形成可持续的强劲增长动能。集中资源精准引育一批细分市场领域的“专精特新”“单打冠军”“隐形冠军”和“小巨人”企业，研发新品、多出优品、打造精品，推动产业向价值链中高端跃升，打造具有核心竞争力的“丽水生态制造”品牌。

创新发展生态农业。大力发展农产品“三品一标”，积极创建中国特色农产品优势区和国家现代农业产业园，推行“绿色惠农”一卡通，建成一批达到出口欧盟标准的农产品标准化生产基地。高质量建设丽水市农业绿色发展先行示范区和百万亩海拔600米以上绿色有机农林产品基地。强化农业服务长三角定位，打造长三角最安全农产品生产地。加快建设“丽水山耕”生态产品研发平台和核心产品库。加快华东山区珍稀濒危植物类、药用植物类、生态修复植物类等种质资源库建设。积极打造华东特色花卉苗木基地。

协同实施创新驱动战略。汇聚创新资源，以对接G60科创走廊为重点，积极开展上海浙商G60科创中心企业招商工作，加快打造浙西南科创中心。加强与浙江清华长三角研究院、之江实验室、中国电科等机构的合作，设立浙江清华长三角研究院丽水科创中心。探索“一院一园一基金一政策”创新机制，提升创新平台，建设丽水市生态产品（丽水山耕）、龙泉汽车空调、缙云锯床和特色机械装备等省级产业创新服务综合体，新创建云和木玩、庆元竹木等产业创新服务综合体，积极推进科学家在线云上创新服务平台等合作项目，谋划设立离岸孵化器，力争实现县（市、区）、开发区市级以上科技孵化器（众创空间）全覆盖。实施“绿谷精英550引才计划”，支持企业通过市场化机制引才育才，培养数量充足的“丽水工匠”、高技能人才，以人才振兴助推经济振兴。

（四）共推互联互通，积极打造大通道“浙西南门户”

深入研究国家区域协调发展战略中的政策机遇，前瞻谋划和争取国家重大“互联互通”项目，主动对接全省大通道行动计划，构建适度超前、结构优化、功能完善的设施网络。

1. 综合交通网

打造全省大通道的浙西南门户。实施交通先行战略，全力对接全省大通道建设，加快浙西南综合交通枢纽建设，打造“融杭入沪”、对接全球城市价值链的主平台。布局“三纵三横高铁网”①，完善“两纵两横七支高速公路网”②，加快丽水机场、衢宁铁路、金台铁路、瓯江航道建设，开工建设衢丽铁路，专班推进杭丽高铁，争取开通“上海—丽水”周末高铁直达旅游专列，加快温武吉铁路谋划，加快景文高速建设，推动金松（遂）龙高速、青文高速谋划和庆景青公路前期，谋划浙南闽北（庆寿泰苍）四高联络线、青文高速与台金高速联络线，全面融入上海 2 小时、全省 1 小时交通圈。借鉴杭州、义乌等地的经验，在长江经济带争取探索丽水市全境高速公路“免费特区”，加强与省交通投资集团开展“高速 + 旅游”合作，争取 2020 年 6 月前撤销浙闽高速公路收费站。

织密市域交通网。开工建设 G235 国道松阳和云和段、G322 国道景宁段、G528 国道遂昌段、G330 国道青田温溪至船寮段等工程。建立丽水市区东至腊口、西延丽新、南贯南城、北沿北环的多层级交通环线；积极推动莲、青、缙三地一体化快速交通网、中闲轨道、市区至千峡湖休闲观光道等建设，积极谋划对接金—义、温州城际轨道。优化通景交通体系，完善景区交通“最后一公里”。加快缙云仙都、古堰画乡、遂昌金矿、青田石门洞等重点景区公路等级提升，进一步加大公路通达 4A 级景区、国家级自然保护区、国家森林公园等的深度。谋划建设中闲等观光轨道，串联高铁站、机场、古堰画乡、九龙湿地等重要节点及景区。谋划研究山地轨道交通。构建完善的快速公交和常规公交系统，

---

① 三纵三横高铁网是指：三纵，杭丽高铁（前期），衢宁铁路（在建），杭州—丽水—云和铁路（谋划）；“三横”，衢丽铁路（前期），金台铁路（在建），温武吉铁路（谋划）。

② 两纵两横七支高速公路网是指：“两纵”，金丽温高速、龙丽温高速；“两横”，丽龙庆高速、台金高速；“七支”，龙浦高速、金松（遂）龙高速、青文高速、缙永高速、浙南闽北（庆寿泰苍）四高联络线、乐永清高速公路、遂江（上）高速。

共同形成智能快捷公交体系。

2. 安全水利网

加强饮用水源地保护与建设，维护好浙江省以及华东地区的饮用水安全。完善防洪、供水、生态用水体系，加快推进滩坑引水、大溪治理提升改造、兰溪桥水库扩建、潜明水库、黄南水库等工程，谋划建设浙西南大中型水库群。继续推进中小河流治理，开展“百河”保护。严格水利水电开发管理，对违法或对生态环境影响较大的小水电实行整改或退出机制，开展水电站下泄生态流量监测，到2021年完成所有县（市、区）的河湖标准化管理建设，实现河湖智慧管理。加强宁波—舟山港、温州港等的互动，强化与舟山江海联运服务中心对接，重点加快建设青田船闸等项目，确保500吨级船舶可由瓯江入海口直达丽水。

3. 清洁能源网

加快缙云抽水蓄能电站及其配套送出线路建设，积极谋划一批抽水蓄能站址，争取进入长江经济带、长三角一体化规划盘子，积极推进氢能技术开发应用，打造华东绿色能源基地，推动绿色能源区域共享。依托长三角新能源技术产业优势，持续推进分布式光伏发电、“农光互补”“渔光互补”、生物质能发电等项目。加快缙云、云和、龙泉、庆元等省级清洁能源示范县建设工作。加快跨区域电力通道建设，完善电网主干网架结构，加快实施丽西500千伏输变电、丽水西南220千伏电网补强等工程，争取开展智能电网试点。实施天然气“县县通”工程，重点加快丽水—遂昌线、云和—龙泉线项目建设。完善天然气储备调峰体系，布局建设54个综合供能服务站。加快调整能源消费结构，推行电动旅游船和新能源汽车，完善充电（加气）网络，到2021年实现全市城市公交、重点景区、城市物流等运输工具新能源化，实现新能源汽车分时租赁网点乡镇、重点村和景区全覆盖。

4. 智慧信息网

建设实时在线、覆盖全域的“花园云”（见专栏5），实现“天地空”一体化的生态环境监测及可视化分析管理；将“花园云”与智慧城管、智慧安防等有序融合，逐步打造“花园云”城市大脑。实施“数字丽水”战略，借力加快 IPv6 规模部署和应用，推动政府“数字化”转型，推动数字产业化、产业数字化。争取 5G 商用试点和规模化布局，协同开展车间、社区、双创服务、教育、医疗、交通、安防等领域 5G 场景应用，支撑人工智能创新生态。争取将丽水市纳入《长三角数据中心布局规划》，并纳入长三角工业互联网群。

专栏 5 “花园云”工程

运用物联网、人工智能、区块链等前沿技术，融合山水林田湖草及大气、土壤、危险废物等各类生态环境数据，建立覆盖市县乡及涉污企业、饮用水水源、地质灾害隐患点等各类生态环境监管业务，集生态环境展示、生态状况预警、生态应急处置、生态标准认证、生态数据应用、生态信用建设于一体的大数据平台。

（五）加强合作交流，共同开辟对外开放新格局

发挥自身比较和潜在优势，在长江经济带、长三角一体化等国家战略和“一带一路”建设上主动作为、找准定位、展现担当，在问海借力中构建全方位开放合作新格局。

1. 强化长江经济带的丽水担当

在探索协同推进生态优先和绿色发展新路子上，率先探索生态产品价值实现机制这一“牵一发动全身”的关键改革，把生态文明建设和高质量绿色发展的“四梁八柱”立起来、顶起来，为长江经济带乃至全国、全世界探新路、立示范。围绕 GEP 核算应用、生态保护、脱贫攻坚、生态品牌、乡村振兴、飞地经济等，加强与长江经济带相关省市及对口支援地区之间的生态产品价值实现机制合作交流。每年在丽水举办生态产品价值实现机制国际大会，并推动适时由国家长江办在丽水主办生态产品价值实现机制国际大会。聚焦生态产品价值实现、前沿生态技术研究等方向，建设中国（丽水）两山学院，面向全国培养“两山”创新型复合人才。与大自然保护协会、保尔森基金会等国际绿色发展组

织合作建立“两山”高端智库。建设生态产品价值实现科研创新中心和数字生态经济研究院，与发达国家和地区合作设立生态科创中心。深化与周边省市的区域合作，推进建设浙皖闽赣国家生态旅游协作区，实现生态经济共融共生。

2. 高质量对接长三角一体化

制订实施接轨上海、融入长三角一体化行动方案，按照长三角实现更高质量的一体化发展要求，立足生态优势和人文优势，以推进设施互联互通、产业协同配套、开放对接融入、服务异地同城、生态共建共享等为重点，争取与上海市建立四大合作对接机制，全域全方位深度接轨上海、高质量融入长三角一体化，进一步畅通向长三角输出生态产品的渠道，逐步形成“接轨上海、借力上海、发展丽水”新格局。加强与长三角兄弟市在商标保护、监管执法、商贸市场、品牌认证、行业标准等方面合作，进一步打破行政分割和市场壁垒。

3. 高水平参与“一带一路”建设

主动对接上海市自贸区、浙江省自贸区，积极融入长三角通关一体化，推进跨境电子商务产业园建设，谋划建设国际合作产业园和华侨经济产业园，推动市域外贸和制造业企业实现“优进优出”。实施华侨要素回流工程，建设华侨经济文化合作试验区，打造具有侨乡特色的“华商之窗”和进口商品的“世界超市”，以丽水的“世界华侨”造就华侨经济的“世界丽水”。探索建立农产品出口试行“市场采购型”贸易方式。办好世界丽水人大会、侨博会、世界青瓷大会、国际茶商大会、汤显祖—莎士比亚文化节，创建国家级海峡两岸交流基地，打造更多国际化高能级对外交流和经贸合作平台。

4. 协同打造“山海协作”升级版

依托山海协作、东西部扶贫协作和对口支援工作机制，与协作、结对地区协同探索建立生态产品价值异地转化，建立生态与产业互为“飞地”模式，研究推动“双高”计划（即以丽水高山、高寿“换”发达地区高知、高技、高企、高楼），探索飞地平台运营机制、飞地创新要素支撑机制、飞地经济分享机制，推进空间互换、要素互动、协调发展，打造一批“智飞”高地、康养飞地、消薄飞地、工业飞地、文体飞地等实践样板，实现品牌共塑、市场共塑、成果共享。

四、丽水市参与长江经济带建设的保障措施

（一）提高政治站位

各级党委、政府和各有关单位要深刻领会和准确把握习近平生态文明思想，以及关于长江经济带发展的重要论述，切实形成思想自觉。各级党政“一把手”，要不断增强“四个意识”，切实把实施长江经济带战略摆在优先位置，展现国家战略的丽水担当，落实领导责任制，绝不允许搞上有政策、下有对策，更不能搞选择性执行。

（二）加强组织领导

丽水市推动长江经济带发展领导小组统筹协调跨地区跨部门重大事项，督促检查重要落实情况。市推动长江经济带发展领导小组办公室履行牵头抓总职责，完善统分结合的工作推进机制。市各成员单位要各尽其职，协同配合，加强对地方工作督导。各县（市、区）要建立相应工作机制，明确牵头单位，加强力量配备，因地制宜推动各项工作落地生根。

（三）争取更多支持

争取国家长江办在丽水市开展山水林田湖草生态保护修复试点工程，支持丽水市与长江经济带对口支援地区之间建立能耗指标交易、品牌推广合作等机制，在长江经济带探索清洁能源抵扣能耗消费总量改革试点，把丽水市抽水蓄能项目纳入新一轮长江经济带项目盘子，在丽水市举办长江经济带丽水现场会，在丽水市开展长江经济带“飞地”互飞互促改革试点。建立丽水参与长江经济带建设重点项目工程包，向国家、省级层面争取落地一批具有战略性、引领性的重大项目。依托长三角一体化的引领作用，争取通过区域合作，促进丽水市生态产品价值“异卡同城”转化。争取省级层面加大对丽水市综合交通、瓯江绿道、

康养小镇、高等级景区建设等重点项目的政策支持力度，开通项目、土地审批绿色通道，完善水利、信息、能源等设施网络。争取省级层面支持丽水市上、下游横向生态补偿试点拓展到瓯江流域。构建生态产品价值实现机制试点建设资金省级扶持政策体系，引导信贷资金重点投向丽水市生态产品价值实现重点项目、示范企业以及公务服务平台。

（四）强化督查落实

丽水市长江办定期对生态环境问题进行督促检查、排查，跟踪各项工作落实。梳理摸排突出问题清单，明确阶段性主攻方向和突破口，细化目标任务，形成重点工作项目化推进机制。加强考核梳理，减少重复考核，将重点任务分工落实情况纳入市政府目标责任制年度考核内容。及时报送工作推进情况，认真总结、推广行之有效的经验和做法。

第三篇　长三角一体化战略

第六章　长三角一体化的演进

把长三角一体化发展上升为国家战略，是以习近平同志为核心的党中央做出的重大决策部署。一直以来，习近平总书记对长三角一体化发展牵挂在心，在不同场合、不同地点多次就长三角一体化发展做出部署、提出要求。正是由于习近平总书记亲自关心、亲自谋划、亲自部署、亲自推动，长三角一体化发展才得以更快推进。

一、长三角一体化的历史

中华人民共和国成立后，上海和江浙地区之间在计划经济的安排下，形成了一种上海市以发展工业为主、江苏省和浙江省以发展农业为主的区域经济关系。随着时间的推移，这种计划经济体制下垂直分工的一体化体系，给长三角区域经济持续发展带来的负面效应也逐步显现出来。改革开放以前，不仅浙江省和江苏省的工业化进程和人民收入增长缓慢，而且受计划价格规定下的工农业产品的价格剪刀差的影响，两省从事农业的比较优势不断受到削弱，产出效益不断下降。20 世纪 70 年代末，随着改革开放的浪潮，苏南地区和浙北地区乡镇企业的迅速发展，显示出了突破这种体制障碍的内在张力，从而引发了“长三角”各区域间以“华东局”为组织协调架构、以垂直分工为主要合作框架的经济一体化体制走向终结，开启了具有转型经济特征和现代市场经济特征的长三角区域经济一体化的新阶段。① 长三角一体化的历史可以分为以下几个阶段。

（一）第一阶段：20 世纪 80 年代初至 90 年代初

这一阶段长三角进入了工业化全面推进新时期，江苏省、浙江省的乡镇企业得到兴旺发展，民间自发型的要素流动引发了长三角第一波经济合作浪潮，这是长三角地区寻求联动发展的萌芽状态。同时，政府间的推动也是促成长三角经济合作的重要因素。1982 年，国务院发布《关于成立上海经济区和山西能源基地规划办公室的通知》，决定成立以上海市为中心，包括苏州、无锡、常州、南通、杭州、嘉兴、湖州和宁波等城市的上海经济区。1983 年，国务院批准成立了上海经济区规划办公室。从 1984—1986 年，经国务院批准，上海经济区扩大至江苏、浙江、安徽、江西、福建等五省全境。为了促进该地区的协调发展，1985 年起在中央政府的协调下组成了“上海经济区办公室”，负责长三角地区的经济管理协调工作。1986 年，长三角经济圈的概念进一步扩大到五省一市，即上海市、江苏省、浙江省、安徽省、福建省、江西省。1988 年 6 月 1 日，国家计划委员会发出“计办厅〔1988〕120 号”文件，通知撤销国务院上海经济区规划办公室。

（二）第二阶段：20 世纪 90 年代初至 90 年代末

1990 年浦东开发开放以后，外资在长三角地区的布局及江浙民营经济的发展和崛起，不仅巩固了上海市在长三角的核心地位，还在一定程度上加速了江浙与上海市的区域合作。②

---

① 陈建军．长三角区域经济一体化的历史进程与动力结构［J］．学术月刊，2008（8）．

② 靖学青，等．中国区域战略与上海转型发展［M］．上海：上海社会科学院出版社，2018.

1992 年，建立了长江三角洲经济协作办（委）主任联席会议制度，以上海市为核心，成员包括上海、南京、苏州、无锡、常州、扬州、镇江、南通、杭州、嘉兴、湖州、宁波、绍兴和舟山等 14 个城市。[①] 1997 年升格为长三角城市经济协调会（以下简称协调会）。此后，协调会按城市笔画顺序每两年在执行主席方所在城市举行一次市长会议。

1993 年上海市正式提出推动长三角大都市圈发展的构想，新的长三角经济圈实行强强联手，由两省一市组成，即江苏省、浙江省、上海市。配合这一战略构想，不仅在“软件”方面，加强了地方政府协调制度建设，在 20 世纪 90 年代后期建立了“长江三角洲城市经济协调会”“两省一市省市长联席会议制度”，而且也加强了“硬件”配套设施的建设。

总体上来讲，20 世纪 90 年代的长三角一体化与 80 年代相比有了质的变化。在 80 年代，沪苏浙合作的形式主要是国有大型企业与浙北、苏南的乡镇企业之间的横向配套合作，合作内容是工业加工上的对接；在 90 年代，合作模式变为“政府搭台、企业唱戏”，利用浦东的优惠政策以及上海市的国际影响力，大力吸引外资及技术引进，合作广度与深度不断被挖掘。

（三）第三阶段：2001—2017 年

进入 21 世纪，尤其是我国加入 WTO 后，长三角一体化日益受到当地政府的重视。2001 年，沪苏浙三省市发起成立了由常务副省（市）长参加的“沪苏浙经济合作与发展座谈会”制度，长三角区域合作进入了一个着眼于建立长期性、战略性、整体性区域合作框架的新阶段。

2004 年，启动了沪苏浙三省市主要领导座谈会制度，长三角区域合作已纳入最高决策层的视野。

2008 年 9 月正式印发《国务院关于进一步推进长江三角洲地区改

① 1996 年 8 月，扬州拆分为扬州和泰州两市，泰州自然成为长江三角洲经济协作办（委）主任联席会议成员。

革开放和经济社会发展的指导意见》。同年，为贯彻落实胡锦涛总书记重要指示，安徽省在两省一市和国家发改委等部委的大力支持下，党政主要领导应邀出席当年12月份在浙江省宁波市召开的长三角主要领导座谈会。2009年，两省一市吸纳安徽作为正式成员出席长三角地区主要领导座谈会、长三角地区合作与发展联席会议。2011年，安徽省首次作为轮值方成功举办长三角地区主要领导座谈会、长三角地区合作与发展联席会议。

2008年起，长三角政府层面实行决策层、协调层和执行层“三级运作”的区域合作机制。确立了“主要领导座谈会明确任务方向、联席会议协调推进、联席会议办公室和重点专题组具体落实”的机制框架。长三角区域合作采取轮值制度，每年由一个省（市）作为轮值方。

决策层即“长三角地区主要领导座谈会”，沪苏浙皖三省一市省（市）委书记、省（市）长出席，三省一市常务副省（市）长、党委和政府秘书长、党委和政府研究室主任、发展改革委主任和副主任列席。

协调层即由沪苏浙皖三省一市常务副省（市）长参加的“长三角地区合作与发展联席会议”。

执行层包括“联席会议办公室”和“重点合作专题组”。沪苏浙皖三省一市分别在发展改革委（或合作交流办）设立“联席会议办公室”，分管副主任兼联席办主任。目前设立了交通、能源、信息、科技、环保、信用、社保、金融、涉外服务、城市合作、产业、食品安全12个重点合作专题。城市合作专题固定由上海市牵头，上海市政府合作交流办具体负责；其他专题由当年轮值方牵头。

（四）第四阶段：2018年至今

2018年11月5日，习近平在首届中国国际进口博览会开幕式上的主旨演讲中指出，“将支持长江三角洲区域一体化发展并上升为国家战略”。长三角将同“一带一路”建设、京津冀协同发展、长江经济带发展、粤港澳大湾区建设相互配合，完善中国改革开放空间布局。

2019年5月13日，中共中央政治局召开会议，会议审议了《长江

三角洲区域一体化发展规划纲要》。2019 年 12 月 1 日，中共中央、国务院印发了《长江三角洲区域一体化发展规划纲要》。之后，上海市、江苏省、浙江省和安徽省贯彻《长江三角洲区域一体化发展规划纲要》实施方案相继发布。长三角一体化进入新时期。

长三角在全国发展大局中具有重要的地位和作用，肩负着特殊的使命和责任。在 2020 年年初全国抗击新型冠状病毒肺炎（以下简称新冠肺炎）的战斗中，长三角三省一市坚决贯彻落实习近平总书记重要讲话和指示批示精神，牢固树立“一盘棋”思想，不断深化一体化的合作机制，在一手抓疫情防控、一手抓经济社会发展过程中，加强协同、精准衔接、相互赋能，充分发挥“3 + 1 > 4”的效应。2020 年 2 月 7 日，长三角三省一市召开视频会议，建立联防联控机制，围绕新冠肺炎疫情防控，明确七项合作事项。在三省一市共同努力下，长三角联防联控七项合作事项落实具体举措、推进重要合作，在疫情防控中发挥了重要作用，取得阶段性成效。在确诊和疑似病例密切接触者信息互通方面，有条不紊开展信息推送、交换、比对和通报工作。在健康观察解除告知单互认方面，实行统一样式告知单，并探索使用健康码。在重大防疫管控举措相互通报和省际协调事项交办方面，成功协调多个跨省事项。在重要防疫物资互济互帮方面，形成紧密工作网络，重要物资实现相互调配。在供应保障和恢复生产人员物资通行便利方面，免除持证车辆重复查验、人员重复隔离，有效保障重要物资运输畅通。在医疗诊治方案共享和危重病人会诊方面，为各地救治提供有力的技术支撑。在研究建立应对长三角公共安全事件和应急管理工作机制方面，已经部署了具体工作安排。

2 月 27 日，长三角三省一市再次召开视频会议，深入学习贯彻习近平总书记在统筹推进新冠肺炎疫情防控和经济社会发展工作部署会议上的重要讲话精神，围绕统筹疫情防控和经济社会发展，进一步合作建立五项工作机制。一是建立长三角健康码互认通用机制，按照“有码认码、无码认单”的原则，为三省一市复工复产和群众正常生活提供便利。二是建立产业链复工复产协同互助机制，全面梳理形成打通跨区域产业链的企业清单，强化供需匹配和原材料、零部件生产供应，落实通关、物流一体化等协同举措保障物资运输畅通。三是建立企业复工、复产、复市就业招工协调合作机制，联合搭建企业用工对接服务平台，组织开展各类线上对接活动和招聘会，精准匹配缺工企业和就业重点群体供需，共同开辟员工返岗绿色通道。四是建立跨区域交通等基础设施加快落地协同会商机制，对已开工建设的项目，加强用工、物资运输等合作，抢抓项目建设进度；对处在前期工作阶段的项目，协同做好规划落地、方案稳定、项目报批、要素保障等相关工作，力争尽早开工建设；对纳入长三角一体化发展国家规划纲要、三年行动计划的项目，抓紧规划研究和项目储备。五是建立疫情防控特殊时期区域经济政策协调通报机制，加强政策协同，扎实做好“六稳”工作，在支持复工、复产、复市、扶实体、稳产业、保就业等方面加强沟通衔接。①

二、长三角一体化的动力

自改革开放以来，长江三角洲地区是中国经济发展最快的区域之一。随着经济活动规模和城市化水平的提高，长三角区域的要素流动性也在不断增强。这客观上要求区域内基础设施的统一规划和建设，也需要形成区域商品和服务的自由交易市场制度。

（一）经济学关于区域经济一体化的理论解释

现代主流经济学理论很少直接讨论经济活动的空间特性和形态。市场主体如何在空间上进行有效的活动，甚至一体化，并不构成经济研究的主题。但在经济分析中，基于经济活动的空间性，如贸易在不同国家的开展，为使贸易的获利性更大、成本更小，空间因素是加以优先考虑的。无论是奥林的贸易与区位理论关系，还是追溯到大卫·李嘉图以前

① 长三角合作建立统筹疫情防控和经济社会发展工作机制［N］．浙江日报 2020-02-28.

的国际贸易理论，都是如此。

古典经济学关于经济增长的核心思想是生产的专业化和分工，劳动生产率的提高是专业化分工的结果，这也是规模报酬递增规律的根本原因。从古典理论中，企业内分工、企业间专业化分工和产业分工（或社会分工）对于区域经济有特别的启示意义。它不仅揭示了提高生产效率关键因素和报酬递增、经济增长的源泉，也为经济资源在空间上的配置，如产业集群奠定了理论基础。

新兴古典经济学的学者以分工和专业化为基础，把理论分析延伸到对经济聚集现象的分析。他们将分工、交易费用和一般均衡的分析工具纳入对产业集群的研究之中。杨小凯 1991 年在《政治经济学期刊》发表的《经济增长的一个微观机制》证明了分工网络在地域上的集中能够提高交易效率，降低交易费用，从而提高分工水平与生产力水平。同一产业链上的企业分工联网在地域上集中，不仅能够通过分工与专业化生产实现收益递增，而且能够提高交易效率，降低交易费用。

从古典经济学的专业化分工理论以及其后的种种理论中，可以发现，包括产业集群、城市等经济空间集聚都是生产分工和社会分工的产物，特别是产业集聚是人们为降低专业化分工产生的交易费用和获取由分工产生的报酬递增的一种经济空间表现形式。任何产业集群都表现出明显的分工和专业化特征，分工和专业化的深化与产业集群发展之间表现出高度的一致性，专业化分工所产生的报酬递增机制是产业集群演化的动力机制。

从专业化分工理论中也可以意识到，区域经济一体化作为经济资源在空间上优化配置的一个过程和状态，根本上取决于专业化分工的水平。提高生产的专业化水平，促进分工协作体系的形成，是区域经济发展和经济一体化的本原。也就是说区域统一市场和经济一体化不是政府的行为使然，而是经济发展中专业化分工和市场规模扩大的结果，有其自然演化的过程。

此外，现代空间经济学在研究经济资源的空间配置时，除了分析地区资源禀赋、运输条件（成本）等因素外，引入了市场准入状态（如行政与贸易壁垒强弱）、知识溢出、收益递增、市场需求、产品差异或消费者偏好市场关联性、交易信用和政府行为等变量，分析其对区域经济集聚与离散、统一市场和企业合作的影响，其构建的模型为区域经济一体化的实证研究和政策分析提供了理论基础，补充了专业化分工理论解释区域经济一体化的不足。①

（二）长三角一体化的动力结构

分析长三角区域经济一体化的历史，可以发现推动一体化的动力结构中有外部因素也有内部因素。

1. 中央决策层的制度创新是长三角一体化的外部因素

所谓外部因素，主要是体制和制度改革因素。长三角区域经济一体化是在转型经济背景下进行的，来自中央决策层的制度创新和相应的政策措施对长三角区域经济一体化的作用是明显的。在一体化的四个阶段中，这种外部因素分别表现出制度供给、制度诱导和制度协调的特征。在长三角区域经济一体化的第一阶段，由中央决策层决策建立的上海经济区为长三角区域经济一体化提供了制度平台，与此相关的如“横向经济联合”和“经济协作”等一系列政策，对于降低地方行政壁垒所导致的要素流动的制度成本，加快产业转移，推动“长三角”内部的分工体系的转型，发挥了关键作用。这一时期，中央决策层的政策对长三角区域经济一体化进程来说是一种制度供给型的外力推动。进入20世纪90年代初期，中央决策层有关上海浦东开发开放的一系列政策，对长三角区域经济一体化进程来说，是制度诱导型的外力推动。即通过向上海注入加速开放和发展的政策资源，进而产生区域经济的外部性，以此来提高长三角区域经济一体化的向心力，或者说提高区域经济一体化的边际收益。在长三角区域经济一体化的第二阶段，制度诱导型的外

---

① 吴柏均．长三角经济一体化的基础和动力：理论解释和政策建议［J］．华东理工大学学报（社会科学版），2008（1）．

力推动更多地通过内部动力因素产生作用。进入长三角区域经济一体化的第三阶段，作为一体化的外部因素的中央决策层的政策推动，就更加依赖于一体化自身的内生因素，施力过程也从对上海的关注转向对整个长三角地区的政策协调，关注长三角地区的发展在中国和国际经济中的地位和作用。这一阶段的外部因素显现出制度协调的特征，最有代表意义的就是酝酿制定长三角区域规划。在第四阶段中，这种外部因素的直接体现是中共中央、国务院印发的《长江三角洲区域一体化发展规划纲要》，指导推进一体化进程。

2. 产品和要素的跨区域流动是长三角一体化的内生因素①

所谓区域经济一体化，主要是由于区域内部各次区域间商品和要素流动密度不断增加而产生的区域整体化趋势增强的过程和状态。在这个过程中，由区域经济发展内生出来的产品和要素的跨次区域流动是最主要的因素。而产品和要素的跨区域流动，则可以由以下变量加以解释。

（1）产业集聚和外部经济性。长三角区域内部各次区域发展产生的外部经济性是推动产品和要素跨区域流动的主要动力因素。例如，1990 年浦东开发开放以后，上海市享受的优惠政策不仅促进了上海本地的经济发展，而且也对周边的江浙两省带来了外部经济效应。其中一种便是“搭便车”，最典型的是苏州的昆山，在浦东开发开放之际，利用邻近上海市的区位优势，“搭便车”设置了“自费开发区”，吸引了大量原本是奔上海而去的外部资源。外部经济性的另一种表现是资源的“溢出”。资源的“溢出”包括两部分，“硬资源”即有形资源的溢出和“软资源”即无形资源的溢出。有形资源如中央给上海市以优惠的引资政策，在促进进入上海市的外资大量增加的同时，也增加了周边的江苏和浙江的外资流入量。除了引进外资的“溢出”外，一些原来准备流向上海市的人才也“溢出”到了江苏省和浙江省。例如，20 世纪

① 陈建军．长三角区域经济一体化的历史进程与动力结构［J］．学术月刊，2008（8）．

80 年代中、西部地区一些希望返回上海市工作的上海籍知识分子、知识青年，由于各种原因没有能够进入上海市，转而进入江苏省和浙江省。此外，上海市自身的经济发展水平，如高度发达的第三产业、各类专业人员完备程度、基础设施的完善程度等都会对周边地区产生外部经济性，从而形成区域经济一体化的正面效应。无形资源包括政策、制度、品牌、专有知识等，例如，20 世纪 80 年代苏南地区乡镇企业的迅速发展对浙江省北部和东北部地区产生了示范效应，20 世纪 90 年代中后期浙江民营经济的迅猛发展对江苏省和上海市的示范效应等，都是资源溢出、产生外部经济性的例子。

（2）产业转移和产业水平分工。产业转移以及与此形成的产业水平分工是长三角区域经济一体化的另一个主要解释变量，并和产品与要素的跨区域流动形成一种互动关系。20 世纪 80 年代的上海经济区时期，长江三角区域微观经济层面进行的上海市国有企业和江浙地区的乡镇企业之间的技术转移，有力地推动上海和江浙地区之间的产业区域转移，进而形成区域内部的产业水平分工。20 世纪 90 年代中后期，浙江省、江苏省的民营企业积极向上海市扩张，进一步强化了长三角区域内部的产业水平分工。

（3）要素流动网络。在经济转型的背景下，形成长三角一体化主要动力的要素流动是和各种社会网络的存在紧密相关的。要素流动在很大程度上是以社会网络为通道进行的，在转型经济和中国固有的重视“关系”的传统文化背景下，通过网络进行的交易，具有降低要素流动成本和交易成本的作用。这种网络有正式制度网络，也有主要依靠民间“三缘”（血缘、亲缘和地缘）关系而结成的网络。这种网络的密度越高，效率越高，要素流动的成本就越低。那些历史上具有较多联系的地区之间，社会文化传统的相似性更大一些的区域，要素流动的密度就会更大一些。在长三角区域，苏南和上海、宁波和上海等就属于这样的地区。

（4）空间距离。在交通条件相同或类似的情况下，空间距离和要素流动的成本具有正相关的关系。一般来说，空间距离与运输成本的高低、信息传递成本的高低、交易成本的高低之间有紧密的相关关系。空间距离越远，运输成本、信息传递成本、交易成本就会越高，反之就低。那些空间距离较短的相邻地区之间，具有一体化的天然优势。从长三角一体化的过程看，江浙两省中那些距离上海较近的地区，常常对长三角一体化持有更为积极的姿态。

（5）制度成本。在经济转型背景下，构成制度成本的主要因素是地方行政壁垒。地方行政壁垒越高，要素流动的制度成本就越大；反之，要素流动就会更为顺畅。比较以上四个因素，制度成本是一个负面的因素，从政府行为来说，推进区域经济一体化的主要任务就是降低要素和产品流动的制度成本。随着改革的深入，地方行政壁垒在弱化，一体化的制度成本趋于减少，于是我们看到，长三角一体化的高潮几乎是和改革开放的高潮重叠的。

在上面的关系中，要素和产品的跨区域流动是长三角区域经济一体化的主要被解释变量，而产业集聚和转移所体现的分工与规模经济因素、空间距离所导致的地理因素、社会网络表现的社会文化因素，以及制度成本等是主要解释变量，由此构建起了长三角区域经济一体化的动力结构。但实际上，这些变量之间的关系是互动的，并且几乎都内生于经济发展进程。

三、长三角一体化战略的新要求

中国特色社会主义进入新时代，我国经济转向高质量发展阶段，对长三角一体化发展提出了更高要求。“一带一路”建设和长江经济带发展战略深入实施，为长三角一体化发展注入了新动力。党中央、国务院做出将长三角一体化发展上升为国家战略的重大决策，为长三角一体化发展带来新机遇。

分析 2019 年 12 月 1 日发布的《长江三角洲区域一体化发展规划纲要》（以下简称《规划纲要》），可以发现在新形势下，国家对长三角一体化做出了新的谋划，提出了新的要求。《规划纲要》分为“发展背景、总体要求、推动形成区域协调发展新格局、加强协同创新产业体系建设、提升基础设施互联互通水平、强化生态环境共保联治、加快公共服务便利共享、推进更高水平协同开放、创新一体化发展体制机制、高水平建设长三角生态绿色一体化发展示范区、高标准建设上海自由贸易试验区新片区、推进规划实施”等十二章。规划期至2025年，展望到2035年。

《规划纲要》明确了长江三角洲区域的范围，包括上海市、江苏省、浙江省、安徽省全域（面积35.8万平方公里）。其中，以上海市，江苏省南京、无锡、常州、苏州、南通、扬州、镇江、盐城、泰州；浙江省杭州、宁波、温州、湖州、嘉兴、绍兴、金华、舟山、台州；安徽省合肥、芜湖、马鞍山、铜陵、安庆、滁州、池州、宣城等27个城市为中心区（面积22.5万平方公里）。此外，《规划纲要》将长三角生态绿色一体化发展示范区和中国（上海）自由贸易试验区新片区单独列出，以凸显其重要性。以上海市青浦区、江苏省吴江区、浙江省嘉善县为长三角生态绿色一体化发展示范区（面积约2300平方公里），示范引领长三角地区更高质量一体化发展；以上海临港等地区为中国（上海）自由贸易试验区新片区，打造与国际通行规则相衔接、更具国际市场影响力和竞争力的特殊经济功能区。

（一）战略定位

全国发展强劲活跃增长极。加强创新策源能力建设，构建现代化经济体系，提高资源节约集约利用水平和整体经济效率，提升参与全球资源配置和竞争能力，增强对全国经济发展的影响力和带动力，持续提高对全国经济增长的贡献率。

全国高质量发展样板区。坚定不移贯彻新发展理念，提升科技创新和产业融合发展能力，提高城乡区域协调发展水平，打造和谐共生绿色发展样板，形成协同开放发展新格局，开创普惠便利共享发展新局面，率先实现质量变革、效率变革、动力变革，在全国发展版图上不断增添高质量发展板块。

率先基本实现现代化引领区。着眼基本实现现代化，进一步增强经济实力、科技实力，在创新型国家建设中发挥重要作用，大力推动法治社会、法治政府建设，加强和创新社会治理，培育和践行社会主义核心价值观，弘扬中华文化，显著提升人民群众生活水平，走在全国现代化建设前列。

区域一体化发展示范区。深化跨区域合作，形成一体化发展市场体系，率先实现基础设施互联互通、科创产业深度融合、生态环境共保联治、公共服务普惠共享，推动区域一体化发展从项目协同走向区域一体化制度创新，为全国其他区域一体化发展提供示范。

新时代改革开放新高地。坚决破除条条框框、思维定势束缚，推进更高起点的深化改革和更高层次的对外开放，加快各类改革试点举措集中落实、率先突破和系统集成，以更大力度推进全方位开放，打造新时代改革开放新高地。①

（二）主要任务

1. 推动形成区域协调发展新格局

发挥上海市龙头带动作用，苏浙皖三省各扬所长，加强跨区域协调互动，提升都市圈一体化水平，推动城乡融合发展，构建区域联动协作、城乡融合发展、优势充分发挥的协调发展新格局。包括强化区域联动发展，加快都市圈一体化发展，促进城乡融合发展，推进跨界区域共建共享等。

2. 加强协同创新产业体系建设

深入实施创新驱动发展战略，走“科创 + 产业”道路，促进创新链与产业链深度融合，以科创中心建设为引领，打造产业升级版和实体经济发展高地，不断提升在全球价值链中的位势，为高质量一体化发展

---

① 中共中央、国务院印发《长江三角洲区域一体化发展规划纲要》［Z/OL］．新华社，2019 - 12 - 01.

注入强劲动能。包括构建区域创新共同体、加强产业分工协作、推动产业与创新深度融合等。

3. 提升基础设施互联互通水平

坚持优化提升、适度超前的原则，统筹推进跨区域基础设施建设，形成互联互通、分工合作、管理协同的基础设施体系，增强一体化发展的支撑保障。

（1）协同建设一体化综合交通体系。共建轨道上的长三角，提升省际公路通达能力，合力打造世界级机场群，协同推进港口航道建设。

（2）共同打造数字长三角。协同建设新一代信息基础设施，共同推动重点领域智慧应用，合力建设长三角工业互联网。

（3）协同推进跨区域能源基础设施建设。统筹建设油气基础设施，加快区域电网建设，协同推动新能源设施建设。

（4）加强省际重大水利工程建设。以长江为纽带，淮河、大运河、钱塘江、黄浦江等河流为骨干河道，太湖、巢湖、洪泽湖、千岛湖、高邮湖、淀山湖等湖泊为关键节点，完善区域水利发展布局。

4. 强化生态环境共保联治

坚持生态保护优先，把保护和修复生态环境摆在重要位置，加强生态空间共保，推动环境协同治理，夯实绿色发展生态本底，努力建设绿色美丽长三角。包括共同加强生态保护，推进环境协同防治和推动生态环境协同监管。

5. 加快公共服务便利共享

坚持以人民为中心，加强政策协同，提升公共服务水平，促进社会公平正义，不断满足人民群众日益增长的美好生活需要，使一体化发展成果更多更公平惠及全体人民。包括推进公共服务标准化便利化，共享高品质教育医疗资源，推动文化旅游合作发展和共建公平包容的社会环境。

6. 推进更高水平协同开放

以“一带一路”建设为统领，在更高层次、更宽领域，以更大力度协同推进对外开放，深化开放合作，优化营商环境，构建开放型经济新体制，不断增强国际竞争合作新优势。包括共建高水平开放平台，协同推进开放合作和合力打造国际一流营商环境。

7. 创新一体化发展体制机制

坚持全面深化改革，坚决破除制约一体化发展的行政壁垒和体制机制障碍，建立统一规范的制度体系，形成要素自由流动的统一开放市场，为更高质量一体化发展提供强劲内生动力。包括建立规则统一的制度体系，促进要素市场一体化和完善多层次多领域合作机制。

8. 高水平建设长三角生态绿色一体化发展示范区

加快长三角生态绿色一体化发展示范区建设，在严格保护生态环境的前提下，率先探索将生态优势转化为经济社会发展优势，从项目协同走向区域一体化制度创新，打破行政边界，不改变现行的行政隶属关系，实现共商、共建、共管、共享、共赢，为长三角生态绿色一体化发展探索路径和提供示范。

（1）打造生态友好型一体化发展样板。探索生态友好型高质量发展模式。沪苏浙共同制定《实施示范区饮用水水源保护》法规，加强对淀山湖、太浦河等区域的保护。建立严格的生态保护红线管控制度。共同建立区域生态环境和污染源监控的平台，统一监管执法。推动改革创新示范。系统集成改革举措，增强改革的系统性、整体性、协同性，放大改革效应，为长三角地区全面深化改革、实现高质量一体化发展提供示范。

（2）创新重点领域一体化发展制度。统一规划管理，统筹土地管理，建立要素自由流动制度，协同公共服务政策，创新财税分享机制。理顺利益分配关系，探索建立跨区域投入共担、利益共享的财税分享管理制度。

（3）加强改革举措集成创新。系统集成重大改革举措，率先推动实施高质量发展的指标体系、政策体系、标准体系、统计体系、绩效评价及政绩考核体系。全面强化制度政策保障，成立高层级决策协调机制、高效率的开发建设管理机构、市场化运作的开发建设平台公司，负责示范区改革创新和开放建设的统筹协调。

（4）引领长三角一体化发展。加快复制推广示范区一体化发展制度经验，按照中心区、全域、全国推广层次，定期形成推广清单并按程序报批。

9. 高标准建设上海自由贸易试验区新片区

加快中国（上海）自由贸易试验区新片区建设，以投资自由、贸易自由、资金自由、运输自由、人员从业自由等为重点，推进投资贸易自由化、便利化，打造与国际通行规则相衔接、更具国际市场影响力和竞争力的特殊经济功能区。

（1）打造更高水平自由贸易试验区。强化开放型经济集聚功能，在上海市大治河以南、金汇港以东以及小洋山岛、浦东机场南侧区域设置新片区，先行启动面积控制在120平方公里以内。实施特殊开放政策，对标国际上公认的竞争力最强的自由贸易园区，选择国家战略需要、国际市场需求大、对开放度要求高但其他地区尚不具备实施条件的重点领域，实施具有较强国际市场竞争力的开放政策和制度，加大开放型经济的风险压力测试。

（2）推进投资贸易自由化、便利化。实行投资自由、贸易自由、资金自由、国际运输自由以及人员从业自由，提升网络信息服务能力。

（3）完善配套制度和监管体系。创新税制安排，探索实施具有国际竞争力的税收制度安排；建立健全风险安全监管体系。

（4）带动长三角新一轮改革开放。定期总结评估新片区在投资管理、贸易监管、金融开放、人才流动、运输管理、风险管控等方面的制度经验，制定推广清单，明确推广范围和监管要求，按程序报批后有序推广实施。

第七章　浙江省推进长三角一体化的实践

习近平总书记强调，推进长三角高质量一体化发展，上海市要进一步发挥龙头带动作用，苏浙皖三省要各扬所长。这与习近平总书记在浙江省工作期间做出的“八八战略”一脉相通。浙江省要在推进“八八战略”再深化、改革开放再出发进程中，聚焦新发展理念，紧扣国家《长江三角洲区域一体化发展规划纲要》，根据浙江省《推进长三角区域一体化发展行动方案》，集成优势、创新优势、放大优势，提升区域整体竞争力。

一、从接轨上海到融入长三角

浙江省、江苏省、安徽省和上海市地理上属于江南地区。江南民众长期以来形成的文化自觉意识和自发创造机制，为江南地区形塑了人文地理意义上的整体历史形象，为长三角高质量一体化发展打下了历史认同基础。

历史孕育了江南地区山水相依、人民相亲、习俗相近、人文共辉的区域整体形象。历史文献中，多有“吴越为邻，同俗并土”“吴越二邦，同气共俗”“夫吴之与越也，接土邻境，壤交通属，习俗同，言语通”等记载。回溯江南史迹，也可为之佐证。东晋之始，江苏即以其文化艺术成就成为江南中心；至南宋，杭州建为皇城，领一代江南风尚，流风遗韵及于今朝；明清时期徽商足迹遍布江浙沪，推动江南市镇发展；近代上海开埠，遂成江南文化中心，江浙皖之才人逸士云集沪上，艺术渊源盘根错节，至为深厚。融合发展的历史轨迹，造就其以“丝绸之府，鱼米之乡”“东南财赋地，江浙人文薮”“堆金积玉地，温柔富贵乡”等整体形象示于世人。①

① 陈野．长三角一体化的历史文化基础［N］．浙江日报，2019－10－17.

改革开放以来，三省一市间经济社会发展的合作度、紧密度、融合度不断提升，区域内人才流动频繁，文化交流密切，为今天的长三角高质量一体化发展，奠定了区域融合的历史认同和现实基础。改革开放以来，从接轨上海到融入长三角，浙江省在长三角一体化的进程中经历了以下几个阶段。

（一）改革开放之初—1989 年

改革开放初期，上海市作为我国经济中心，有大量的国有企业、科研机构和技术人员，而浙江省刚刚起步的乡镇企业有大量的技术需要，于是以产学研合作的形式开启了浙沪合作之路。例如，在德清，来自中科院上海硅酸盐所的专家学者走进德清电子器材厂，开创了产学研结合的“德清模式”。同时，德清企业从上海请来了“星期日工程师”，让德清实现了“农民造钢琴”的梦想。又如在上虞，以徐灿根、蒋梦兰等为代表的一批农村能人依靠上海交大的“星期日工程师”兴办科技型企业，形成上虞“五虎”——上虞环保设备总厂、上虞风机风冷总厂、上虞联丰玻璃钢厂、上虞助剂总厂、上虞制冷设备厂。这些乡镇企业通过“星期日工程师”项目，依靠科技力量，借助外脑，借梯登高，生产出一流的风机和冷却塔产品。在他们的影响和带动下，乡镇企业纷纷依托高校、科研院所走上与科技“联姻”的道路。① 1980 年，上虞乡镇工业产值突破亿元大关，登上《中国乡镇企业报》头版头条，成为当时全县国民经济的“半壁江山”。

与此同时，浙江省的一些建筑企业也陆续进入上海市，参与城市建设。1984 年上虞沥东建筑工程公司作为浙江省第一家乡镇建筑企业，参与上海市建筑业公开招投标活动并中标上海商住楼和桥梁工程。此后，象山、东阳等地乡镇建筑企业陆续进军上海。例如，象山在沪的建筑企业达 23 家，员工 6 万人，施工产值 50 亿元，占全县总量的 42%。②

---

① 罗兰芬．上上接轨 天作之合——上虞接轨上海的历史文化探源［OL］．浙江新闻客户端，2019-04-21.

② 肖培生．在接轨上海中争得发展的先机［J］．今日浙江，2004（3）.

有地缘优势的浙北各县也纷纷与上海接轨。例如，从1983年开始，嘉善县与上海市开展横向联系合作，县委、县政府分别于1983年5月8日、1985年2月29日在上海市召开经济恳谈会，邀请嘉善籍在上海市工作的党政领导、专家学者以及经济界人士参加，共商嘉善县经济发展大事。[①] 此后，技术流、资金流开始进入嘉善县。

（二）1990—2002年

从20世纪90年代起，浙江省抓住中央开发开放浦东契机，加大接轨上海力度。

一是以上海为大舞台，借力发展，促进县域特色产业的发展壮大。例如，嘉善县提出了接轨上海发展战略，努力把嘉善建设成为上海的后花园、菜篮子，农产品大量进入上海市场，其中嘉善黄酒主要销往上海。20世纪90年代中期以来，象山人在上海市兴办的餐饮企业近30家，年产值10亿元，“象山海鲜餐饮”已成为上海餐饮世界的一朵奇葩，为“甬菜”列入“新全国八大菜系”发挥了主要作用。

二是以上海为制高点，借船出海，促进对外经济技术协作。例如，象山各行各业与上海开展交流与合作，促进了产业升级，增强了发展活力。全县规模以上工业企业80%与上海开展配套生产，建立科技协作关系。上海还是象山发展开放型经济最重要的窗口和主阵地。2002年全县出口交货值40亿元人民币，自营出口2.88亿美元，85%依托上海市出口。[②] 全县引进内资和外商项目线索也主要来源于以上海市为中心的长三角地区。

（三）2003—2017年

2003年年初，时任浙江省委书记的习近平率领浙江省党政代表团考察访问了上海市、江苏省，签订了推进浙沪、浙苏全面合作的友好协议。浙江省委、省政府将接轨上海、参与长三角合作与交流作为“八

---

① 陆志荣．嘉善接轨上海的历史渊源［N］．嘉兴日报，2018－06－08.
② 肖培生．在接轨上海中争得发展的先机［J］．今日浙江，2004（3）．

八战略”的重要组成部分来部署和实施。同时，为全面推动这项工作，省委专门召开工作会议，出台相关文件，成立了由省政府领导挂帅的领导小组及其工作机构。省级有关部门和全省各市县积极响应，纷纷成立工作机构，出台工作措施，把接轨与合作当作长期的战略任务来加以推进。

这一时期，初步形成了全方位、宽领域、多层次的合作格局。第一层次，长三角两省一市主要领导年度会晤制度。2004 年开始，沪苏浙三省市 6 位党政主要领导人定期会晤共商长三角合作与交流大计。第二层次，“沪苏浙经济合作与发展座谈会”制度。在每年由三省市常务副省（市）长率队参加的座谈会上，商定明确下一年的合作课题和重点任务，并形成纪要，推动各专题组工作。第三层次，沪苏浙重点合作专题与“长三角城市经济协调会”。重点合作专题是沪苏浙三省市经济合作与交流的核心内容和主要抓手。第四层次，以企业为主体的合作与交流群体。各市县以企业为主体，以市场为媒介，以各类展销、推介、论坛为抓手，以招商引资、技术合作、商品营销为重点，积极鼓励企业参与接轨与合作，加强对企业接轨的服务与指导，推进了企业参与接轨与合作。①

全省各地因地制宜，科学定位，扬长补短，积极探索“接轨”“融入”之路，全省各市纷纷到上海、南京举办各种推介活动，促进各领域的合作与交流。例如，杭州市以规划共绘、交通共建、市场共享、产业共兴、环境共保来谋求共赢。宁波市加快建设杭州湾跨海大桥、加快宁波港开发，参与上海国际航运中心建设。嘉兴市打破行政区划限制，提升省级开发区的整体功能，一个 150 平方公里的临港型滨海工业带和沿沪杭高速公路的区域特色经济带在杭州湾北岸崛起。湖州市在努力打造上海“加工园”“菜园子”和“后花园”的基础上，着力构筑新的交

① 浙江省接轨办，浙江省发改委．“接轨上海，融入长三角”呈现新格局——浙江省接轨上海、参与长三角合作与交流的新进展［J］．浙江经济，2006（24）．

通基础设施平台和新的产业平台。绍兴市把上海作为科技人才依托中心、招商引资依托中心、建筑业发展依托中心，把自己作为上海大都市日用消费品和农副产品配送基地、重要的科技成果转化基地。舟山重新审视洋山深水港建设的深远意义，主动承担浙江省接轨上海市前沿阵地的角色，积极打通蓝色通道，服务上海，接受辐射，发展海洋经济。台州主动要求加入15座城市组成的长三角城市经济协调会，成为第十六个新成员。①

（四）2018年至今

长三角一体化发展上升为国家战略，给了浙江省发展新机遇。浙江省在推进“八八战略”再深化、改革开放再出发进程中，聚焦新发展理念，紧扣国家《长江三角洲区域一体化发展规划纲要》，制定实施浙江省《推进长三角区域一体化发展行动方案》，集成优势、创新优势、放大优势，提升区域整体竞争力。

一是松散型跨界协调机制先行一步。三省一市联合组建长三角区域合作办公室，研制《长三角地区一体化发展三年行动计划（2018—2020年）》，有计划、有步骤地开展实质性工作，开创了我国跨区域治理体制创新之先河。

二是各地纷纷确定各自的长三角一体化战略及工作抓手。例如，嘉兴市委第八届七次全体（扩大）会议上，嘉兴市正式将全面融入长三角一体化发展确立为首位战略。“12410”成为嘉兴新一轮发展的“战略密码”。“1”就是一个首位战略；“2”就是要扛起“桥头堡”和“门户”两大历史使命；“4”就是确立了“三城一地”的城市发展定位，即通过打造长三角核心区枢纽型中心城市、面向未来创新活力新城、国际化品质江南水乡文化名城、开放协同的高质量发展示范地，努力把嘉兴市建设成为长三角城市群、杭州湾北岸一颗强劲活跃的璀璨明

① 王纲．浙江省接轨上海融入长三角跨进新阶段［N］．浙江日报，2003－12－10.

珠；“10”就是聚力打造高能级科创平台、高能级产业平台、高能级城市平台等“十大抓手”。

三是多层次、多尺度、多领域的政府跨界合作层出不穷。典型的有上海松江区、嘉兴、杭州、金华、苏州、湖州、宣城、芜湖、合肥等9城市（区）构建了G60科创走廊（见专栏1），并历经了1.0版向2.0版、3.0版的发展，采取了诸多一体化发展的新举措，如在全国首创跨区域“一网通办”。沪苏浙交界地区的嘉昆太协同创新核心圈，重点以科技创新领域的合作共赢为突破口，探索以“规划同圈”引导城市、产业、社会、生态等各个方面的合理布局，涉及产业协同、科创人才等方面，既有县区之间的合作，也有政府部门、乡镇街道、开发区、园区之间的对接；青浦、昆山、吴江、嘉善四地共同签署《环淀山湖战略协同区文化一体化发展合作备忘录》，推动一体化合作发展。

专栏1　G60科创走廊

2016年5月，上海市松江区提出，在沿G60高速公路40公里的松江段布局“一廊九区”，构建共建共享、产城融合的G60科创走廊。G60科创走廊1.0版、G60上海科创走廊由此诞生。2017年7月，松江与浙江杭州、嘉兴签订沪嘉杭G60科创走廊建设战略合作协议，G60上海松江科创走廊升级为沪嘉杭G60科创走廊。随着长三角一体化的加速和深化，2018年松江提出，以沪苏湖高铁建设为契机，推动G60科创走廊从高速公路时代的2.0版迈向高铁时代的3.0版。同年6月，在长三角三省一市主要领导座谈会期间，合肥、芜湖、宣城、嘉兴、湖州、杭州、金华、苏州、松江等9地市领导齐聚上海市，召开了长三角科创走廊第一次联席会议，共建覆盖9个城市、贯通长三角的“科创大走廊”，携手打造具有世界竞争力的先进产业集群，推动“中国制造”迈向“中国创造”。

在长三角三省一市党委政府的坚强领导下，在长三角区域合作办公室的统筹指导下，在九城市（区）的通力协作下，长三角G60科创走廊积极推动各项目标任务落实落地，各项工作呈现良好发展态势。在产业发展方面，长三角G60科创走廊坚持科创驱动，聚焦人工智能、集成电路、生物医药等七大先进制造业产业集群，九座城市（区）集聚龙头企业845家，产值2.6万亿元；围绕行政服务一体化，长三角G60科创走廊打破行政区划壁垒，促进科创要素高效对接，12.46万台（套）科学仪器共享互通，2018年6月至今九城市（区）交互投资2280亿元，与此同时，长三角G60科创走廊还精准对接科创板，与上交所共建资本市场服务G60科创走廊基地，设立上证G60综合指数和战略新兴产业成分指数，培育首批拟上科创板企业200余家，科创板已受理九城市（区）企业上市申请23家，占受理总数的18.5%。

四是公共服务异地共享步伐明显加快，同城化效应显现。目前，上海、杭州、宁波、温州、合肥、南京、苏州7城地铁实现“一码通行”，成为国内首个实现轨道交通刷码互联互通的城市群。长三角跨省异地就医门诊费用直接结算试点城市已经扩大到17城，门诊直接结算总量已达3.3万人次，涉及医疗总费用961.4万元。长三角地区政务服务“一网通办”取得阶段性成果。上海、苏州、杭州、嘉兴等14个城市实现长三角联通，51个政务服务事项（包括30项企业事项和21项个人事项）可以“一网通办”①。

五是科技资源共享步伐加快，区域产学研联盟、区域创新共同体开始形成。2018年，浙江省与安徽省、上海市、江苏省共同制订了《长三角科技合作三年行动计划（2018—2020年）》，促进创新券在长三角地区“通用通兑”，推动长三角范围内科技资源的互认，加速各类创新要素跨区域开放、共享和流动。

二、浙江省推进长三角一体化的政策设计

2019年6月14日，中共浙江省委和浙江省人民政府印发《浙江省推进长江三角洲区域一体化发展行动方案》。② 根据该方案，浙江省推

① 陶希东．长三角一体化发展即将进入更高质量跨界融合发展的新阶段［OL］．东方网，2019－06－03.

② 中共浙江省委，浙江省人民政府．关于印发《浙江省推进长江三角洲区域一体化发展行动方案》的通知［Z］．2019－06－14.

进长三角一体化有如下的政策设计。

（一）总体要求

1. 指导思想

以习近平新时代中国特色社会主义思想为指导，全面贯彻党的十九大和十九届二中、三中全会精神，统筹推进“五位一体”总体布局和协调推进“四个全面”战略布局，贯彻落实新发展理念，按照高质量发展要求，以“八八战略”再深化、改革开放再出发为主题，坚持发挥浙江省特色优势，坚持全省域全方位推进，坚持将浙江省重大决策部署融入长三角一体化发展国家战略，着力创新一体化发展体制机制，推进更高起点的深化改革和更高层次的对外开放，努力在实施长三角一体化发展国家战略中彰显浙江担当、展现浙江作为，共同推动长三角区域建设成为全国发展强劲活跃增长极。

2. 推进路径

示范区先行探索。共建长三角生态绿色一体化发展示范区，重点推进规划、土地、要素、财税、公共服务、生态等领域的一体化发展制度创新，实现共商、共建、共管、共享、共赢，为长三角一体化发展探索路径、提供示范。高水平建设一体化发展示范区浙江片区，打造新时代中国现代化标杆。

中心区率先融入。率先在杭州、宁波、温州、湖州、嘉兴、绍兴、金华、舟山、台州等9个市区复制推广长三角生态绿色一体化发展示范区经验，提升一体化发展水平，共建长三角世界级城市群，带动全省域融入长三角一体化发展。

多板块协同联动。强化省际毗邻重点区域、省内一体化合作先行区协调联动发展，推进规划共绘、设施共建、生态共保、产业共兴、品牌共创，探索协同治理新模式，打造一批跨行政区深度融合、协同发展引领板块。

全省域集成推进。深化推进全面接轨上海、共同参与长三角一体化发展，以“四大”建设为核心，以交通廊道、科创廊道、生态文化廊道等为纽带，加强地区间、都市圈间和省域间的协调联动，形成全省域全方位推进一体化发展整体格局。

（二）重点任务

1. 高水平建设大湾区，共同构建长三角产业创新协同体系

以环杭州湾经济区为核心，加快集聚高端创新要素，大力发展高端产业，加强科技体制改革和创新体系建设合作，建设一批高能级创新合作平台，打造全国发展强劲活跃增长极的主载体和长三角高质量一体化发展的领航地。

2. 高品质建设大花园，共同加强长三角生态环境联保共治

全面践行“两山”理念，以大花园为基础底色，坚持生态优先、绿色发展，大力推进生态文明建设，加强跨区域跨流域生态屏障、生态廊道联合共建和环境污染联防联治，合力打造生态美丽长三角。

3. 高标准建设大通道，共同构筑长三角基础设施互联互通网络

加快推进联结长三角、辐射全国、通达国际的大通道大枢纽建设，高标准建成长三角区域便捷畅通的智慧交通和综合物流体系、互济互保能源供应体系、安全高效水利保障体系。

4. 高能级建设大都市区，共同打造长三角城市群金南翼

主动融入上海大都市圈，推动杭州、宁波、温州、金义等四大都市区联动发展，加快建设创新、开放、便捷、宜居、花园、智慧、人文之城，着力打造长三角世界级城市群金南翼。

5. 高层次扩大对外开放，共同打造长三角“一带一路”枢纽

以“一带一路”建设为统领，加快推进开放强省建设，构筑一批高水平开放发展平台，增强国际竞争合作优势，共同打造对外开放新高地。

6. 高起点发展数字经济，共同打造长三角全球数字经济创新高地

以数字科技创新为关键动力，强化“云上浙江”和“数据强省”两大基础支撑，加快布局新一代信息基础设施建设，全力推进数字经济“一号工程”，共同把长三角区域打造成为全球数字经济创新高地。

(三) 共建长三角生态绿色一体化发展示范区

加快建设示范区浙江片区，要充分发挥嘉善建设长三角生态绿色一体化发展示范区和县域科学发展示范点的双重优势，聚力打造创新活力新引擎、未来城市新样板、江南水乡新天地、现代治理新典范，努力成为凝聚浙江智慧、彰显浙江特色的新时代中国现代化标杆。

(四) 推进跨区域重点板块协同发展

加强与上海市自由贸易试验区新片区联动，推动省际毗邻区域和省内都市区跨市域协同发展，着力打造一批全方位融合、一体化发展协同板块。

1. 加强与上海市自由贸易试验区新片区联动

共建上海市自由贸易试验区新片区小洋山岛区块。联合开展大洋山开发研究，探索新型合作开发模式，把大洋山建设成为集港航服务、保税物流及配套加工增值服务于一体的高度开放综合功能区。加强浙沪自由贸易试验区合作联动。争取浙江省自由贸易试验区赋权扩区。

2. 促进省际毗邻区域协同发展

推动共建苏浙皖产业合作区，共建平湖—金山产城融合发展区，共建千岛湖—黄山生态旅游合作区，共建温州浙南闽北合作发展区，共建浙赣边际（衢饶）合作区。

3. 打造省内一体化合作先行区

建设杭绍一体化合作先行区、甬绍一体化合作先行区、甬舟一体化合作先行区、嘉湖一体化合作先行区，以及杭嘉一体化合作先行区。

三、浙江省推进长三角一体化的路径

以新安江—千岛湖生态补偿试验区、钱塘新区和长三角科技创新共同体建设为例，分析浙江推进长三角一体化的路径。

(一) 新安江—千岛湖生态补偿试验区建设

协同创新生态环境联保共治机制，是长三角生态保护的关键之一。

浙江和安徽两省正在积极谋划共建新安江—千岛湖生态补偿试验区，并已写入《长江三角洲区域一体化发展规划纲要》。这意味着新安江跨流域生态补偿机制试点将迎来全面升级，为全国跨流域生态补偿工作提供“新安江典范”。

1. 新安江跨流域生态补偿机制试点情况

习近平总书记曾做出重要批示，要求皖浙两省着眼大局，从源头控制污染，走互利共赢之路。由此开启了新安江生态补偿机制改革的先河。作为我国跨省流域横向生态补偿的首次实践，新安江跨流域生态补偿机制首轮试点于2012年正式实施。这个被形象地称为“水质对赌”的生态补偿协议每年设置5亿元的补偿资金，其中中央财政承担3亿元、浙皖两省各出资1亿元。年度水质达到考核标准，浙江省拨付给安徽省1亿元，否则相反。

在两省相关部门的不懈努力下，李白笔下“人行明镜中，鸟度屏风里”的新安江美景得以再现世间。新安江流域总体水质为优并稳定向好，跨省界断面水质达到地表水环境质量二类标准，每年向千岛湖输送60多亿立方米干净水。2015年，新安江跨流域生态补偿机制试点入选中央改革办评选的全国十大改革案例，引来各地纷纷效仿。据统计，目前国内共有7个流域正在开展跨省流域生态补偿试点工作。

新安江跨流域生态补偿机制本身也在不断进行自我完善。2015年启动的第二轮试点，将补偿额从每年浙皖两省1亿元提升至2亿元，同时考核标准也提高了7%，监测项目从原来的29项增加到109项。2018年启动的第三轮试点，又首次提出鼓励通过设立绿色基金、政府和社会资本合作（PPP）模式、融资贴息等方式，引导社会资本加大新安江流域综合治理和绿色产业投入。

但是，新安江发展和保护的矛盾依然存在。新安江保护的压力主要来源于三个方面：一是上下游贫富差距较大，上游群众脱贫致富的愿望强烈，流域水环境保护的压力持续增加。二是单一的资金补偿存在局限性，且补偿标准与治理资金相比缺口较大。前两轮试点黄山市累计为新安江生态保护投入资金 120.6 亿元，但补偿资金仅有 35.8 亿元，资金压力仍然较大。三是生态系统综合保护和协调不足，没有实现山水林田湖草的协调设计和全面布局。

2. 加快新安江—千岛湖生态补偿试验区建设

针对上述问题，浙皖两省共同打造新安江—千岛湖生态补偿试验区，提升流域生态保护工作。2018 年 11 月，安徽省长三办向黄山、宣城两市和省直有关单位印发了相关工作方案。新安江—千岛湖生态补偿试验区的建设范围暂定为浙皖三市十县（市、区）。其中安徽境内含黄山市屯溪区、徽州区、歙县全境以及黄山区、休宁县、黟县、祁门县和宣城市绩溪县部分地区，流域面积 6736. 8 平方公里；浙江境内含杭州市淳安县全境以及建德市部分地区。

与原有的新安江跨流域生态补偿机制试点内容相比，新安江—千岛湖生态补偿试验区全面升级。

（1）在合作方式上，由单一的资金补偿向产业共建、多元合作转型，实现绿色产业化、产业绿色化。同时深化新安江流域上下游横向生态补偿机制，鼓励其他受益对象明确、双方补偿意愿强烈的相邻县（市、区）开展生态补偿。

（2）在补偿范围上，从原来的“水质对赌”向山水林田湖草全要素扩展，推进大气污染协同防治和森林资源保护协同发展，探索建立湿地生态效益补偿制度。

（3）在产业延伸上，打通“绿水青山”与“金山银山”的转化通道，大力发展与生态环境相适宜的研发设计、科技服务、文化创意、体育健康、养老服务、全域旅游等现代服务业，推动浙皖旅游深度合作，探索将新安江—千岛湖—富春江打造成中国最美山水风景带和世界文化旅游目的地。①

① 陈立平．新安江跨流域生态补偿试点将全面升级［N］．杭州日报，2019－07－23.

浙江省杭州市和安徽省黄山市将以皖浙两省共建生态补偿试验区为契机，聚焦共建、共治、共享，协同争取国家政策和资金支持，深化区域对接合作，积极推进生态价值评估体系建设，健全完善区际利益补偿机制，加快打造生态补偿“长效版”“拓展版”“推广版”，携手筑牢生态屏障，为推动长三角更高质量一体化发展做出更大贡献。

（二）钱塘新区建设及其扩容①

杭州钱塘新区是浙江省委省政府、杭州市委市政府推进“八八战略”再深化、改革开放再出发，推进大湾区建设、拥江发展的重大决策部署。钱塘新区具有叠加落实诸多国家战略的特性，是参与长三角区域一体化发展的前沿阵地，是推进杭州拥江发展和杭嘉绍甬同城化的战略要地，也是激活杭州湾“大湾区”的核心引擎。

2019 年 4 月 2 日，浙江省政府批复同意设立杭州钱塘新区。4 月 18 日，钱塘新区获正式授牌。杭州钱塘新区保留了杭州经济技术开发区、杭州综合保税区与萧山临江高新技术产业开发区 3 个国家级牌子。作为杭州城东制造大走廊的核心区块，钱塘新区聚集了生物医药、数字经济及智能制造、汽车及零部件、航空航天、新能源新材料、现代食品等产业，形成人才链、创新链、产业链、生态链等“四链”融合的发展新格局，将成为未来杭州市和浙江省发展重要的增长极。

1. 争创国家级新区要求钱塘新区空间进一步扩容

钱塘新区虽然整合了大江东产业集聚区和杭州经济技术开发区，但是其区域面积依然较小，满足不了国家级新区的申报要求，也满足不了省委对新区的发展定位。

截至 2018 年年底，国务院批准设立了 19 个国家级新区。这 19 个新区的规划总面积为 47966 平方公里，其中陆地面积为 22166 平方公里，海域面积 25800 平方公里。陆地面积最大的大连金普新区规划面积

① 本部分内容根据笔者承担的杭州市决策咨询委员会课题《杭州钱塘新区争创国家级新区的空间扩容思路研究》改写而成。

为2299平方公里，最小的江西赣江新区初期规划面积为465平方公里。根据2014年国家发展改革委联合有关部门制定的《新区设立审核办法》及细则，提出国家级新区初期土地规模东部地区原则上应在800平方公里，其他地区原则上应在500平方公里。由于目前钱塘新区土地规模仅为531.7平方公里，还达不到东部地区原则上应在800平方公里的要求。因此，进一步扩容是钱塘新区争创国家级新区的必然要求，也是钱塘新区实现省委提出的打造成标志性战略性改革开放大平台的必然要求。

2. 钱塘新区空间扩容的基本思路

国家级新区的空间范围有单一行政区的，如浦东新区、滨海新区等；也有跨行政区的。跨行政区的有：天府新区，包括成都片区、眉山片区、资阳片区等，分别属于成都、眉山和资阳市的38个乡镇（街道）；西咸新区，包括西安市的未央区、长安区、鄠邑区和咸阳市的秦都区、渭城区、泾阳县、兴平市的23个乡镇（街道）；贵安新区，包括贵阳市花溪区、清镇市和安顺市平坝区、西秀区21个乡镇（街道）。

考虑到目前杭州市的空间和产业关联度，以及杭州都市圈的未来发展，建议钱塘新区空间扩容方向如下。

（1）核心区扩容：原钱塘新区与余杭乔司、仁和街道。目前钱塘新区空间范围包括杭州大江东产业集聚区和杭州经济技术开发区，托管管理范围包括江干区的下沙、白杨2个街道，萧山区的河庄、义蓬、新湾、临江、前进等5个街道，以及杭州大江东产业集聚区规划控制范围内的其他区域。扩容后的钱塘新区，其核心区以原钱塘新区为基础，考虑将与其接壤的余杭区乔司街道，以及考虑将与其产业相似、互补的钱江经济开发区（余杭区仁和街道）纳入范围共同作为新兴产业和先进制造的总平台。核心区扩容后，将其作为新钱塘新区的直管区，着力把制造业作为立区之本、强区之基，实现高质量发展。

（2）规划区扩容：海宁市、柯桥区接壤乡镇、街道。经过多次调研，我们发现与钱塘新区接壤的海宁市，以及绍兴柯桥区同时存在与新区共谋发展、共享红利的迫切愿望，而这一愿望与钱塘新区实现核心区与规划区空间扩容，建设1000平方公里的大新区、大平台，直至升级为国家级新区的谋划和努力不谋而合。其中，产业相似、地理接近的海宁市许村镇、长安镇、周王庙镇、盐官镇、黄湾镇（尖山新区），柯桥区的马鞍镇、安昌街道、齐贤街道是规划区扩容初步考虑的乡镇、街道（见表7－1）。

表7－1 扩容后的钱塘新区行政区划

<table>
<tr><th colspan="2">市（区、县）</th><th>涉及乡、镇、街道</th><th>面积/平方公里</th><th>备注</th></tr>
<tr><td rowspan="3">杭州市</td><td>江干区</td><td>下沙、白杨</td><td rowspan="2">531.7</td><td rowspan="3">直管区</td></tr>
<tr><td>萧山区</td><td>河庄、义蓬、新湾、临江、前进，以及杭州大江东产业集聚区规划控制范围内的其他区域（不含党湾镇所辖接壤区域的行政村）</td></tr>
<tr><td>余杭区</td><td>仁和（钱江经济开发区）、乔司</td><td>87.06</td></tr>
<tr><td>嘉兴市</td><td>海宁市</td><td>许村、长安、周王庙、盐官、黄湾</td><td>382.24</td><td rowspan="2">统筹区</td></tr>
<tr><td>绍兴市</td><td>柯桥区</td><td>安昌、齐贤、马鞍</td><td>118.22</td></tr>
<tr><td>合计</td><td>5市（区、县）</td><td>17个乡镇、街道</td><td>1119.22</td><td></td></tr>
</table>

（3）扩容后的空间布局：一湾、两带、六组团。扩容后的钱塘新区空间规划初步设计为“一湾、两带、六组团”。其中“一湾”指环杭州湾区域，新钱塘新区将围绕杭州湾建设立体快速交通网络，建设现代产业体系，发展成为浙江大湾区的核心区和高质量发展的标杆区；“两带”指钱塘江南岸和北岸产业带，南岸产业带指以大江东产业集聚区为中心联结柯桥邻近区域，共建数字经济与智能制造、汽车产业、航空

航天产业等先进制造业基地，北岸产业带指以杭州经济技术开发区为中心联结钱江经济技术开发区和杭海新城等产业集聚区，共建5G制造、生命健康、装备设备等重点产业项目基地；“六组团”指下沙组团（科创服务片区和生命健康产业片区）、江东组团（智造创新片区和未来产业片区）、前临组团（前湾智能制造片区和临江优化提升片区）、仁合组团（智能制造片区）、海宁组团（杭海先进制造片区和盐官、尖山滨海产业片区）、柯桥组团（综合提升片区）。

3. 新区扩容需要解决的问题及建议

新区扩容涉及体制、产业等诸多问题。以下几个问题尤其值得关注。

（1）管理体制的选择。自1992年国务院批复设立上海市浦东新区、2006年批复设立天津市滨海新区以来，目前全国已有19个国家级新区。各新区根据自身实际情况采取了不同的行政管理体制，大致可分为三类（见表7－2）。

表7－2　国家级新区的三种管理体制

类型	政府型（2个）	政区合一型（4个）	管委会型（13个）
新区	浦东新区、滨海新区	南沙新区、舟山群岛新区、西海岸新区、金普新区	两江新区、兰州新区、西咸新区、贵安新区、天府新区、湘江新区、江北新区、福州新区、滇中新区、哈尔滨新区、长春新区、赣江新区、雄安新区
管理机构	一级行政区，设区委、政府、人大、政协	新区规划范围均于所在行政区范围重合，新区管委会与所在行政区政府合署办公，实行“一套人马、两块牌子”	地方政府派出机构，成立管委会

目前，钱塘新区属于管委会型体制。借鉴两江、兰州、贵安、天府等国家级新区行政管理体制的做法，建议钱塘新区扩容后采取以下的行

政管理体制改革。

一是建议成立以省委或省政府主要领导任组长的钱塘新区开发建设领导小组，负责决定新区规划建设的重大方针政策，统筹协调解决新区规划建设中的重大问题和其他重要事项。

二是赋予新区开发建设管理权限。赋予新区在项目建设、城乡统筹、规划实施等方面省、市级管理权限及部分社会事务管理权限；省直部门提出支持新区简政放权的清单，明确下放新区省级经济管理权限目录；杭州、嘉兴与绍兴三市政府及相关县（市、区）政府要将涉及钱塘新区的经济社会事务管理权，逐步委托新区行使。

三是设立新区的直管区和非直管区（统筹区）。杭州市属于江干、萧山的部分乡镇及钱江经济开发区为直管区。海宁、柯桥部分为统筹区。

四是健全新区机构设置。钱塘新区管理机构设置和人员编制要遵循精简、统一、高效的原则，严格控制总量，依法依规设置。根据开发建设需要，逐步设立环保、公安、安监等省直派驻机构，以及法院、检察院等司法审判机关。按照大部制、综合性、简政效能的原则，进一步调整新区现有的职能部门；成立行政审批局，建立“一颗印章管到底”高效、透明的行政审批服务机制。

（2）扩容后的产业与省市产业规划布局的对接。目前，钱塘新区已形成生命健康、汽车及零部件、航空航天、数字经济与智能制造、新材料等主导产业。根据浙江省的有关产业规划及《杭州城东智造大走廊发展规划纲要》，未来，新区把制造业作为立区之本、强区之基，着力培育最强动能，实现高质量发展。

钱塘新区要加快布局5G基础设施，推进生命健康、数字经济及智能制造、汽车及零部件、新材料、航空航天等优质高端产业在新区集聚，加快形成“一谷三镇多平台”的产业布局。“一谷”，就是中国“柔谷”；“三镇”就是杭州医药港小镇、大创小镇、巧客小镇；“多平台”就是若干个万亩千亿产业平台。具体产业方向如下。

一是突出五大重点新兴产业。对接国家对浙江省的重点产业布局，结合新区产业优势和资源禀赋，重点突出发展新一代信息技术、汽车及新能源汽车、航空航天、高端装备、生物医药等五大重点新兴制造业。

二是谋划发展四大前瞻未来产业。瞄准全球技术和产业发展趋势，重点谋划人工智能、虚拟现实、区块链、增材制造等四大未来产业，抢占未来产业竞争制高点。

三是协同发展生产性服务业。围绕制造业发展需求，重点发展工业设计服务、电子商务服务、研发创新服务、创业孵化服务、科技金融服务、智慧物流服务等生产性服务业。

同时，要突出制造产业智能化、绿色化、服务化和高端化发展的要求，深化互联网、物联网等新一代信息技术在传统制造业领域的应用，推动信息化和工业化深度融合。

（3）加大财政金融扶持力度。一是加大财政专项投入。省产业等相关专项资金支持新区高质量产业集群平台建设。省市联动设立定向基金，采取市场化运作方式，重点对新区优势产业、特色产业进行投入。积极争取国家集成电路产业投资基金、国家制造业转型升级基金等支持，省各类产业基金给予新区倾斜支持，引导带动社会资本投向新区。省市下达分配专项转移支付时，向新区倾斜。二是发挥金融助推作用。支持新区对接世行、亚投行等金融机构，通过发行主权外债实行境外低成本融资。支持新区企业发行企业债券。允许境外股权及创业投资机构在新区设立外资股权投资企业。支持符合条件的生物医药等技术资金密集型企业在辖内银行开展资本项目外汇收入支付业务。鼓励商业银行、保险公司在新区设立分支机构，支持设立金融租赁公司、财务公司等法人金融机构。在风险可控的前提下，在分配杭州市地方政府债务限额时倾斜考虑新区建设因素。设立科技企业境外投融资服务窗口，支持相关企业开展境外人民币融资和实施并购。积极支持新区符合条件的开发建设主体申请首次公开发行股票并上市。

（4）完善交通基础设施布局。目前，钱塘新区由于钱塘江的阻隔，两岸的交通有待改善。建议积极构建现代化基础设施网络。加快构建以轨道交通为主的绿色交通体系，建设杭州钱塘站，推进跨江大桥和过江通道建设，加强与海宁、柯桥的道路联通，实现全域公交一体化运行。实施电力、燃气、供水、防洪、排涝等基础设施提能改造。积极推进海绵城市、地下综合管廊建设，加强地下空间综合开发利用，大力推广绿色建筑、装配式建筑。

（三）长三角科技创新共同体建设①

长三角地区科技合作开展较早，尤其是长江三角一体化上升为国家战略以来，长三角三省一市采取积极行动，推进科技合作和关键技术协同创新。在政府层面，通过联席会议、联合项目及联合执法推进科技合作；在社会层面，通过科技资源共享、双创平台合作和创新飞地促进科技合作；在产业层面，通过产业联盟或创新联盟等形式实现产学研合作。根据长三角科技创新共同体建设的要求，下一步浙江省可以从以下几个方面开展科技合作，提升创新能力。

1. 联合攻关，提升关键技术创新能力

争取设立长三角科技合作基金。将目前的长三角联合攻关资金扩充调整为长三角科技合作基金，三省一市各出 1 亿元，资金规模达 4 亿元，重点围绕国家战略和长三角经济社会发展的重大需求，承担大飞机、大规模集成电路、新药创制等重大科技专项，支持开展电子信息、生物医药、人工智能、互联网 + 等若干战略产业的联合攻关，显著增强长三角自主创新能力。

在长三角科技合作基金设立之前，三省一市可以在各自的科技计划中设立支持长三角协同创新项目。目前上海市、安徽省已有类似项目，建议浙江省也可以参照设立，对支持长三角协同创新项目进行设想。建议该项目的支持方向如下。

① 本部分内容根据笔者承担的浙江省发展和改革委员会长三角高质量一体化发展重点研究课题《长三角关键技术协同攻关机制研究》改写而成。

（1）长三角联合攻关项目。支持浙江省高等学校、科研院所与企业联合上海市、江苏省及安徽省的高等学校、科研院所与企业，围绕长三角协同发展的重点产业与生态环境、民生重大问题，开展共性关键技术联合攻关，共同推动区域产业技术创新能力提升、产业转型升级与民生改善。

（2）服务长三角生态绿色一体化示范区发展项目。支持浙江省高等学校、科研院所和企业联合上海市或江苏省的高等学校、科研院所和企业，重点围绕长三角生态绿色一体化示范区建设需求，联合开展科技攻关，积极为示范区建设提供服务。

（3）在沪设立研发机构项目。支持浙江省科技领军企业、领军培育企业到上海设立研发机构，充分利用上海科技创新资源，提升企业创新能力。

（4）支持沪苏皖创新资源来浙江省聚集发展项目。支持沪苏皖科研机构、企业在浙江省注册的企业开展技术研究、产品开发、成果转化。对于每个方向的项目申报条件与要求、项目资助金额等可以酌情设计。

2. 聚焦战略需求，实施重大平台共建

面向国际科学技术前沿和国家重大需求，加快推进未来网络试验设施、超重力离心模拟与实验装置、高效低碳燃气轮机、纳米真空互联实验站等国家重大科技基础设施建设，合力建设重大科技基础设施集群。以张江、合肥综合性国家科学中心为引领，强化三省一市高端科研创新基地的有效衔接，推动已建重大科研设施面向三省一市开放共享；探索在长三角地区建立科研工作站、跨区域联合实验室；加快建立健全高效的投入机制、政产学研用协同创新机制、高效灵活的管理机制和开放共享的运行机制，着力促进长三角科技基础设施集群化、协同化发展。统筹整合全国优势创新资源，加快之江实验室争创信息领域国家实验室，突破世界前沿重大科学问题，不断提升原始创新能力。依托国家实验室、国家重点实验室等，探索建立基础性交叉融合创新平台，形成优势互补，提升实验室建设水平和运行效率，集聚国内外高端研发人员。

围绕区域优势产业、研发领域，整合现有资源，协同布局建立若干高水平的新型研发机构，形成具有影响力的专业性协同创新网络节点，引领长三角区域创新发展。以数字经济为突破，以阿里巴巴等龙头企业为核心，联合打造长三角数字经济协同创新平台；以生命健康产业为突破，联合打造长三角生命健康产业协同创新平台，通过协同创新平台推动区域内产业链分工协作，开展协同研发攻关和“研发 + 制造”的跨域产业链上下协同。支持浙大国际联合学院、西湖大学、阿里达摩院、中科院宁波材料所、中科院肿瘤与基础医学研究所、浙大杭州国际科创中心、浙江清华长三角研究院、北航杭州创新研究院、中电科长三角创新中心等一批重大创新合作平台建设。

3. 优化服务环境，实施创新生态共造

以深化“最多跑一次”为引领，加强三省一市“放管服”改革联动，在长三角区域内打造国内最优营商环境，吸引跨国公司来长三角设立研发中心。加大国际人才招引政策支持力度，大力引进海外人才，提升国际高端要素集聚能力。紧紧抓住国际间科技人才加快流动的机遇，引导高校、科研机构和企业采用柔性人才引进方式，面向全球吸引和集聚高层次科技创新人才。推动国际人才认定、服务监管部门信息互换互认，确保政策执行一致性。推进国际社区建设，完善国际学校、国际医院等配套公共服务，提高国际人才综合服务水平，稳步开展外国人永久居留、外国人来华工作许可、出入境便利服务、留学生就业等政策试点，打造“生态”加“科创”发展的高地。强化科学道德与科研诚信建设，发挥政府科技计划的导向作用，促进科研工作群体形成更加良好的价值观和文化氛围。加强科研诚信建设，保持对科研不端行为“零容忍”的高压态势。推动教育、制度、监督与惩治并重的科研诚信建设。

建设区域性科技金融支撑体系，发展壮大科技金融资本规模。发挥上海市作为世界金融中心的集聚作用，吸引具有全球影响力的国际创投资本在长三角投资创业项目，传播先进投资理念和管理运营模式。引导大型国有银行、股份制商业银行、保险公司等金融机构，开发推出优质科技金融产品，开展知识产权质押贷款、科技保险等活动，为创新企业提供全生命周期科技金融服务。

4. 推进“四廊两区一带”，完善区域协同创新布局

主动融入长三角科技创新圈建设，加快杭州城西科创大走廊、G60科创走廊、宁波甬江科创大走廊、温州环大罗山科创走廊建设；支持杭州市国家自主创新示范区和宁波市、温州市国家自主创新示范区建设；推进环杭州湾高新技术产业带发展。

第八章　嘉善县：高质量参与长三角一体化发展

建设长三角生态绿色一体化发展示范区（以下简称示范区），是实施长三角一体化发展战略的先手棋和突破口。将长三角生态绿色一体化发展示范区建设成为更高质量一体化发展的标杆，有利于集中彰显长三角地区践行新发展理念、推动高质量发展的政策制度与方式创新，率先实现质量变革、效率变革、动力变革，更好引领长江经济带发展，对全国的高质量发展也能发挥示范引领作用。嘉善县位于浙江省北部，与上海市和江苏省毗邻，因此，嘉善县与上海市青浦区和江苏省苏州市吴江区一起，成为长三角生态绿色一体化发展示范区建设主体。作为示范区建设的排头兵和主阵地，在中央、省市的直接领导和关怀下，嘉善县在长三角一体化加快发展中努力推进全域高质量发展。①

一、长三角一体化背景下嘉善县推进高质量发展的机遇和挑战

嘉善县地处长三角区域中心，地理位置优越，发展潜力巨大。

（一）长三角一体化上升为国家战略带来的机遇

1. 示范区定位为嘉善县高质量发展确定目标

长三角一体化发展国家战略的重要任务是示范区建设。示范区“聚力打造创新活力新引擎、未来城市新样板、江南水乡新天地、现代治理新典范”的定位，以及努力成为“凝聚浙江智慧、彰显浙江特色

---

① 本章内容根据笔者承担的中共嘉善县委推进县域科学发展示范点建设办公室委托课题《嘉善县在长三角一体化发展背景下推进高质量发展的定位及路径研究》改写而成。感谢课题合作者中共浙江省委党校唐勇副教授的帮助，唐勇提供了本章第一和第四部分的初稿，特此说明。

的新时代中国现代化标杆”的目标，为嘉善县域高质量发展确定了目标和内涵。一是示范区引领嘉善县建设贯彻落实新发展理论标杆县。根据示范区“新标杆”目标，嘉善县高质量发展要在做好“转变发展方式、主动接轨上海、统筹城乡发展”三篇文章的基础上，建设贯彻落实“创新、协调、开放、绿色、共享”新发展理念的样板县。二是示范区引领嘉善探索浙江气质、嘉善特色的区域协调新机制。根据示范区“现代治理新典范”的定位，嘉善县参与三地区域协调机制建设，要把“最多跑一次”改革在打造最优营商环境、最佳行政绩效方面的特长发挥出来，探索具有浙江气质、嘉善特色的协调体制、机制。三是示范区引领嘉善动能转换，建设高质量发展“领雁”县域。根据示范区“新引擎”定位，嘉善县高质量发展的支撑是高质量的生产要素、高效率的要素配置、高标准的产业转型，围绕这三个因素逐步成长为高质量发展“领雁”县域。

2. 示范区引领嘉善县高质量生产要素转换提升

示范区引领嘉善县在集聚高质量生产要素上转换提升，实现以人才为第一驱动力的创新发展。进入新时代，过去高速增长的动力在减弱：比如充裕的劳动力，廉价的土地和资源能源，宽松的货币投放等。区域发展已进入从要素驱动、投资驱动向创新驱动转变的新阶段，创新驱动实质是人才驱动。各地区开展“人才争夺战”或“抢人大战”，反映出高质量发展阶段对人力资本的数量、质量、结构的新要求。示范区为嘉善县承接长三角尤其是上海市科创中心的资本、人才、技术溢出创造了前所未有的条件。国际化、网络化、区域合作背景下的竞争优势最终决定因素是人才优势，嘉善县必须进一步引进和培育各类各层次人才，努力打造长三角人才集聚和基础、职业教育示范县。

3. 示范区促进嘉善县在高效率要素配置上创新增效

示范区促进嘉善县在高效率要素配置上创新增效，实现全要素生产率创新增效。全要素生产率本质上是一种资源配置效率，经济学家对1978—2010 年的平均 GDP（国内生产总值）增长率分析发现，资本积累、劳动力数量和人均受教育年限这3个生产要素变量只能解释增长率的76.1%，余下的23.9%则是全要素生产率的贡献。高效率要素配置的秘诀就在于推进全要素生产率的提高，通过制度创新、产业结构优化、企业竞争、创新竞争等带来的资源重新配置都能提高全要素生产率。示范区宽松的制度创新环境、区域协调机制新探索、国际国内一流企业竞合，都将为要素重新配置和提高全要素生产率创造条件。嘉善县应把握机遇，推出如“亩均效益”“资本产出比”“劳动产出比”等高质量发展指标，努力打造高效率要素配置示范县。

4. 示范区引领嘉善县推进高标准的产业转型升级

示范区引领嘉善县深入推进高标准转型升级，嘉善县可以借此打好实体经济高质量发展组合拳。高标准转型升级的两个内在要求是：产业结构合理化和产业等级高级化。当前中央、省委提出供给侧结构性改革重大举措，都是围绕高标准产业转型升级的内在要求展开的。首先，结构合理化指引嘉善县采取适当举措引导传统产业在数量和规模结构上调整优化，走向合理的大、中、小微企业共生共荣的发展生态，同时引导传统产业在技术、产业工人、土地等生产要素使用上从粗放式向集约式配置。其次，产业等级高级化指引嘉善县建立高标准产业目录，全力招引为上海科创中心配套的研发、试验、产业化等服务的新技术产业和科技金融等现代服务业，逐步实现以高新产业引领经济社会发展的转型。

（二）嘉善县推进高质量发展的现状

自被列为全国县域科学发展示范点以来，嘉善县以“三区一园”建设（即建设县域经济转型升级引领区、城乡统筹先行区、开放合作先导区和民生幸福新家园）为重点，通过“先行先试、科学发展”，在县域高质量发展方面取得了较大的成绩，主要表现在以下几个方面。

1. 经济运行良好，发展质量明显提高

2018年全县地区生产总值增长8%；财政总收入突破100亿元，一般公共预算突破60亿元，人均水平显著提升。规上工业企业亩均税收、全员劳动生产率增长增速均超过27%，科技创新力度不断加大，全县高新技术企业达到177家；嘉善科技新城、中新嘉善现代产业园等大平台建设取得突破，为嘉善县高质量发展创造条件。

2. 民生保障力度大，绿色发展进一步落实

2018年嘉善县财政对民生项目支出大幅增长，达20多亿元，较2017年增长200%。加大民生基础设施项目建设，如外环东路、县人民医院一期、县妇幼保健院、魏塘街道和罗星街道卫生院等项目持续推进。加大污水处理能力，大成污水处理厂投入运营，东部污水处理厂开工建设，西塘污水处理厂完成初步设计。垃圾处理能力及设施明显提高增强，能源双控得到明显提高。

3. 接轨上海初见成效，为示范区建设打下良好基础

嘉善县抓住上海世博会召开和大虹桥商务区建设等机遇，为一体化发展示范区建设打下良好基础。①聚焦“同谋划”，推进规划衔接一体化。制定实施《嘉善县全面接轨上海“十三五”规划》等。②聚焦“共同体”，推进区域合作一体化。2016年与上海市金山区，2018年与青浦、昆山、吴江签订多项合作协议。③聚焦“同发展”，推进产业和园区一体化。面向上海市招引科研机构和人才，加强与上海市自贸区、张江、漕河泾、紫竹等各类园区合作，配套建设国家级嘉善经济技术开发区、嘉兴综合保税区B区、姚庄省级经济开发区。积极开拓上海市场，拓展供沪农产品合作。④聚焦“同城化”，推进基础设施和公共服务一体化，打通省际断头路，联合保护水源地，加强教育和医疗资源共享合作。

（三）高质量发展面临的重大挑战

嘉善县高质量发展取得的成绩与长三角一体化高质量发展国家战略赋予的时代使命、目标要求相比，仍有一定的差距，仍然面临着重大挑战。

1. 高质量发展亟须重点突破

目前青、吴、嘉三地中，嘉善县推动高质量发展的资源较为缺乏。青浦区有华为研发基地、吉利创新中心等标杆性项目，吴江区有亨通、通鼎等龙头企业；公共服务方面，青浦区已经引入复旦附中、复旦附属医院等高端项目，吴江区正在建设苏州大学未来校区。嘉善县在高质量发展方面"稍逊风骚"，优质资源导入不足。

2. 城市能级、经济规模和产业水平有差距

嘉善县经济总量不高，与周边吴江、青浦、平湖、金山等区都有较大差距。在经济总量不高条件下只有保持较高增速才可能拉近与同为示范区的兄弟县区的差距。嘉善县传统产业基础以木业和纺织服装为主，新材料、新能源、新兴信息电子、高端精密机械"三新一高"产业刚刚起步，与上海市高端产业落差较大，在产业联动方面缺乏有效对接。在城市能级上，青浦区依托上海市、吴江区依托苏州市，分别具备一线城市和新一线城市的辐射能力，而嘉善县所属嘉兴市与这两个城市在各方面相比，国际化水平和城市能级都有较大差距。

3. 空间、环境承载力与产业平台、项目要求有差距

嘉善县处于内陆平原地区，向山区、海洋滩涂求取土地资源几乎无可能。近年来的高速发展几乎将土地余量消耗，外延扩张的粗放式发展方式再无可能，只能走内涵集约式发展方式。处于水系、水域下游的嘉善，其水环境承载力比较脆弱，内陆平原的大气环境容易受到输入式大气污染的影响、难以治理。这些薄弱的空间、环境承载力，对于吸引和承载大的产业平台、项目的要求而言都是不利的。

4. 人才服务和教育科研配套与周边县区有差距

嘉善县作为示范区核心县与周边县市区是一种竞争合作关系，区域竞争优势最终体现在人才优势上，这就要求只有高于周边区域的人才招引、培育、服务，以及基础教育科研和职业技能培训才能在区域竞争中处于不败之地。嘉善县在这些方面并无明显优势，尤其在本土化基础和职业教育培养体系建设方面，甚至有较大差距。在区域争夺人才资源异常激烈条件下，这一差距往往导致在引进新兴产业、大平台大项目时所需的高水平工程师、产业工人，以及现代服务业的高水平员工的缺乏。

5. 思想意识、精神气质、行政效能有差距

示范区建设承载国家战略和长三角高质量一体化发展的先驱重担，必须要有红船先锋的使命担当、敢为天下先的开拓进取精神、高效廉洁的政务系统和样板式的营商环境。当前嘉善干部群众思想意识、服务意识、行政效能与示范区提供高质量公共服务的要求还有差距。只有摒弃“等、靠、要”的思想意识，充分发挥敢想敢干、只争朝夕、奋力奔跑的拼搏精神，才能平地起高楼，为长三角高质量一体化发展打下常青基业。

二、长三角兄弟县（市、区）高质量发展的比较与启示

近年来在长三角一体化背景下，长三角区域各县（市、区）推进高质量发展取得了一些成效。在工信部赛迪研究院发布的2019年全国县域经济百强县市中长三角地区有42个县市入围（见表8－1）。嘉善县列第63位，比2018年上升2名。学习兄弟县（市、区）的发展经验有利于进一步推进嘉善县高质量发展。

表8－1　2019年长三角地区入围全国县域经济百强县市

排名	县（市）	排名	县（市）
1	昆山市	38	桐乡市
2	江阴市	44	如东县
3	张家港市	46	邳州市
4	常熟市	47	溧阳市
7	慈溪市	48	东台市
8	宜兴市	53	平湖市
9	太仓市	58	玉环市
11	义乌市	59	肥西县
15	海门市	60	长兴县
16	乐清市	61	兴化市

续表

排名	县（市）	排名	县（市）
17	余姚市	63	嘉善县
19	丹阳市	64	扬中市
21	诸暨市	65	仪征市
22	如皋市	66	沛　县
23	海宁市	68	东阳市
24	温岭市	75	宁海县
26	泰兴市	76	苍南县
27	启东市	82	海盐县
30	靖江市	84	沭阳县
31	瑞安市	88	永康市
36	海安市	98	高邮市

资料来源：赛迪研究院．赛迪顾问发布县域经济百强榜单［OL］．赛迪网，2019－07－19.

（一）兄弟县（市、区）高质量发展的经验

1. 主动融入长三角

江苏省苏州市吴江区提出了打造成为长三角区域高质量发展的标杆区、长三角区域一体化发展的先导区的目标，以期在国家战略格局中展现“吴江角色”。吴江区将加快推进沪苏湖、通苏嘉甬两条高铁建设，全力打造“十”字共站高铁枢纽中心，积极争取上海轨交和苏州轨交连通对接高铁枢纽站。推进生态治理保护一体化。全力打造太浦河绿色生态带、产业发展创新带和江南水乡风光带，使之成为联结上海产业、创新要素、人文、生态的重要纽带。完善与嘉善县等省际交界河湖的联合河（湖）长机制，推动区域治水一体化，促进生态治理互促共保。推进产业融合发展一体化。积极培育与上海市产业契合度高、补链性强的新兴产业，构建高质量的现代产业体系。吸引更多上海市大专院校及科研平台到苏州市吴江区设校及研究基地，推动上海市优质项目落户苏

州市吴江区，加强产业合作，实现优势互补、协同发展。同时，推进社会治理共治共管一体化和推进行政审批服务事项一体化。

浙江省平湖市坚定不移实施接轨上海首位战略。2018 年平湖市与上海市金山区深化毗邻地区合作，12 个重点合作项目整体完成率达到 97%，并进一步拓展了与闵行区的全面战略合作。强化与沪产业协同发展，从上海市引进项目 107 个，实到资金 85.1 亿元。2019 年平湖市将充分发挥“两海优势”的叠加效应，加快打造上海国际化大都市的重要功能组成区。制订新一轮接轨上海三年行动计划，全面深化与上海市金山区、闵行区的合作，积极拓展与嘉定区的合作，主动参与 G60 科创走廊建设。聚焦与上海市重点园区平台合作，实现与上海市中高端产业联动发展。积极做好沪平城际铁路项目科研、公司组建等前期工作，配合做好沪乍杭铁路建设的相关工作。加快打通与沪毗邻断头路。新增一批高质量、紧密型教育医疗合作项目。实施“E 线通”跨省政务服务办理，实现浙沪两地部分事项通办。加强农产品区域公用品牌运营，供沪农产品销售额 13 亿元。

浙江省海宁市则实施“融杭接沪”战略，以接轨沪杭科创新区、拥湾发展产业高地、深度融杭品质新城的定位，编制杭海新城（长安许村一体化）发展规划。重点区域征迁安置取得突破，融杭空间进一步打开，与余杭合作开发区块实现项目落地。高新区与下沙 4 条道路实现无差别贯通并完成更名。杭海城际铁路累计完成投资占投资总概算的 50%。钱江通道北接线、京杭运河二通道先行段开工建设，杭平申航道（海宁段）全线贯通。今后，海宁将进一步健全与余杭、下沙常态沟通协调机制，实质推进与余杭合作区块开发，打响“不是杭州、就在杭州”品牌。主动参与嘉兴全面接轨上海示范区建设，紧密对接集成电路、人工智能等前沿产业发展规划，深入推进漕河泾海宁分区、“漕河泾创营·海宁”双创平台等建设，加快构建与上海协同发展的高端产业链。

2. 加快产业结构调整与升级

江苏省苏州市吴江区围绕自主可控推进产业结构调整和空间布局优化，延伸产业链、布局创新链、提升价值链，着力提高经济密度和核心竞争力。①大力优化产业结构。积极培育壮大战略性新兴产业，立足吴江区产业基础，突出新一代信息技术、新材料、高端装备制造、新能源、节能环保、生物医药等重点领域。加快信息技术与生产制造深度融合，大力推动智能工业向规模化、高端化迈进，省级智能示范车间继续保持全省领先。加快推广服务型制造模式，培育一批专业性强、行业特色明显的制造业服务商，集聚发展科技服务、现代物流等生产性服务业。②大力提高投入产出效率。坚持以亩产效益论英雄，更加突出精准招商、产业招商、资本招商，积极培育新业态、新模式，谋划招引落地一批引擎性项目，集中力量扶持一批标杆性企业。

浙江省杭州市余杭区原有产业以家纺等传统产业为主，近年来加快产业调整与升级，成效显著。首先，围绕建设全国数字经济先行区目标，大力发展信息软件、大数据、人工智能等优势产业，谋划布局5G商用技术、量子科技等未来产业，数字经济增加值增长15%。坚持以创新引领制造业高质量发展，大力实施工业互联网“百千万”工程，着力打造一批“无人工厂”“无人车间”，积极发展网络化协同、个性化定制、服务型制造等新业态。其次，推进家纺服装产业创新服务综合体二期建设，加快家纺服装产业向时尚创意产业转型。最后，推动现代服务业与先进制造业深度融合，积极培育研发设计、智慧供应链等生产性服务业，现代服务业增加值增长9.5%。

浙江省杭州市滨江区提出面向未来产业发展，培育引领数字经济发展趋势的未来产业、前沿产业和变革性产业，特别是围绕数字经济“BASIC产业”矩阵，加强战略前沿领域的前瞻部署，抢占未来产业竞争制高点。推进数字产业化和产业数字化。继续巩固网络基础产业、物联网、互联网等三大信息经济主导领域优势，推进战略性新兴产业集群发展。

3. 加大实体经济投入

投资是稳增长、调结构、促转型的“压舱石”，是加快实体经济发展的重要支撑。吴江区加快建立政府性投资项目库，保障各类项目有序推进。重点加大京东方、国测、步步高、中车和瑞领吴江投资产业并购基金等重大项目的服务和推进力度。

江苏省苏州市太仓市紧扣产业发展潮流，结合地区产业特色，锁定“1115”产业发展目标，即高端装备制造1000亿元、新材料1000亿元、物贸＋总部经济1000亿元、生物医药500亿元。为此，太仓市成立了长三角汽车创新产业联盟，长三角产业升级股权投资基金也投入运作，聚焦新能源汽车、人工智能领域，首期规模超过100亿元。

浙江省湖州市长兴县在提振企业家投资信心、发挥平台集聚功能、增强项目要素支撑、优化调整产业结构等方面做深文章，加快实现县域经济的高质量发展。2019年以来，长兴县掀起新一轮项目投资热潮。上半年，全县工业投资量继续湖州市保持领先，同比增长达17.4%。包括吉利变速器、吉利新能源汽车、桐昆四期等几个大项目的投入均超2亿元。余杭区攻坚重大产业项目推进硬仗，加快菜鸟网络总部及智慧产业园、阿里云supET工业互联网平台等100个重大产业项目建设，确保高新技术产业、民间投资均增长10%。

4. 实施创新驱动战略

浙江省杭州市余杭区提出厚植优势、系统集成，加快打造全域创新策源地的目标。对接长三角一体化国家战略、G60科创大走廊和城东智造大走廊战略，依托余杭经济技术开发区、临平新城等平台，主攻智能制造、生物医药、产业互联网、数字时尚等产业，补齐科技研发、产业孵化、总部经济短板，加快实现“东部崛起”。未来科技城则围绕打造未来科技策源地、未来产业引领地和未来城市样板地，按照“一城三中心”布局，高标准启动南湖科学中心建设，开工建设阿里全球总部北院、vivo全球AI总部等重大项目，全力实施鲲鹏企业培育计划，加快实现“城西腾飞”。全力打好重大创新载体建设硬仗，加快形成“科创重器—特色小镇—大孵化器—产业空间”的创新发展载体“矩阵”。注重应用科技基础创新，扎实推进之江实验室、阿里达摩院、超重力离心模拟与实验装置等重量级研发机构建设。启动特色小镇高质量发展三年行动计划，提升梦想、艺尚小镇发展质效，加快建设人工智能、梦栖、国际生命科技等特色小镇。扎实推进中国（杭州）5G 创新园、省生物医药高新园区新区、鲲鹏企业园等特色园区建设，打造一批专业化园区。

浙江省嘉兴市海宁市牢固树立“创新人才不抓住，城市发展就没有高度”的理念，深入实施创新驱动发展战略，深度融入杭州湾创新体系和 G60 科创走廊，加快营造最优人才生态，全力抢占城市发展制高点。除了加快创新主体培育和创新人才引育外，海宁市重点推进创新平台建设。全面推进鹃湖国际科技城建设，加快高新区、尖山新区、经编园区科创平台建设。

江苏省苏州市昆山市“全覆盖”打造高端科创载体，高水平、高效率推进“一廊一园一港”建设，大力建设一批科创综合体；“全要素”构建人才科创体系，充分发挥产业科创中心建设领导小组办公室牵头抓总作用，推动“政产学研金介贸媒”深度融合、协同发力；“全链条”培育创新产业集群，不断深化人才科创“631”计划，加快育森林、筑高原、攀高峰。最终通过抓科创、聚人才，推动经济发展“全新一跃”。

江苏省苏州市太仓市通过引进大学建设创新载体。2018 年西北工业大学、西交利物浦大学两所高校相继落户太仓。目前，西北工业大学已先期建成太仓长三角研究院。太仓市高新区与该研究院签署共建航空产业园战略合作协议，将用 7 年左右打造千亿级航空产业园。2018 年以来，太仓市平均每天引进一个沪上项目，同济大学等一批“大院大所”为太仓市产业升级配备“最强大脑”。太仓市还每年安排 1000 万元预算，扶持约 30 个项目，引导“大院大所”为企业量身定制科研和成果转化。目前，太仓市高端装备制造、新材料、生物医药新兴产业产值占规模工业比重超过70%。

5. 提升城市能级

江苏省苏州市吴江区以争当沿太湖城市建设示范为引领，推进东太湖生态旅游度假区创建国家级，力争更多城市核心功能组团落户吴江。深入推进海绵城市、地下综合管廊建设，加快完善功能配套。加快亨通文旅项目建设，持续提升旗袍小镇、丝绸文化风情小镇、太湖国学音乐小镇等的功能品质。

浙江省杭州市滨江区提出以迎亚运、优环境为抓手，提升城市能级和品质。①打赢“三改一拆”攻坚战。举全区之力，按照干净、彻底要求，加快完成浦沿街道整街拆迁和西兴、长河街道的拆迁清零工作。创建“无违建区”。②完善基础交通网。③推进重大项目建设。完成奥体主体育场体育工艺建设和工程扫尾，确保阿里20周年庆典顺利举办；开工建设北航杭州研究生院、物联网产业园感知之轴景观带等工程。积极推进北航量子精密测量实验室前期工作、智造供给小镇基础设施建设以及白马湖生态创意城农居SOHO提升改造、白马湖会展中心扩建。

浙江省杭州市萧山区同样以亚运筹备为总牵引，统筹谋划、精准发力，加快提升城市品质和城市能级。加快推动主体育馆、游泳馆、综合训练馆及相关配套项目建设。完善城乡基础设施。做好机场三期建设相关服务保障工作。完成火车南站东广场主体施工，加快沪昆铁路抬升项目前期。配合做好杭甬高速抬升、杭绍甬复线、杭州城市组团环线萧山段前期工作。推进地铁1号线三期、6号线、7号线、杭绍城际线、机场快线等线路建设，5号线实现通车。加快市政设施、公园绿地、城市家具等有机更新，推进北山公园综合保护开发、南江公园改造提升，提高口袋公园密度。提升城市管理水平。积极推进综合执法改革，深化城市管理重心下移，有效构建“大城管”工作格局。完成智慧城市三年规划，推进智慧萧山建设，拓展深化“城市大脑·萧山平台”在交通、公安、环保、城管、平安、医疗、旅游等领域应用。

6. 激发干事担当热情

党建引领发展，铁军书写担当，这是区域高质量发展最坚实的基石。德清深入实施干部正向激励举措，深化用好“三重一线”① 实践锻炼机制，进一步优化干部结构、提拔重用优秀年轻干部，坚持以实绩论英雄、率先探索实施干部政治表现考察办法等，打造出一支想干事、能干事、干成事、不出事的过硬干部队伍。坚持“一切工作到支部”导向，“整乡推进、整县提升”持续深化，新一轮“十线提升、百村示范”行动深入开展。同时，加强基层骨干队伍建设，选聘 148 名“名誉村主任”领办 91 个村集体共建项目，入选省千名好支书 9 名、省万名好党员 40 名。在推动两新党建作用发挥方面不断探索创新，“县中心 + 镇服务社”模式得到省委书记车俊的批示肯定。

江苏省苏州市吴江区大力弘扬求真务实的工作作风，全面落实鼓励激励、容错纠错、能上能下“三项机制”，加大对懒政怠政的整治力度，激励干部把谋事、干事、成事统一起来，以真情怀、真担当、真本领务实高效推进各项工作，持续提振广大干部干事创业的精气神，进一步推动政府机关转作风、强能力、优服务。按照“四个融入”大走访要求，深化领导干部挂钩联系制度，常态化开展接访下访活动，着力构建亲清新型政商关系，打造一流的营商环境。

江苏省苏州市昆山市提出要把解放思想落实到行动上，敢定“跳一跳、够得着”的目标，敢做“拼一拼、办得到”的事情，在落实中体现干部素养，在落实中展现干部担当，低调务实不张扬，埋头苦干勇争先，以奋斗者的姿态坚守城市理想。要求广大干部尤其是领导干部必须牢固树立“人要为集体，才会有真正快乐”的理念，讲团结、讲奉献，心往一处想、劲往一处使，一心为公、勤政为民、比学赶超，悉心维护干事创业大好氛围。

（二）几点启示

总结长三角区域先进县（市、区）的发展经验，有一些共通的路

① “三重”即重点工作、重要项目和重大事件；“一线”即基层一线。

径值得借鉴。

1. 加快转型升级步伐，同时加大重大投资项目的服务和推进力度

不管是发展智能制造的滨江区还是发展现代服务业的余杭区，均选择了符合自身发展路径的优势产业加以重点培育。而在培育优势产业的同时，加大重大投资项目的服务和推进力度也是区域有效的增长路径。在当前经济下行压力明显的背景下，加大重大投资项目的服务和推进力度，是确保嘉善高新技术产业、民间投资增长的必然选择。

2. 加快创新驱动，是实现区域经济增长的根本途径

除了加快创新主体培育和创新人才引育外，各区县还积极推进创新平台建设。实施创新驱动战略，对于余杭、滨江等省会城市主城区而言，本身具有一定的科技资源优势；但是对于嘉善而言，由于毗邻上海，也有其地缘优势。嘉善县一方面可以较好地利用全球科创中心上海的科技资源；另一方面也可以通过上海更好地利用全球科技资源。

3. 加快城市能级提升，是集聚高端要素的必由之路

萧山区、余杭区从经济强县向发达城区的转变，就是不断提升城市能级的过程。嘉善县作为上海国际化大都市的重要功能组团区，实现从县城向大都市功能组团转变的过程，必然需要不断完善城市功能，提升城市能级。

4. 一流的事业靠一流的人才支撑，高质量发展要靠高素质队伍推动

不管是浙江省湖州市德清县，还是江苏省苏州市吴江区、昆山区均把干部素养的培养放在极其重要的地位。浙江省嘉兴市嘉善县同样需要继续发挥铁军作用，以奋斗者的姿态，比学赶超，形成干事创业的良好环境。

三、嘉善县推进高质量发展的总体定位

长三角一体化上升为国家战略，为示范区三县区带来前所未有的发展机遇。明确定位，找准重点，为嘉善县高质量发展厘清思路。

（一）嘉善县推进高质量发展的总体定位

1. 指导思想

以习近平新时代中国特色社会主义思想为指导，全面贯彻党的十九大和十九届二中、三中全会精神，坚持高质量发展，坚定不移沿着“八八战略”指引的路子阔步前进，突出“四个强省”工作导向，紧扣产业引领、创新驱动、产城融合、民生优先四大战略，以全球视野、国家战略、创新意识、实干作风，全面推进供给侧结构性改革，为把嘉善县建设成为践行习近平新时代中国特色社会主义思想的示范点奠定坚实基础。

2. 总体定位

长三角一体化背景下，嘉善县高质量发展的定位是“四区、一城”。四区，加快打造成为长三角区域一体化发展的示范区、长三角区域高质量发展的标杆区、长三角区域生态文明建设的样板区、长三角区域宜居宜业宜游的优质生活区；一城，努力建成接轨上海的创新型城市。

——长三角区域一体化发展的示范区。牢牢把握新发展理念，与示范区兄弟县区积极探索全域统筹、分类管控、共同实施的一体化规划体制机制，加强在空间布局、产业协作、基础设施等方面的衔接，优化行政和投资项目审批制度，落实负面清单管理，提高行政服务效率，营造良好营商环境。

——长三角区域高质量发展的标杆区。牢牢把握高质量发展的目标要求，坚持以实体经济为着力点，不断优化产业结构，持续增强传统产业活力、促进新兴产业发展、做大做强现代服务业，加快构建第一、第二、第三产业融合发展的现代产业体系。

——长三角区域生态文明建设的样板区。牢牢把握生态环境保护优先的根本导向，强化“绿水青山就是金山银山”理念，以“美丽嘉善”建设为抓手，加快淘汰低效落后产能，统筹推动生态环境保护和治理，全面提升生态系统功能，让绿色发展成为共同的价值追求。

——长三角区域宜居宜业宜游的优质生活区。牢牢把握以人民为中心的宗旨理念，主动积极回应人民对美好生活的新期待，强化发展成果由人民共享的理念，着力解决人民群众最关心、最直接、最现实的利益问题，全面推进民生幸福新家园建设，提升“善文化”道德文化品牌影响力，推动民生福祉持续增进、人居环境不断改善、社会事业繁荣发展，切实提高百姓的幸福感、获得感和安全感，努力打造成为长三角区域田园绿色、文明和谐的宜居宜业宜游的优质生活区。

——接轨上海的创新型城市。牢牢树立创新是第一动力、人才是第一资源的观念，充分发挥区位优势，积极引进高端人才和要素，大力推动大众创业、万众创新，深入推进科技创新、产业创新、企业创新、市场创新、产品创新、业态创新、管理创新等，通过创新引导经济结构、发展方式转变，努力成为接轨上海的创新型城市。

（二）嘉善县推进高质量发展的基本原则

——坚持民生优先。进一步健全基本公共服务均等化长效机制，完善社会保障体系，大力弘扬“善文化”，增进人民福祉，促进社会公平正义，使全县人民在共建共享中有更多获得感，实现人民生活水平和质量普遍提高。

——坚持统筹协调。发挥区域城乡发展相对均衡的优势，以新型城镇化为动力，强化中心城区集聚带动能力，加快推进现代新市镇和美丽乡村建设，促进城乡资源高效流动，实现城乡体制接轨、城乡产业融合、城乡基础设施配套共享、社会事业协调发展，推动城乡全面融合。

——坚持绿色发展。牢固树立“绿水青山就是金山银山”的理念，以“美丽嘉善”建设为抓手，坚持生态建设、环境治理、行业整治、文明创建多措并举，协同推进新型工业化、城镇化、信息化、农业现代化和绿色化，让生态文明建设融入经济、政治、文化、社会建设各方面和全过程。

——坚持改革开放。始终坚守示范点的初心和使命，向改革要动力，向开放要活力。持续推进“最多跑一次”改革，打造一流的政务环境、营商环境和创新创业环境；积极参与国家“一带一路”、长三角一体化和全省“四大建设”，用足用好国际国内两大市场，不断提升国际化程度。

——坚持党建引领。打好干部队伍建设，选用“管育爱”组合拳，旗帜鲜明地为担当者担当，为负责者负责，为干事者撑腰，引导广大党员干部坚定理想信念，强化责任担当，增强干事本领，勇于克难攻坚，坚守清廉底线，努力建设一支忠诚、干净、有担当的嘉善铁军。

四、嘉善县推进高质量发展的路径与对策建议

抢抓长三角区域一体化发展上升为国家战略的重大历史性机遇，统筹推进重点领域各项改革，持续推动对内对外开放，以改革开放再出发为高质量发展注入强大动力。

（一）抢抓机遇，奋力建设一体化示范区

（1）高效率全面贯彻落实。第一时间部署落实。围绕国家方案公布、省推进大会、一体化示范区揭牌等重大时间节点，第一时间召开县委全委会、县委常委会、嘉善论坛等重要会议，贯彻落实中央和省市要求，系统研究部署一体化示范区建设重点任务。完善机制，加快推进。设立县委全面融入长三角一体化发展委员会办公室，建立工作例会、清单管理、疑难会商、考核评价“四位一体”工作推进机制，组建交通、能源、环保等工作专题组，加强跨部门间的信息沟通、工作联动和资源统筹，确保各项工作有序推进。精心构建推进体系。围绕示范区总体方案，编制嘉善示范区建设方案、国土空间规划、综合交通规划、先行启动区城市设计等“1+N”重大规划议题。国土空间规划、综合交通规划已形成初步成果，其他各类规划编制正在有序推进中。

（2）高标准建设示范区嘉善片区。合力擦亮“绿水青山”的生态底色。以优化区域水生态为突破口，联合开展青、吴、嘉三地协同治水，加快实施嘉善县河湖水系综合治理项目，共同开展交界河湖联合保

洁、联合治理。对标“全域景区化、景区全域化”，联动推进“美丽嘉善”建设，制订实施生态优先绿色发展三年行动计划，交接断面水质考核达到优秀。合力做大“金山银山”。发挥 G60 科创走廊省内第一站优势，整合优质资源打造嘉善科技新城，引进阿里巴巴、比亚迪、同济未来村等一批标杆性项目；创新“飞地经济”，启用位于上海虹桥商务区和荷兰坎贝拉市的两个国际创新中心。合力优化民生共享。开通一体化示范区公交 3 路、5 路；新增长三角结对学校 13 所，柔性引进名优教师、专家教授 20 余人，引进乐成寄宿中学，设立惠灵顿/惠立学校嘉善校区；与上海市儿童医院共建跨区域医联体，启用长三角首个 5G 智慧健康屋，县二院等 3 家医院新开通长三角门诊直接联网结算。

（3）高水平推动制度创新。联动实施协调推进，会同上海市青浦区、江苏省苏州市吴江区共同制订一体化工作方案，围绕规划、设施、产业、功能、治理、环保等开展 50 项重点任务。聚焦关键加快突破，探索示范区政务一体化、信用一体化、标准统一等 30 余项关键领域体制机制创新。以“最多跑一次”改革为牵引，发出首张“长三角一体化”跨区域通办营业执照、首张住所冠“长三角生态绿色一体化发展示范区”的企业营业执照、首张通过长三角“一网通办”系统进行异地收件的营业执照，204 项事项和证明实现一体化示范区自助服务终端异地通办。全域融入深化合作。党建、群团、公共服务、市场等各领域开展全方位交流合作，联合青浦建成全国首条跨省配网联络线，建立区域党建生态圈、青浦、吴江、嘉善三地统战联盟等合作载体。

（二）提升产业能级，建设长三角高质量发展标杆区

（1）主动谋划布局前瞻性产业。落实《中国制造 2025》、长三角一体化等国家战略和“一带一路”建设，抢占云计算、大数据、人工智能等前沿技术产业化先机，围绕数字经济“一号工程”，打造长三角数字经济第一县（见专栏 1）。

专栏1　打造长三角数字经济第一县

与阿里巴巴集团联合开展阿里巴巴数字嘉善示范项目，打造长三角数字经济第一县。打造大数据中心，建设“社会治理事件大厅”，建设城市大脑中枢，实现社会治理领域的“全域覆盖”和“跨域共治”创新；打造数字化园区，实现产业经济数字化、决策支持智能化、企业服务精准化，助推中新产业园快速发展；设立“阿里云创新中心（嘉善）”，创立“嘉善主题”的科技创新大会，筹建双创扶持基金，打造长三角科技创新高地；建设数字政府服务中心，深化一网通办、“浙里办”和“浙政钉”等服务平台创新改革；构建智慧交通、旅游、医疗、食品安全系统，提升公共服务便利共享水平。

以建设浙江省高新技术产业园区、国家可持续发展实验区、浙江省科技成果转移转化示范县为载体，全面推进重大项目实施（如嘉善绿色储能锂电池项目等），引领产业高端发展。积极推进中新嘉善现代产业园省级万亩千亿级产业平台建设（见专栏2），同时继续完善以嘉善县产业新城为核心的科技创新大平台建设。

专栏2　省级万亩千亿级产业平台：中新嘉善现代产业园

中新嘉善现代产业园总规划面积16.5平方公里，将打造“一核、两翼、多点”的空间布局，并与周边载体充分联动。产业园将集中引进以智能传感为代表的电子信息产业、上游集成电路相关产业以及下游应用相关制造企业；逐步引进智能传感本体与应用端的研究、设计与相关检测机构，形成智能传感产业的集聚。产业园实施“项目带动、集群发展、基金支撑”产融一体化机制，设立总规模100亿元的智能传感器产业基金，努力建设具有国际影响力、竞争力的“智能传感谷”，清新低碳的产城融合示范区。

（2）加快传统产业改造提升。加大木业家具、纺织服饰等六大传统产业改造提升力度。引导企业转换发展思路，联合高校科研院所实施一批重大科技项目，开展共性技术、关键技术、前沿技术的联合攻关，开发具有自主知识产权的新技术、新产品。着力培育基于互联网的协同化制造、个性化定制、服务化制造等新模式，鼓励企业从生产制造向“制造+服务”转型，从简单的“机器换人”向机联网、数字车间、互联网工厂发展。

（3）大力培育创新型企业。依托嘉善县科创中心、嘉善硅谷科技园、上海人才创业园三大创业创新平台，对入驻的企业培育情况建档立案，完善培育库，筛选一批培育对象，根据产业、行业和企业发展不同阶段制订培育计划。同时加大科技成果的转移转化进程，扶持重点科技中介机构发展，培育技术经纪人队伍，繁荣成果交易市场，打通成果和市场对接的“最后一公里”。

（4）加快都市农业转型升级。鼓励发展都市农业。突出“提升精品农业、鼓励帮扶农业、培育新兴农业”的发展重点，完善出台都市农业扶持管理办法；积极实施“一推广两提升”品牌建设，打造嘉善地域特色农业品牌；积极推进精品农业发展项目实施，有效促进精品农业发展；发挥高新企业的技术优势，积极培育高科技新兴农业发展。

（三）聚焦创新驱动，建设接轨上海创新型城市

（1）集聚高端人才。落实嘉善县《关于打造最优人才生态、促进县域人才创业创新高地建设的若干意见》。优化升级“创新嘉善·精英引领计划”，大力引育领军型创新创业团队，全力支持顶尖人才及团队，实施重点产业紧缺人才扶持，加大国内外智力柔性引进力度，实施创业创新人才“墩苗计划”，完善人才奖补制度。深化人才国际化机制创新改革，探索国际双向孵化器建设，健全与人才中介服务机构的长期合作，打造有利于创业的人才创新高地。

（2）集聚高端研发。鼓励建设企业研发中心，加大对基础性、战略性、颠覆性技术研究的扶持力度，努力突破一批关键核心技术。鼓励长三角高等院校和科研院所来嘉善设立重点实验室、研究院和孵化平台。强化多元投入、社会参与，集成各类创新资源，整合优化科研平台，最大限度地满足企业研发需求。充分发挥上海交通大学海外教育学

院“云谷创新服务综合体”、国创新能源研究院，以及东华大学—西塘纽扣产业研究中心和交通大学·干窑机器人小镇联合研发中心等研发平台的基础优势。积极与上海高端科技创新载体、行业协会的合作联系、共建共享，推进共性技术研发和成果推广扩散，打造彰显特色的“接轨上海创新型城市”。推进产业创新服务体系创新改革，提升产业创新服务专业性、系统性，建立有利于产业集群发展的创新生态体系。

（3）集聚双创平台。加快省级可持续发展创新示范区建设。进一步强化“大孵化器”理念，引导创投机构、专业团队、高校等各类主体创办众创空间、孵化器，完善“创业苗圃—孵化器—加速器—产业园”的创业路线图。鼓励各镇（街道）规划建设一批集孵化、服务、科研为一体的众创空间和专业孵化（加速）器。对新认定的国家、省、市、县级科技企业孵化器（创业园），给予一次性的财政补助。鼓励各镇（街道）、社会力量新建或利用闲置场地改造建设创业孵化基地（创业园）。

（4）集聚科技金融。创新性贯彻省委、省政府“凤凰计划”，破解投融资难题，加强金融风险防范，建立有利于创新驱动发展的科技金融体系。建设科技投融资体系。建立完善科技金融风险分担和补偿机制，引导银行业金融机构扩大科技信贷规模，支持科技小贷发展，鼓励开发科技创新相关保险新险种，引导科技担保业务发展。设立总规模5000万元的县政府产业基金创业投资子基金，引导社会资本参与科技成果转化，通过投资种子期、初创期、成长期等创业各阶段的科技型中小企业和高新技术企业，促进科技成果的产业化和资本化。

（四）提升国际化水平，建设长三角一体化发展示范区

（1）加大开放合作力度。加强上海自贸区嘉善项目协作区（见专栏3）建设，参与嘉兴域外孵化器等建设。依托留学报国基金、人民币跨境基金等招引全球创新科技成果、人才来嘉善落户。建成中荷、中德等产业合作园，积极引进各专业领域隐形冠军企业。加强与荷兰坎贝拉等友好城市间经济、文化往来。加快惠灵顿/惠立学校嘉善校区项目建

设，提升教育国际化水平。对标世界城市卫星城，主动接轨国际规则，进一步聚焦产业国际化、人才国际化、环境国际化、服务国际化，全面提升城市国际化竞争力。

专栏3　上海自贸试验区分区：嘉兴综合保税B区

嘉兴综合保税B区2018年实现监管货值2.29亿美元，进出区货值16.05亿美元，已引进5个世界500强企业、1个中国500强企业。实际利用外资近8亿美元，规上工业年产值近300亿元。

嘉兴综合保税B区将围绕自贸区制度创新、企业管理创新，走出独特的转型路径：出口加工区→综合保税区→工业化产业示范区→自贸试验区分区。

（2）打造国际产业平台。把握全球产业布局调整机遇，提升产业国际化知名度和美誉度，形成引领国际经济合作与竞争的开放区域。加大国际项目招引力度，吸引跨国公司设立地区总部和研发中心。鼓励区内企业开拓海外市场，进一步扩大对外投资。组建多企业协作技术标准联盟，提高国际竞争能力，共享海外渠道和市场经验。积极培育新业态，形成高端产业集群，形成国际区域品牌优势，提升产业国际竞争力。支持企业参与国际标准制定和推动国际互认、开展国际知识产权合作，支持企业跨国投资，并购海外优质资源。加大县域企业技术、知识产权、商品和服务等资源要素输出和引入的频率、步伐。引进和集聚一批能够突破关键技术、发展新兴产业、带动新兴学科的科学家和创业领军人才。

（3）大力推进招商引资。坚持把招商引资作为生命线，积极推进“大项目带动”和“产业链招商”，主动引进、培育代表未来发展的成长型企业和项目，积极承接重点企业内部创业项目，加大优质项目落点力度。积极做好贸易战的预案和应对策略，把贸易战带来的损失降到最低。深入实施优进优出战略。进一步发展服务贸易，加快形成以技术、品牌、质量、服务为核心的外贸竞争新优势。

（五）推进城乡融合发展，打造生态文明建设样板区

（1）对接上海城市规划，优化城市规划和建设。紧盯长三角一体化国家战略规划，对接上海2035发展规划，启动县域总规编制和各类专项规划修编，加快建设宜居精致城市。加强环淀山湖战略协同区一体化发展，对标上海自贸区、全球科创中心、虹桥国际商务区促进市场相通、人才互通。坚持高起点规划、高标准建设、高强度推进、高水平管理，全面推进城乡一体化、全域景区化。

（2）加快基础设施和配套建设，打造"上海后花园"。对标上海全球卓越城市建设，努力打造"上海后花园"。启动实施城市景观风貌等十大专项行动，加快推进"五个一"标志性工程。高水平建设高铁新城，加快推进五星级酒店、上海人才创业园三期、智能网联汽车产业园等一批重点产业项目建设，以及妇幼保健医院、亭桥小学等一批基础设施和配套项目建设。加快"网之城"中央公园、邻里中心等市政配套设施建设，积极发展"楼宇经济"。强力推进老城区东门、西门、北门、沪嘉城际铁路沿线"三门一线"棚户区改造和"城中村"征迁，高标准建设"梅花坊"城市客厅，加快老城区旧貌换新颜步伐。

（3）坚持城乡融合发展，建设生态文明样板区。围绕建设长三角生态文明样板区这一定位，在理念标准、亮点区块、方式方法上实现突破，全面提升城市品质和能级；深化农村土地经营、农房改造集聚、美丽城镇建设，坚持城乡融合发展，推进乡村全面振兴；加快"棚户区""城中村"改造，启动中心城区46个老旧住宅小区改造提升行动。推进工业污染防治、农村生活污水治理、"美丽河道"创建等工作，为嘉善"特富美安"新县域建设增创发展新优势。

（4）深化生态文明机制改革，培育"未来乡村"样板。在全市率先、在全省领先成立绿色发展和生态文明建设委员会（简称县绿委会），统筹推进全县绿色发展和生态文明建设工作。建立健全"程序式"的运行体系、"清单式"的责任体系和"量化式"的考核体系，全力打造长三角一体化和平原河网地区生态文明建设嘉善样本。

（六）提升公共服务和治理能力，建设长三角优质生活区

(1) 加快发展教卫文体等社会事业。围绕建设省教育现代化县目标，深入推进义务教育优质均衡发展，加快实施名校集团化、城乡教育共同体建设。推进育人模式改革，全面加强德育工作，开展“美丽学校”建设，打造“善的教育”品牌。推进“健康嘉善”建设。以提高医疗资源利用效率和整体效益为导向，深化医疗卫生体制改革，完善医疗资源合理配置机制，增强公共卫生服务能力，不断提升全民健康水平。精心挖掘保护嘉善历史文化，加强历史保护区块等文化遗产的传承保护。积极引进重大体育赛事，丰富群众文体生活，让嘉善青春洋溢充满活力。

(2) 完善社会保障体系。实施全民参保计划。扎实推进社会保险全覆盖工程，完善全民参保登记动态管理机制，确保应保尽保，继续推进城乡居民基本养老保险费和城乡居民基本医疗保险费征管职责划转工作 。完善医保体系建设，优化职工医保、居民医保和大病保险政策制度，完善基本医疗保险慢性病门诊政策。着力推进人才公寓，完善“企业人才住房券”，积极推出“人才金卡”。优化就业创业生态环境，促进创业带动就业，推进更加专业的公共就业服务。实现更高质量就业，加大拖欠农民工工资打击力度，深入贯彻执行失信“黑名单”制度，持续打造“无欠薪嘉善”。

(3) 强化基层社会治理。提高社区服务能力，完善基层社会治理四个平台和全科网格建设。加强对业委会、小区物业的管理和监督，探索建立社区、业委会、物业协调运行机制，加强社区治理。建立健全党委领导、政府负责、社会协同、公众参与、法治保障的现代乡村社会治理体制，坚持自治、法治、德治相结合，确保乡村社会充满活力、和谐有序。深化平安嘉善建设。完善立体化社会治安防控体系，强化对严重暴力犯罪和多发性、侵权性违法犯罪的打击力度。严格落实安全生产责任制，加强道路交通、消防、卫生、环境、食品药品安全监管，持续开展出租房专项排查整治。

（七）全面深化改革，打造高质量创新创业环境

（1）深化“最多跑一次”改革，建设政务服务最优区。以“最多跑一次”改革、长三角一体化体制机制创新、国家级农村综合改革试点等重点改革项目为重点，积极建设政务服务最优区。推进智慧大厅建设，推行移动政务服务，进一步深化商事制度改革和投资项目审批制度改革，开展“证照分离”改革试点。

（2）把握改革重点，突破工作难点。要站在战略全局的高度，紧紧围绕重点领域，有的放矢，深耕改革项目，做出改革成效。要锁定重点突破的改革项目，形成年度改革攻坚计划。根据年度计划，梳理形成若干个重点改革项目，推动各领域各条线不断涌现改革创新的新成效、新亮点、新经验。要力争锁定重点改革项目，寻找改革攻坚发力点和突破口，争取能够在全省实现领跑、做出示范。

（3）增强改革攻坚动力，落实工作任务。要把深化改革的各项举措贯穿到“双示范”建设的各领域、各环节中去。要把改革作为干部政治表现考察的重要标尺，通过正向激励激活一批、带动一片，把愿意改革、敢于改革、善于改革的干部任用起来。重点项目牵头单位要扛起改革部署落实的主要责任，“一把手”要担起“第一责任”，牵头的分管领导要担起直接责任、具体责任。各专项小组牵头单位要主动抓好相关改革部署在本领域的谋划和落实。相关责任单位要全力支持配合牵头单位，充分履行改革落实推进的主体责任。

（4）加强战斗力建设，打造“嘉善铁军”。以“不忘初心牢记使命”主题教育为契机，提振干部精气神，强化使命意识、担当意识，以时不我待的紧迫感、只争朝夕的责任感，全力以赴干工作、办实事、促发展。加大示范点创新奖、全面深化改革标兵等评选和表彰力度，加强改革典型的宣传，进一步形成改革创新的示范效应。

第四篇 “一带一路”建设

第九章 “一带一路”倡议与区域发展

“一带一路”（B&R）倡议是中国国家主席习近平2013年9月访问哈萨克斯坦和10月访问印度尼西亚时首次提出的。“一带一路”倡议，旨在通过推进政策沟通、道路联通、贸易畅通、货币流通和民心相通，把亚太经济圈和欧洲经济圈对接起来，分享中国发展红利，为亚洲腾飞插上两只翅膀，造福沿线各国人民。“一带一路”倡议提出以来，已经有沿线近百个国家积极响应参与，并愿同各自的发展战略相互对接。“一带一路”倡议为沿线国家发展和合作提供一个开放包容的平台，大幅提升中外合作水平。

一、经济全球化与“一带一路”倡议的提出

“一带一路”倡议本质上是中国对外开放的举措。“一带一路”倡议也可以说是全球化的产物。中国实施改革开放政策40多年来，经济取得显著成绩，成为世界第二大经济体。目前，中国国内经济需要转型升级，需要对外开放。“一带一路”倡议着眼弘扬古丝绸之路互学互鉴、和睦共处的精神，拓展中国同欧亚大陆方向国家各领域互利合作，

是新形势下中国推进对外合作的总体构想。“一带一路”倡议总体上是为了推进中外在开放包容和互利的基础上展开合作。更重要的是，“一带一路”倡议也符合《联合国宪章》的宗旨和原则，与中国和其他国家一道所创立的全球治理机制也是相一致的，对于现有的全球治理机制也是一个有益的补充。①

（一）“一带一路”倡议的时代背景

“一带一路”倡议作为新理念，符合国际国内新时代背景的要求。经济全球化的发展、各国经济的相互依存和相互关联，以及遏制世界范围内的各类保护主义，都需要各国加强合作。

1. 经济全球化已成为世界经济发展的总趋势

目前，经济全球化已经成为世界经济发展的总趋势，并对世界经济发展起了重要的推动作用。2008 年国际金融危机爆发后，在多种因素共同作用下，经济全球化从高速推进期进入调整期，呈现出一些新特点。一是从内容变化看，服务贸易在经济全球化中的地位有所上升。二是从格局变化看，发展中国家的地位明显上升。越来越多的发展中国家持续推进贸易投资自由化、便利化，越来越深地参与到全球生产价值链当中，在跨境贸易与投资中的地位不断提升。以吸收外商直接投资为例，发展中国家占全球直接投资流入额的比重从明显低于发达国家发展到与发达国家接近，个别年份甚至超过了发达国家。② 三是以贸易保护主义为代表的逆全球化浪潮无法平息。即原来积极推动全球化的发达国家出现了逆全球化的潮流。这一浪潮以美国为首，同时在欧盟内部出现了脱离欧盟的英国，强调脱离欧盟和国家民族利益的极右政党影响力快速上升。对全球经济而言，只有顺应全球化的发展趋势，引导经济全球化的发展方向，消解全球化带来的负面影响，才能真正使世界经济可持续地发展。

---

① 蓝建学．“一带一路”倡议的基本原则、内容及其对中印关系的影响［OL］．中国国际问题研究院网，2019－10－31.

② 隆国强．经济全球化的新特点新趋势［N］．人民日报，2019－02－22.

2. 各国经济的相互依存和相互关联是经济全球化的体现与要求

在经济全球化的趋势下，各国经济相互联系相互依存，形成人类命运共同体。在各国的贸易、投资与金融合作中，一国的态势不可避免地会对另一国甚至整个世界经济产生影响。这种影响包括一荣俱荣，如目前中国的“一带一路”倡议成为全球范围内最受欢迎的国际公共产品之一，给世界各国提供了巨大的机遇；中国经济稳定高质量的增长、强劲的个人消费能力、世界第一的货物贸易大国地位以及超过30%的对世界经济增长的贡献率，无疑对逐渐回暖的世界经济做出了突出的贡献，有利于世界各国经济的发展。当然，各国经济的相互关联和影响也包括一损俱损。如一国或局部的危机会快速地对其他国家乃至整个世界产生严重的影响。显然，在经济全球化不可阻挡的趋势下，各国互联互通共享共赢才是正确的选择。①

3. 构建人类命运共同体是新时代中国特色社会主义思想的重要组成部分

2013年3月，刚刚当选中国国家主席的习近平首次出访俄罗斯，在莫斯科国际关系学院的演讲中，首次提到命运共同体的概念，并在以后的国际国内不同场合多次提到人类命运共同体的概念，并做了相应的阐述。目前，构建人类命运共同体的理念已逐渐在世界经济舞台上“落地生根”。在中国共产党第十九次全国代表大会通过的关于《中国共产党章程（修正案)》的决议，以及第十三届全国人民代表大会第一次会议通过的《中华人民共和国宪法修正案》中，习近平新时代中国特色社会主义思想写入党章、载入宪法。在新时代中国特色社会主义思想的丰富内容中，明确了推动构建新型国际关系、推动构建人类命运共同体这一中国特色大国外交的重要思想。作为全球价值理念的人类命运共同体的重要思想，不仅在理论上不断深化发展，在实践上也不断付诸

① 王桂敏，翟璐．新时代与新理念：“一带一路”倡议的背景分析［J］．辽宁经济，2018（5）．

于行动，而“一带一路”倡议的提出与实施便是其中之一。

4. 中国进入高质量发展新阶段

经过30多年的高速增长，我国已经进入了高质量发展的新阶段。其原因在于：一方面，在全球化过程中形成并逐渐强化的中美经济互补性是不可持续的，因此在国际金融危机后双方都在进行深度调整；另一方面，支撑我国经济30多年高速增长的粗放型发展模式已经难以依靠凯恩斯主义来维系，同时新动能正在孕育并带来了一系列积极变化。[①]党的十九大报告指出，我国经济已由高速增长阶段转向高质量发展阶段。在这一阶段，我国社会主要矛盾已经转变为人民日益增长的美好生活需要和不平衡不充分的发展之间的矛盾。在这一背景下，经济提质增效的高质量发展则是其必然要求，而“一带一路”倡议则恰好适应这一需要。

随着经济向高质量发展，我国开放型经济也转向高质量发展。①更高层次的新领域。我国在深化制造业对外开放的同时，重点推进金融、教育、文化、医疗等服务业领域的有序开放。②更高层次的新模式。自由贸易区试点取得可复制可推广的经验，并不断扩大试点地区。③更高层次的新内容。我国不断消除、弱化贸易和投资的壁垒，推进贸易和投资的自由化和便利化。④更高层次的新理念。世界各国共商、共建、共享，构建人类命运共同体的新理念已成为全球共识，而“一带一路”倡议正是这一新理念的体现，并为其实践提供重大平台。

（二）“一带一路”倡议的形成过程

2017年5月15日在“一带一路”国际合作高峰论坛圆桌峰会上，习近平指出：“‘一带一路’建设是我在2013年提出的倡议。它的核心内容是促进基础设施建设和互联互通，对接各国政策和发展战略，深化务实合作，促进协调联动发展，实现共同繁荣。”[②] 不过，这一倡议提

---

① 段文斌，张文，刘大勇．从高速增长到高质量发展——中国改革开放40年回顾与前瞻［J］．学术界，2018（4）．

② 习近平．开辟合作新起点谋求发展新动力［N］．人民日报，2017-05-16.

出后在表述上有一个从“丝绸之路经济带”和“21世纪海上丝绸之路”，到“一带一路”的过程。

2013年9月，习近平在哈萨克斯坦纳扎尔巴耶夫大学的演讲中提出“丝绸之路经济带”：我们可以用创新的合作模式，共同建设“丝绸之路经济带”①。2013年10月，在印度尼西亚国会的演讲中，习近平又正式提出“21世纪海上丝绸之路”：中国愿同东盟国家加强海上合作，“共同建设21世纪海上丝绸之路”②。

2013年11月，十八届三中全会通过的《关于全面深化改革若干重大问题的决定》提出，“加快同周边国家和区域基础设施互联互通建设，推进丝绸之路经济带、海上丝绸之路建设，形成全方位开放新格局”。同年12月，在经济工作会议上习近平强调，2014年要“推进丝绸之路经济带建设，抓紧制定战略规划，加强基础设施互联互通建设。建设21世纪海上丝绸之路，加强海上通道互联互通建设，拉紧相互利益纽带”③。

2013年12月，外交部部长王毅在谈到2014年中国经济外交时，提出：要大力推动丝绸之路经济带、海上丝绸之路“一带一路”建设，争取“早期收获”④。不过，习近平并未立即采用这种表述。直到2014年6月5日，他在中阿合作论坛第六届部长级会议上说，回顾中阿人民交往历史，我们就会想起陆上丝绸之路和海上香料之路，并提到“一带一路”。他说，“一带一路”是互利共赢之路，并谈到中阿共建“一带一路”的原则、内容与做法。⑤

“一带一路”是以习近平为核心的中共中央在中国经济进入新常态后提出的，其思想渊源有三个方面：理论依据是马克思主义基本原理的

① 习近平．弘扬人民友谊共创美好未来［N］．人民日报，2013-09-18.

② 共同谱写中国印尼关系新篇章携手开创中国—东盟命运共同体美好未来［N］.人民日报，2013-10-04.

③ 习近平．在中央经济工作会议上的讲话［N］．人民日报，2013-12-14.

④ 中国特色大国外交的成功实践——外交部长王毅谈二〇一三年中国外交［N］.人民日报，2013-12-19.

⑤ 习近平．弘扬丝路精神 深化中阿合作［N］．人民日报，2014-06-06.

创造性运用；历史渊源是中华民族优秀文化的发扬光大；实践基础是中国特色社会主义经验的科学总结。“一带一路”是马克思主义世界观和方法论的灵活运用。习近平继承和发展了马克思主义关于自然、社会和人类社会发展规律的新认识，“一带一路”倡议运用马克思主义的观点是多方面的。从政治经济角度看，它植根于马克思主义社会交往理论、地域分工理论及生产力发展理论，是结合中国现阶段发展实际创造性地提出来的发展之路，是构成中国特色社会主义政治经济学的重要组成部分；“一带一路”作为马克思主义指导中国实践的创新，丰富和完善了马克思主义国际市场理论和全球化思想。①

（三）“一带一路”倡议的意义

“一带一路”借助于古代丝绸之路和海上丝绸之路所遗留下的丰富资源，建设性地回应了和平、发展、合作、共赢的时代主题，是面对世界发展困境、世界历史力量转移和世界秩序重构提出的中国方案。“一带一路”倡议的意义主要有以下几个方面。

1. “一带一路”倡议深化中国对外开放格局，为世界经济的共同发展提供新的思维范式

“一带一路”建设寻求的是通达。纵观“一带一路”建设的拓展路线，不难发现中国在空间发展上确实有基于对国内、国外发展局势的科学定位。从历史上看，无论是张骞出使西域、郑和下西洋还是1978年以来的改革开放，都表明中国是一个乐于敞开胸怀，勇于走向世界的国家。对中国的发展具有革命性历史意义的事件是1978年的改革开放，改革开放是中国逐渐走出封闭状态并积极融入全球化的初步尝试，它彻底改变了中国和中国人的命运。2010年中国成为世界第二大经济体，综合实力明显增强，人民生活水平显著提升，国际影响力日益提高，令世界刮目相看。

---

① 董宇坤，白暴力．“一带一路”战略的政治经济学分析——马克思主义政治经济学的丰富与发展［J］．陕西师范大学学报（哲学社会科学版），2017（3）．

“一带一路”倡议恰恰是基于中国发展现实所探寻的一条发展道路，其空间发展重心不仅在东南沿海地区，既尽量保存当地已有的自然优势及在改革开放条件下所取得的新的成就，同时也将中国的改革开放推向更高的水平、更广阔的平台，着力向中国的中、西部推进，将覆盖范围延展至世界上的其他国家，寻找中国经济发展新的增长点。与此同时，“一带一路”也为沿线国家的发展创造了良好的基础性条件和广阔的发展空间，通过“一带一路”建设，中国和沿线国家不仅能够借此平台发挥自身的潜力，而且也能够实现彼此之间的优势互补、沟通对话，进而增强理解与互信，实现共商、共建、共享、共赢。“一带一路”正是中国在发挥中国力量解决中国问题的同时，也为世界问题的破解提供了新的思维范式，即从本国国情出发，经济文化比较落后的国家可以实施有合理差别的发展规划，运用区域与整体协同发展的思维方式，充分发挥某些地区的天然优势和“一带一路”建设沿线的优势，寻找新的经济增长点，实现以某一地区的发展优势逐步带动其他地区的发展。

2. “一带一路”倡议促进沿线国家的交流与合作，为提升全球治理水平提供新平台

经济全球化是当今世界历史发展的必然趋势，不是由人的主观意识或“绝对精神”所决定的，而是由客观的、必然的、一定社会发展阶段的规律所决定的。一方面，经济全球化加强了国家之间、民族之间、国家和民族之间及各个共同体之间的联系，打破了人们空间距离上的分离状态，整个世界日益成为一个密不可分的利益共同体、价值共同体和命运共同体，“各个相互影响的活动范围在这个发展进程中越是扩大，各民族的原始封闭状态由于日益完善的生产方式、交往以及因交往而自然形成的不同民族之间的分工消灭得越是彻底，历史也就越是成为世界历史”①。另一方面，经济全球化也给不同国家带来了不同程度上的

① 马克思，恩格斯．马克思恩格斯选集：第3卷［M］．北京：人民出版社，1995.

"伤害"，像南北差距扩大、落后国家更加贫困等问题，究其本质在于某些西方大国利用其主导的国际政治经济旧秩序，利用资本掠夺发展中国家或落后国家的资源与财富，并强力挤占其市场，导致其发展举步维艰。如何探索一种世界各国都能够受益的新全球化？如何制定更加公正合理的国际规则和国际秩序？成为现实课题。

"一带一路"倡议的出发点是希望能够在中国经济发展的同时让更多的国家搭乘中国经济发展的顺风车。"一带一路"建设重点在以下方面加强合作：政策沟通、设施联通、贸易畅通、资金融通、民心相通。这不仅为沿线广大国家带来了难得的发展机遇，使广大发展中国家能够基于此平台拓展自身的业务、引进他国先进的技术改造本国的落后产业、开发国内丰富的自然资源，而且还能够加强各国之间的交流与合作，促进彼此间的政治互信、人文交流与国际合作。①

3. "一带一路"建设提供了打造人类命运共同体的中国方案

"一带一路"建设为全球贸易和国际合作提供了中国方案，在一定程度上能遏制单边主义、霸权主义和强权政治，推进世界政治经济秩序重构。在和平、发展、合作、共赢的新时代，尤其是进入21世纪以后，中国作为世界上最大的发展中国家、作为四大文明古国中历史文明唯一没有中断的国家，中国和广大非西方国家的群体性崛起进一步牵制了二战后以美国为主导的霸权主义和强权政治。在当前的时代背景下，整个世界处于新一轮的全球秩序重组的历史进程之中，虽然"现存国际秩序为西方所确立，但西方已经很难主导这个体系，如何重建国际秩序是国际社会所面临的挑战。中国现在是最大的发展中国家，必然要在未来国际秩序的改革和建设过程中起到关键作用"②。中国现今所倡导的"一带一路"正是在立足中国、放眼世界的基础上，寻求"一带一路"

① 张顺凤，张艳涛．论"一带一路"的世界历史意义［J］．桂海论丛，2017（6）．

② 郑永年．中美关系和国际秩序的未来［J］．国际政治研究，2014（1）．

沿线国家的利益、价值和命运契合点，书写人类文明新篇章。①

4. “一带一路”建设有助于中国经济转型升级

“一带一路”建设也有助于中国经济的转型升级。一是推动中国经济进入新常态。改革开放40多年来，通过大力引进外资，积极开展与发达国家的分工与协作，中国经济取得了很大的成绩，总量跃居世界第二，货物贸易量跃居世界第一。但这种以政府为主导，以参与跨国公司全球分工为特征，依靠廉价的劳动力、土地、环境来发展的经济发展模式面临着巨大的挑战，因此，中国的经济发展急需转型升级，培育以服务业为重点的新经济增长点，经济增长也要告别传统粗放的高速增长阶段，进入高效率、低成本、可持续的中高速增长。二是有助于解决中国经济发展面临的一系列问题。传统经济的发展依靠较低的要素成本，而现阶段这些优势正在逐渐消失，环境、劳动力、土地的成本大幅上升，楼市风险、地方债风险、金融风险等潜在风险渐渐浮出水面，国内外市场需求不足，产能过剩问题尤为突出。中国为解决这些问题急需创造培育出国内、区域以至全球范围的新经济增长点，“一带一路”倡议由此应运而生。“一带一路”将帮助中国及其沿线国家更好实现经济可持续发展，为促进全球经济增长做出贡献。②

二、“一带一路”倡议的主要内容

2015年3月，国家发展和改革委、外交部和商务部联合发布的《推动共建丝绸之路经济带和21世纪海上丝绸之路的愿景与行动》，根据这一愿景，可以将“一带一路”倡议的主要内容概括如下。

（一）框架思路

“一带一路”是促进共同发展、实现共同繁荣的合作共赢之路，是增进理解信任、加强全方位交流的和平友谊之路。中国政府倡议，秉持

---

① 张顺凤，张艳涛．论“一带一路”的世界历史意义［J］．桂海论丛，2017（6）．

② 李华康．“一带一路”开放新格局分析［J］．新丝路，2019（8）．

和平合作、开放包容、互学互鉴、互利共赢的理念，全方位推进务实合作，打造政治互信、经济融合、文化包容的利益共同体、命运共同体和责任共同体。

“一带一路”贯穿亚欧非大陆，一头是活跃的东亚经济圈，一头是发达的欧洲经济圈，中间广大腹地国家经济发展潜力巨大。丝绸之路经济带重点畅通中国经中亚、俄罗斯至欧洲（波罗的海）；中国经中亚、西亚至波斯湾、地中海；中国至东南亚、南亚、印度洋。21 世纪海上丝绸之路重点方向是从中国沿海港口过南海到印度洋，延伸至欧洲；从中国沿海港口过南海到南太平洋。

根据“一带一路”走向，陆上依托国际大通道，以沿线中心城市为支撑，以重点经贸产业园区为合作平台，共同打造新亚欧大陆桥、中蒙俄、中国—中亚—西亚、中国—中南半岛等国际经济合作走廊；海上以重点港口为节点，共同建设通畅安全高效的运输大通道。中巴、孟中印缅两个经济走廊与推进“一带一路”建设关联紧密，要进一步推动合作，取得更大进展。

“一带一路”是沿线各国开放合作的宏大经济愿景，需各国携手努力，朝着互利互惠、共同安全的目标相向而行。努力实现区域基础设施更加完善，安全高效的陆海空通道网络基本形成，互联互通达到新水平；投资贸易便利化水平进一步提升，高标准自由贸易区网络基本形成，经济联系更加紧密，政治互信更加深入；人文交流更加广泛深入，不同文明互鉴共荣，各国人民相知相交、和平友好。

（二）合作重点

沿线各国资源禀赋各异，经济互补性较强，彼此合作潜力和空间很大。以政策沟通、设施联通、贸易畅通、资金融通、民心相通为主要内容，重点在以下方面加强合作。

1. 政策沟通

加强政策沟通是“一带一路”建设的重要保障。加强政府间合作，积极构建多层次政府间宏观政策沟通交流机制，深化利益融合，促进政治互信，达成合作新共识。沿线各国可以就经济发展战略和对策进行充分交流对接，共同制定推进区域合作的规划和措施，协商解决合作中的问题，共同为务实合作及大型项目实施提供政策支持。

2. 设施联通

在尊重相关国家主权和安全关切的基础上，沿线国家宜加强基础设施建设规划、技术标准体系的对接，共同推进国际骨干通道建设，逐步形成连接亚洲各次区域以及亚欧非之间的基础设施网络。强化基础设施绿色低碳化建设和运营管理，在建设中充分考虑气候变化影响。

抓住交通基础设施的关键通道、关键节点和重点工程，优先打通缺失路段，畅通瓶颈路段，配套完善道路安全防护设施和交通管理设施设备，提升道路通达水平。推进建立统一的全程运输协调机制，促进国际通关、换装、多式联运有机衔接，逐步形成兼容规范的运输规则，实现国际运输便利化。推动口岸基础设施建设，畅通陆水联运通道，推进港口合作建设，增加海上航线和班次，加强海上物流信息化合作。拓展建立民航全面合作的平台和机制，加快提升航空基础设施水平。

加强能源基础设施互联互通合作，共同维护输油、输气管道等运输通道安全，推进跨境电力与输电通道建设，积极开展区域电网升级改造合作。

共同推进跨境光缆等通信干线网络建设，提高国际通信互联互通水平，畅通信息丝绸之路。加快推进双边跨境光缆等建设，规划建设洲际海底光缆项目，完善空中（卫星）信息通道，扩大信息交流与合作。

3. 贸易畅通

沿线国家宜加强信息互换、监管互认、执法互助的海关合作，以及检验检疫、认证认可、标准计量、统计信息等方面的双多边合作，推动世界贸易组织《贸易便利化协定》生效和实施。改善边境口岸通关设施条件，加快边境口岸“单一窗口”建设，降低通关成本，提升通关能力。加强供应链安全与便利化合作，推进跨境监管程序协调，推动检验检疫证书国际互联网核查，开展“经认证的经营者”（AEO）互认。

降低非关税壁垒，共同提高技术性贸易措施透明度，提高贸易自由化、便利化水平。

拓宽贸易领域，优化贸易结构，挖掘贸易新增长点，促进贸易平衡。创新贸易方式，发展跨境电子商务等新的商业业态。建立健全服务贸易促进体系，巩固和扩大传统贸易，大力发展现代服务贸易。把投资和贸易有机结合起来，以投资带动贸易发展。

加快投资便利化进程，消除投资壁垒。加强双边投资保护协定、避免双重征税协定磋商，保护投资者的合法权益。

拓展相互投资领域，开展农林牧渔业、农机及农产品生产加工等领域深度合作，积极推进海水养殖、远洋渔业、水产品加工、海水淡化、海洋生物制药、海洋工程技术、环保产业和海上旅游等领域合作。加大煤炭、油气、金属矿产等传统能源资源勘探开发合作，积极推动水电、核电、风电、太阳能等清洁、可再生能源合作，推进能源资源就地就近加工转化合作，形成能源资源合作上下游一体化产业链。加强能源资源深加工技术、装备与工程服务合作。

推动新兴产业合作，按照优势互补、互利共赢的原则，促进沿线国家加强在新一代信息技术、生物、新能源、新材料等新兴产业领域的深入合作，推动建立创业投资合作机制。

优化产业链分工布局，推动上下游产业链和关联产业协同发展，鼓励建立研发、生产和营销体系，提升区域产业配套能力和综合竞争力。扩大服务业相互开放，推动区域服务业加快发展。探索投资合作新模式，鼓励合作建设境外经贸合作区、跨境经济合作区等各类产业园区，促进产业集群发展。在投资贸易中突出生态文明理念，加强生态环境、生物多样性和应对气候变化合作，共建绿色丝绸之路。

4. 资金融通

资金融通是“一带一路”建设的重要支撑。深化金融合作，推进亚洲货币稳定体系、投融资体系和信用体系建设。扩大沿线国家双边本币互换、结算的范围和规模。推动亚洲债券市场的开放和发展。共同推进亚洲基础设施投资银行、金砖国家开发银行筹建，有关各方就建立上海合作组织融资机构开展磋商。加快丝路基金组建运营。深化中国—东盟银行联合体、上合组织银行联合体务实合作，以银团贷款、银行授信等方式开展多边金融合作。支持沿线国家政府和信用等级较高的企业以及金融机构在中国境内发行人民币债券。符合条件的中国境内金融机构和企业可以在境外发行人民币债券和外币债券，鼓励在沿线国家使用所筹资金。

加强金融监管合作，推动签署《双边监管合作谅解备忘录》，逐步在区域内建立高效监管协调机制。完善风险应对和危机处置制度安排，构建区域性金融风险预警系统，形成应对跨境风险和危机处置的交流合作机制。加强征信管理部门、征信机构和评级机构之间的跨境交流与合作。充分发挥丝路基金以及各国主权基金作用，引导商业性股权投资基金和社会资金共同参与“一带一路”重点项目建设。

5. 民心相通

民心相通是“一带一路”建设的社会根基。传承和弘扬丝绸之路友好合作精神，广泛开展文化交流、学术往来、人才交流合作、媒体合作、青年和妇女交往、志愿者服务等，为深化双多边合作奠定坚实的民意基础。

扩大相互间留学生规模，开展合作办学，中国每年向沿线国家提供1万个政府奖学金名额。沿线国家间互办文化年、艺术节、电影节、电视周和图书展等活动，合作开展广播影视剧精品创作及翻译，联合申请世界文化遗产，共同开展世界遗产的联合保护工作。深化沿线国家间人才交流合作。

加强旅游合作，扩大旅游规模，互办旅游推广周、宣传月等活动，联合打造具有丝绸之路特色的国际精品旅游线路和旅游产品，提高沿线各国游客签证便利化水平。推动21世纪海上丝绸之路邮轮旅游合作。积极开展体育交流活动，支持沿线国家申办重大国际体育赛事。

强化与周边国家在传染病疫情信息沟通、防治技术交流、专业人才培养等方面的合作，提高合作处理突发公共卫生事件的能力。为有关国家提供医疗援助和应急医疗救助，在妇幼健康、残疾人康复以及艾滋病、结核、疟疾等主要传染病领域开展务实合作，扩大在传统医药领域的合作。

加强科技合作，共建联合实验室（研究中心）、国际技术转移中心、海上合作中心，促进科技人员交流，合作开展重大科技攻关，共同提升科技创新能力。

整合现有资源，积极开拓和推进与沿线国家在青年就业、创业培训、职业技能开发、社会保障管理服务、公共行政管理等共同关心领域的务实合作。

充分发挥政党、议会交往的桥梁作用，加强沿线国家之间立法机构、主要党派和政治组织的友好往来。开展城市交流合作，欢迎沿线国家重要城市之间互结友好城市，以人文交流为重点，突出务实合作，形成更多鲜活的合作范例。欢迎沿线国家智库之间开展联合研究、合作举办论坛等。

加强沿线国家民间组织的交流合作，重点面向基层民众，广泛开展教育医疗、减贫开发、生物多样性和生态环保等各类公益慈善活动，促进沿线贫困地区生产生活条件改善。加强文化传媒的国际交流合作，积极利用网络平台，运用新媒体工具，塑造和谐友好的文化生态和舆论环境。

（三）合作机制

积极利用现有双多边合作机制，推动“一带一路”建设，促进区域合作蓬勃发展。

加强双边合作，开展多层次、多渠道沟通磋商，推动双边关系全面发展。推动签署合作备忘录或合作规划，建设一批双边合作示范。建立完善双边联合工作机制，研究推进“一带一路”建设的实施方案、行动路线图。充分发挥现有联委会、混委会、协委会、指导委员会、管理委员会等双边机制作用，协调推动合作项目实施。

强化多边合作机制作用，发挥上海合作组织（SCO）、中国—东盟“10+1”、亚太经合组织（APEC）、亚欧会议（ASEM）、亚洲合作对话（ACD）、亚信会议（CICA）、中阿合作论坛、中国—海合会战略对话、大湄公河次区域（GMS）经济合作、中亚区域经济合作（CAREC）等现有多边合作机制作用，相关国家加强沟通，让更多国家和地区参与“一带一路”建设。

继续发挥沿线各国区域、次区域相关国际论坛、展会以及博鳌亚洲论坛、中国—东盟博览会、中国—亚欧博览会、欧亚经济论坛、中国国际投资贸易洽谈会，以及中国—南亚博览会、中国—阿拉伯博览会、中国西部国际博览会、中国—俄罗斯博览会、前海合作论坛等平台的建设性作用。支持沿线国家地方、民间挖掘“一带一路”历史文化遗产，联合举办专项投资、贸易、文化交流活动，办好丝绸之路（敦煌）国际文化博览会、丝绸之路国际电影节和图书展。倡议建立“一带一路”国际高峰论坛。

（四）中国各地方开放态势

中国将充分发挥国内各地区比较优势，实行更加积极主动的开放战略，加强东、中、西互动合作，全面提升开放型经济水平。

西北、东北地区。发挥新疆独特的区位优势和向西开放重要窗口作用，深化与中亚、南亚、西亚等国家的交流合作，形成丝绸之路经济带上重要的交通枢纽、商贸物流和文化科教中心，打造丝绸之路经济带核心区。发挥陕西省、甘肃省综合经济文化和宁夏回族自治区、青海省等民族人文优势，打造西安市内陆型改革开放新高地，加快兰州市、西宁市开发开放，推进宁夏回族自治区内陆开放型经济试验区建设，形成面向中亚、南亚、西亚等国家的通道、商贸物流枢纽、重要产业和人文交流基地。发挥内蒙古自治区联通俄罗斯、蒙古国的区位优势，完善黑龙江省对俄罗斯国家铁路通道和区域铁路网，以及黑龙江省、吉林省、辽宁省与俄罗斯远东地区陆海联运合作，推进构建北京—莫斯科欧亚高速运输走廊，建设向北开放的重要窗口。

西南地区。发挥广西与东盟国家陆海相邻的独特优势，加快北部湾经济区和珠江—西江经济带开放发展，构建面向东盟区域的国际通道，打造西南、中南地区开放发展新的战略支点，形成21世纪海上丝绸之路与丝绸之路经济带有机衔接的重要门户。发挥云南省区位优势，推进与周边国家的国际运输通道建设，打造大湄公河次区域经济合作新高地，建设成为面向南亚、东南亚国家的辐射中心。推进西藏自治区与尼泊尔国家边境贸易和旅游文化合作。

沿海和港澳台地区。利用长三角、珠三角、海峡西岸、环渤海等经济区开放程度高、经济实力强、辐射带动作用大的优势，加快推进中国（上海）自由贸易试验区建设，支持福建建设21世纪海上丝绸之路核心区。充分发挥深圳前海、广州南沙、珠海横琴、福建平潭等开放合作区作用，深化与港澳台合作，打造粤港澳大湾区。推进浙江海洋经济发展示范区、福建海峡蓝色经济试验区和舟山群岛新区建设，加大海南国际旅游岛开发开放力度。加强上海、天津、宁波—舟山、广州、深圳、湛江、汕头、青岛、烟台、大连、福州、厦门、泉州、海口、三亚等沿海城市港口建设，强化上海、广州等国际枢纽机场功能。以扩大开放倒逼深层次改革，创新开放型经济体制机制，加大科技创新力度，形成参与和引领国际合作竞争新优势，成为“一带一路”特别是21世纪海上丝绸之路建设的排头兵和主力军。发挥海外侨胞以及香港、澳门特别行政区独特优势作用，积极参与和助力“一带一路”建设。为台湾地区参与“一带一路”建设做出妥善安排。

内陆地区。利用内陆纵深广阔、人力资源丰富、产业基础较好优势，依托长江中游城市群、成渝城市群、中原城市群、呼包鄂榆城市群、哈长城市群等重点区域，推动区域互动合作和产业集聚发展，打造重庆西部开发开放重要支撑和成都、郑州、武汉、长沙、南昌、合肥等内陆开放型经济高地。加快推动长江中、上游地区和俄罗斯伏尔加河沿岸联邦区的合作。建立中欧通道铁路运输、口岸通关协调机制，打造“中欧班列”品牌，建设沟通境内外、连接东中西的运输通道。支持郑州、西安等内陆城市建设航空港、国际陆港，加强内陆口岸与沿海、沿边口岸通关合作，开展跨境贸易电子商务服务试点。优化海关特殊监管区域布局，创新加工贸易模式，深化与沿线国家的产业合作。①

三、“一带一路”建设与拓展区域发展新空间的关系

如前所述，区域经济发展不平衡一直是我国的基本国情。从改革开放初期到21世纪初，我国区域发展战略经历了从非均衡发展战略到区域协调战略的转变过程。“十五”计划明确了“实施西部大开发”；“十一五”规划提出了“坚持实施推进西部大开发，振兴东北地区等老工业基地，促进中部地区崛起，鼓励东部地区率先发展”；“十三五”时期，京津冀协同发展战略和长江经济带战略相继提出和实施。“一带一路”建设的实施是在前期各个发展战略基础上的延续，是对前面所有发展战略区域层面的完善，具有引领性作用。②

（一）以“一带一路”建设形成新的经济增长点

通过“一带一路”建设，对于东部地区而言，可以实现加速转型升级，对于广大中、西部地区来说，应该抓住这一机遇，发挥各自的地缘优势（广西壮族自治区、云南省与东盟国家，陕西省、甘肃省、宁夏回族自治区、青海省、新疆维吾尔自治区与中亚、南亚、西亚国家，内蒙古自治区、黑龙江省、吉林省、辽宁省与俄罗斯），促进要素流动，通过资本、技术等的聚集，形成新的增长动力，提高中、西部地区的产业层次，深化中、西部地区的对外开放，形成新的经济增长点。

（二）以“一带一路”建设形成区域经济新格局

在“一带一路”的实施过程中，中国各区域凭借着独特的地理位置、丰富的自然资源、稳步提升的发展水平，迎来了自身经济发展的关

① 国家发展和改革委，外交部，商务部．推动共建丝绸之路经济带和21世纪海上丝绸之路的愿景与行动［Z/N］．人民日报，2015－3－29.

② 孙久文．改革开放以来我国区域经济发展战略的演变与趋势［M］．北京：经济科学出版社，2018.

键时期。[①]

（1）提高东部区域对外开放水平。一直以来，我国东部省市在亚太经济合作体系中都处于重要的位置，随着“一带一路”建设的实施，这些东部省市已经成为“海上丝绸之路”的重要窗口，迎来了经济发展的新机遇。通过区位优势，东部各省市能够更加迅速、便捷地与周边各国展开贸易合作，同时也能够为中部、西部地区的发展提供经验。

（2）加速中部区域经济崛起。“一带一路”建设的实施加速了国内各地区商业资源和市场优势的重组，各种集聚和潜在的经济能量被进一步激活，新常态背景下的区域经济合作与竞争将重新洗牌，并将在新的平台上构建新的经济关系。中部地区的地理位置比较特殊，“一带一路”建设的实施使之成为我国交通运输和大范围商业贸易的枢纽地带。

（3）推动西部区域快速发展。与东部、中部地区相比，我国西部地区的经济模式以农业生产为主。而“一带一路”建设的实施使我国与东盟、中亚国家（地区）间的经济贸易往来更加频繁，这为西部地区农产品的出口打开了更加广阔的空间，并促进了西部地区经济发展方式转变。

（三）以“一带一路”建设形成开放经济新布局

过去40多年，沿海地区开放走在全国前列，沿边地区开放受种种因素影响相对滞后，不仅滞后于沿海地区，也滞后于全国。在当前形势和历史坐标下，加大沿边地区开放有重要意义。以我国设立的自由贸易区为例，最早是2013年设立的上海自贸区；2015年，广东、天津、福建3省自贸区相继成立；2017年，辽宁、浙江、河南、湖北、重庆、四川、陕西等7个省（直辖市）自贸区陆续揭牌；2018年，海南自由贸易试验区得以成立。2019年8月，新设的一批自贸区名单出炉，包括山东、江苏、广西、河北、云南、黑龙江等6个省（自治区）。新设

① 黄秉杰．“一带一路”倡议与我国区域经济新格局［J］．人民论坛，2018（18）．

立的这一批自贸区有个亮点，首次覆盖沿边地区，增加了三个沿边省份——广西壮族自治区、云南省和黑龙江省，使其空间布局上更加完善。通过试验沿边开放新模式，有助于形成开放经济新布局。

（四）以“一带一路”建设形成产业转移新空间

“一带一路”增强了西部地区承接产业转移的竞争优势。面对西部地区承接产业转移的诸多不利因素，“一带一路”的提出为西部地区增强自身优势，承接东部产业转移提供了机遇。“一带一路”沿线国家，尤其是处于转轨时期的中亚国家，轻纺织业等较为落后，与我国经济具有较强的互补性，发展边贸空间较大，并且这些国家的对外联系方式不易改变，我国则具有与之发展陆路联系的优势。因此，“一带一路”建设为西部产业转移提供了重要契机。西部地区通过承接东部产业转移不仅可以带动当地就业，促进经济发展，而且能够改善西部的产业结构，改变长期以来以资源为主的产业结构。同时，这也有利于东部“腾笼换鸟”，实现产业转型升级。

第十章　浙江省打造“一带一路”枢纽的实践

浙江省是习近平新时代中国特色社会主义思想的重要萌发地和改革开放先行地，必须责无旁贷当好学习践行习近平总书记对外开放重要思想的“模范生”，牢牢把握“一带一路”倡议，深刻领会实施这一世纪工程的基本原则、关键支撑和重点任务，勇当“一带一路”建设排头兵。

一、浙江省参与“一带一路”建设的优势

改革开放40多年，是一段从封闭走向开放、从贫穷走向富强的辉煌历程，更是一段解放思想和改革开放相互激荡、观念创新和实践探索相互促进的变革历程。浙江省在党中央坚强领导下，在党的基本理论、基本路线、基本方略的科学引领下，努力书写了开放图强的壮丽篇章，力争成为开放发展的排头兵。

（一）浙江省开放发展历史的简要回顾

浙江省的开放发展源于“打开国门搞建设”的历史抉择。浙江省顺应时代潮流，在开放发展的道路上探路先行。以宁波港对外开放为起点，从宁波经开区获批到自贸试验区挂牌，从义乌小商品市场开放到“义新欧”班列首发，从首家中外合资企业西湖藤器有限公司成立到179家世界500强企业落户，从首家贸易机构亚利公司在香港注册到阿里巴巴美国上市、吉利收购沃尔沃，浙江大地演绎了一个个“春天的故事”，对外开放图景次第展开、日新月异。

浙江省的开放发展源于“立足全局发展浙江，跳出浙江发展浙江”的战略指引。21世纪初，面对加入世贸组织的重要机会窗口，时任浙

江省委书记的习近平同志以卓越的全球意识和战略眼光，做出了进一步扩大开放的战略部署；并将开放纳入“八八战略”，将开放图强纳入与时俱进的浙江精神，提出“立足全局发展浙江，跳出浙江发展浙江”的重要思想，召开全省对外开放工作会议，全面拓展了对外开放的广度和深度，开创了对外开放工作新局面。

浙江省的开放发展源于“进一步打开国内经济和参与国际经济合作相得益彰通道”的时代要求。党的十八大以来，浙江省全面落实习近平总书记重要指示，推动开放朝着优化结构、拓展深度、提高效益的方向转变。特别是近年来，坚决贯彻国家开放战略和主场外交战略部署，举全省之力做好 G20 杭州峰会服务保障工作，成功承办四届世界互联网大会，谋划打造“一带一路”枢纽，大力推进自贸试验区等平台建设，大大提升了浙江省在世界的影响力和美誉度，将浙江省对外开放推到了一个新高度。

浙江省的实践充分证明，改革开放是正确之路、强国之路、富民之路。新时代，要发展、要创新、要美好生活，必须毫不动摇走开放发展道路，以高水平开放推动高质量发展。①

（二）浙江省参与“一带一路”建设的独特优势

浙江省处于“一带”和“一路”有机衔接的交汇地带，将全力打造“一带一路”重要枢纽，在参与和服务“一带一路”建设中努力走在前列。浙江省参与“一带一路”建设有以下几大优势。

1. 浙商优势

目前，有 200 多万名浙商在境外各个国家和地区投资创业，这是浙江省参与“一带一路”建设的独特资源。要用好这个资源，搭建平台、架起桥梁，使更多浙商积极、深入参与“一带一路”建设。

2. 通道优势

宁波舟山港是海上丝绸之路的“活化石”，是起始港之一。宁波舟

① 车俊．坚持“一带一路”统领全面推进开放强省［OL］．新华网，2018－05－10.

山港现在已经是全世界的第一大港。宁波舟山港货物吞吐量超过10亿吨，集装箱吞吐量2018年已经超过2600万标箱，处于全球第三位。义乌市小商品市场，被誉为“世界超市”，“买全球、卖全球”，常年有1.3万名境外客商在义乌生活、采购和销售，出口货物覆盖到全世界200多个国家和地区。从义乌出发的“义新欧”铁路货物运输，2018年一年已经超过300列。浙江省的数字经济具有领先优势，越来越多的商品、货物通过跨境电商平台进出。2018年，全省实现跨境电商的网络零售额840亿元，增长了39%。因此，浙江省推进海港、陆港、信息港、航空港等“四港联动”，推动运输增效、物流降费。进一步拓宽这些通道，让更多的浙江制造走出去，让更多的国外商品包括中东欧国家的商品走进来。

3. 平台优势

至2018年年底，全省共有1个自贸试验区、21个国家级经济技术开发区、56个省级经济技术开发区、8个海关特殊监管区、19个国家产业合作园、4个浙台合作区，形成了全方位、多层次、宽领域的对外开放平台体系。尤其是拥有中国（浙江）自贸试验区、中国—中东欧国家博览会、中国义乌进口商品博览会、世界华侨进口商品博览会，以及中国（杭州）、中国（宁波）跨境电子商务综合试验区和电子世界贸易平台（eWTP）等一大批高能级的对外开放平台。在“一带一路”沿线国家还有由浙商投资建设的开放平台，比如泰中罗勇工业园、越南龙江工业园、墨西哥华富山工业园等12个境外经贸合作园。另外还有一些货物集散地，比如“一带一路”义新欧的铁路，迪拜站、捷克站。正如浙江省委书记车俊在国务院新闻办公室举行的“浙江‘八八战略’再深化，改革开放再出发”新闻发布会上所说的，浙江省要建好用好这些重要的平台，努力把“一带一路”上的“浙江驿站”打造成一颗颗闪亮的明珠，为“一带一路”建设多做贡献。①

① 车俊．浙江发挥优势 全力打造“一带一路”重要枢纽［OL］．新华网，2019－07－12.

4. 政策优势

浙江省制定了“1 +1 +5”的对外开放政策体系，包括《中共浙江省委、浙江省人民政府关于以“一带一路”建设为统领　构建全面开放新格局的意见》《浙江省打造“一带一路”枢纽行动计划》，以及促进外资增长、培育外贸竞争新优势、推进工业和信息化全球精准合作、提升人才国际化水平、加强境外安全保障等五个配套政策。

5. 环境优势

在浙江省工作期间，习近平就提出，要努力建设服务型政府、法治政府、有限政府。中共浙江省委第十一届四次全体（扩大）会议提出的“八八战略”，强调“进一步发挥浙江的体制机制优势”“进一步发挥浙江的环境优势”“切实加强法治建设、信用建设和机关效能建设”。在“八八战略”的指引下，浙江省“一张蓝图绘到底”，一任接着一任干，不断推进“互联网 + 政务服务”建设。2016 年，浙江省委经济工作会议首次公开提出“最多跑一次”改革。2017 年浙江省政府工作报告，正式提出浙江省实施“最多跑一次”改革。紧随其后，浙江省公布了《加快推进“最多跑一次”改革实施方案》《浙江省公共数据和电子政务管理办法》，对改革规范进行整体部署和实施。

浙江省“最多跑一次”改革的理念、举措、作风，与优化营商环境高度契合。目前浙江省基本形成了一套完整的“10 + N”优化营商环境便利化行动（“10”指营商环境便利化主要指标，“N”指若干个支撑性指标）的指标体系、政策体系、工作体系和评价体系。各地也积极开展“最多跑一次”改革，例如，义乌市的国际贸易服务中心通过机构合并、取消事项、一窗受理等方式不断调整窗口和业务设置。其进驻部门由 14 个缩减为现有的 9 个，受理窗口从最多 54 个，调整到 38 个。截至目前，进驻的 125 个事项中，已有 117 个事项实现了最多跑一次，实现率为 93.6%，其中 31 个事项可实现一次都不用跑。优质的政府服务和良好的营商环境，正吸引着越来越多的外商前来义乌投资创业，从而带动国际贸易的迅速增长。[①] 浙江将继续发挥“最多跑一次”改革的牵引作用，推动法治化、国际化、便利化营商环境建设，使各领域营商环境指标达到国际公认标准的先进水平，使企业的满意度和获得感全面提升。

二、浙江省打造“一带一路”枢纽的政策设计

“一带一路”建设是推动构建人类命运共同体的重要实践平台。要把参与“一带一路”建设作为最大使命、最大机遇、最大平台，充分发挥战略交汇、全球大港等优势，全面提升浙江省在“一带一路”国际合作中的参与度、连接度和影响力。[②] 根据《中共浙江省委、浙江省人民政府关于以“一带一路”建设为统领　构建全面开放新格局的意见》（浙委发〔2018〕20 号）和《浙江省打造“一带一路”枢纽行动计划》（浙委发〔2018〕22 号），浙江省打造“一带一路”枢纽的政策设计有以下几个方面。

（一）总体要求与格局

高举习近平新时代中国特色社会主义思想伟大旗帜，深入贯彻党的十九大和十九届二中、三中全会及省第十四次党代会、省委十四届二次全会精神，突出开放强省工作导向，以“一带一路”建设为统领构建全面开放新格局，围绕大湾区、大花园、大通道、大都市区总体部署，加快建设现代物流枢纽、国际科创产业合作高地、新型贸易中心、新兴金融中心、国际人文交流基地，高水平打造“一带一路”枢纽，增强国际经济合作和竞争新优势。

紧紧围绕“一带一路”建设和全省高水平建设大湾区、大花园、大通道、大都市区总体部署，充分发挥浙江区位条件、“四港”融合、

---

① 方列．让所有外商感受“最多跑一次”的便捷——浙江义乌营造良好涉外营商环境［OL］．新华网，2018－08－22.

② 车俊．坚持“一带一路”统领全面推进开放强省［N］．学习时报，2018－06－20.

国际经贸、跨境电子商务、新金融服务、全球浙商等综合优势，加快形成以“一区、一港、一网、一站、一园、一桥”为框架的“一带一路”建设总体格局。

建好“一区”，即自贸试验区。以高水平建设中国（浙江）自由贸易试验区和积极探索建设自由贸易港为龙头，加快推进义甬舟开放大通道建设，提升大都市区国际化和各类平台开放水平，打造对外开放新高地。

筑好“一港”，即国际枢纽港。以宁波舟山国际枢纽港为核心，加快推进海港、空港、陆港、信息港等“四港”融合发展，加强与“一带一路”沿线国家和地区互联互通，打造辐射全球的国际现代物流体系。

联好“一网”，即数字贸易网。以电子世界贸易平台（eWTP）为引领，发挥跨境电子商务和“互联网＋”优势，强化国际贸易创新，拓展国际新金融服务，打造“数字丝绸之路”门户枢纽。

布好“一站”，即境外服务站。以先行建设捷克站为支点，谋划布局一批境外系列服务站，充分发挥系列服务站对班列、贸易、制造、物流、信息等方面的综合支撑作用，打造具有浙江特色、服务“一带一路”建设节点网络。

造好“一园”，即国际合作园。以境外经贸合作区为载体，以重大合作项目为支点，加快推进国际产业合作。以省内国际产业合作园为平台，大力集聚国际高端产业和创新要素，打造“一带一路”国际科创产业合作高地。

架好“一桥”，即民心连通桥。以加强文化、教育、医疗、旅游、国际友城、高端智库等交流合作为桥梁纽带，发挥全球浙商优势，深化民间交往，促进与“一带一路”沿线国家和地区民心相通，打造国际人文交流基地。

（二）主要任务

1. 建好自贸试验区，打造对外开放新高地

（1）高水平建设中国（浙江）自由贸易试验区。加快形成集储运、加工、交易为一体的油品全产业链，加快推动港口建设、国际中转、油品交易、离岸经济创新，建设世界级油品交易中心和大宗商品人民币国际化结算示范区，积极争取自由贸易港在浙江省落地。加快复制全国自贸试验区成熟经验，提升海关特殊监管区综合服务水平，探索实行“海关特殊监管区+开发区”建设和管理模式。推进中澳现代产业园建设，建立浙江国际农产品贸易中心。

（2）建设中国—中东欧“16 +1”经贸合作示范区。全面深化与中东欧国家宽领域双向经贸合作，办好中国—中东欧国家投资贸易博览会，深入推进中国—中东欧国家贸易便利化国检试验区建设，推动中国—中东欧贸易指数研发。

（3）建设宁波“一带一路”综合试验区。推进港航物流、金融服务、科技产业、投资贸易、教育旅游等领域的双向开放合作，强化民营企业“走出去”服务创新，加快中意宁波生态园等国际产业合作园建设，探索“一带一路”建设新模式、新路径、新机制。

（4）建设义乌市国际贸易综合配套改革试验区。推进《浙江省义乌市国际贸易综合改革试点三年（2017—2020年）实施计划》，落实国家相关部委改革工作举措，加快推动义乌市国际贸易综合配套改革试验区建设。

2. 筑好国际枢纽港，打造国际现代物流体系

（1）建设世界级港口集群。以宁波舟山港为核心，加快推进沿海港口一体化，合力建设世界级港口集群。完善港口设施、集疏运体系和多式联运网络，增强国际大宗商品储运中转和集装箱运输服务优势，提升“海丝指数”国际影响力。积极参与港航国际合作项目，探索推进“一带一路”沿线国家和地区港口基础设施等投资运营合作。支持宁波舟山港发起组建“21世纪海上丝绸之路”港口联盟。

（2）建设国际航空枢纽港。支持杭州市建设国际门户枢纽机场，提高宁波、温州两地机场国际化水平，构建通达“一带一路”沿线国家和地区的航空运输网络。加快杭州、宁波、温州三地机场高铁引入，推进省内主要城市便捷接轨国际空港的综合交通体系建设。

（3）建设义乌国际陆港。加强义乌陆港与宁波舟山港一体化运行，构筑东西双向互联互通物流大通道。加快义乌陆港物流园区、义乌保税物流中心二期等项目建设，完善口岸平台功能，全面提升义乌陆港国际化综合服务水平。

（4）打造“一带一路”信息港。完善杭州、宁波国际通信专用通道，增加与国家骨干网的互联带宽，加快部署基于第五代移动通信（5G）、互联网协议第六版（IPv6）等技术的下一代互联网，尽快建成新型国家互联网交换中心。积极推动与“一带一路”沿线国家和地区的信息走廊建设，加强云计算、大数据、“城市大脑”等方面的国际合作。

（5）大力发展陆、海、空多式联运。高水平打造舟山江海联运服务中心，积极发展江海、海铁、公铁、空铁等多式联运。扩大重点口岸开放，加快宁波国家海铁联运综合试验区和杭州、宁波临空经济示范区建设。推进国家交通运输物流公共信息平台建设和应用，打造服务“一带一路”建设智慧物流平台。

3. 联好数字贸易网，打造“数字丝绸之路”门户枢纽

（1）共同推进电子世界贸易平台（eWTP）建设。推动与“一带一路”沿线国家和地区的电子商务贸易合作，积极探索全球电子商务新模式、新规则、新标准。以中国（杭州）、中国（宁波）跨境电子商务综合试验区为主体，争取设立中国（义乌）跨境电子商务综合试验区，合力建设以数字贸易为特色的新型贸易中心，打造“数字丝绸之路”门户枢纽。全力办好全球跨境电子商务大会等重要活动，支持杭州申办“数字丝绸之路”国际峰会。

（2）推动服务贸易创新发展。着力培育浙江省服务贸易特色优势，重点推进杭州市服务贸易创新发展试点工作，加快形成并复制推广试点经验。优化服务贸易结构，积极开拓文化、教育、中医药等新兴服务贸易。创新贸易方式，推动构建“互联网＋服务贸易”新体系，促进服务贸易提质增效。建设一批省级服务贸易发展基地，培育一批服务贸易领军企业，打造“浙江服务、服务全球”的品牌。

（3）打造金融科技新优势。加强金融服务与数字贸易联动创新，扩大金融服务跨境合作，全面构建国际新金融产业链和生态圈。依托新金融服务龙头企业，建设金融大数据服务中心、跨境电子商务金融结算平台，开拓移动支付等金融服务市场。支持杭州创建国家金融科技中心，加快推进钱塘江金融港湾、金融特色小镇、中英“一带一路”金融服务平台等建设。

（4）推进国际贸易优出优进。加大“一带一路”沿线国家和地区的市场开拓力度，加强高新技术产品、名优特产品和服务贸易出口，巩固扩大全球市场份额，支持温州市申报鹿城区市场采购贸易方式试点。扩大重要资源、先进技术装备和优质消费品进口，支持建设进口商品展销中心和特色街区。提升中国浙江省投资贸易洽谈会、中国义乌国际小商品博览会等重大展会平台国际化、专业化水平。

（5）强化投融资服务体系建设。鼓励各类金融机构为“一带一路”建设项目提供综合性金融服务，支持浙江丝路产业投资基金等“一带一路”基金发展，创新和强化出口信用、海外投资、工程建设、企业财产、航运、巨灾等各类保险合作，放大宁波国家保险创新综合试验区辐射效应。健全完善金融服务绿色项目机制，加强绿色金融的对外交流合作。深化创业投资领域双向开放，探索建设创业投资综合改革试验区。

4. 布好境外服务站，打造“一带一路”节点网络

（1）大力提升义新欧班列运营质量和效益。以“义新欧”为主品牌，坚持运营主体民营化，加强跨国协调合作，推动班列增点扩线和双向常态化运行，提升班列跨境物流运营效率。加强全程物流服务、技术标准修订等方面的国际合作，提升班列贸易便利化水平。

（2）先行建设捷克站。在统一合作协商、统一规划设计前提下，鼓励多方参与共建共享。2018 年启动建设捷克站货运场和物流园区，

2020 年货运场、物流园、商贸园初具规模，力争 2022 年全面建成货运场、物流园、商贸园、工业园和综合服务园等“一场多园”多功能服务站。

（3）谋划建设境外系列服务站。加强与“一带一路”沿线国家和地区的沟通协商，依托重要海港、航空港、铁路枢纽以及自由经济区，布局建设一批立足当地、辐射周边并具有班列中转、物流集散、加工制造、展示展销等多功能的系列服务站。重点加快迪拜站等一批站点的谋划对接和合作共建。

（4）强化国际经贸合作网络建设。提升浙江驻德国（欧洲）、新加坡（东南亚）商务代表处服务能力和水平，加快建设驻美国（北美）及非洲商务代表处。加强与使（领）馆、国际经贸合作机构、国际商会、国际友城、侨团组织、海外浙商等多方位联系，建立顺畅高效的贸易投资促进和沟通协调机制。支持浙商总会建设“一带一路”浙商站。

5. 造好国际合作园，打造科创产业合作发展先行区

（1）高水平建设国际合作园区。巩固提升泰国泰中罗勇工业园、乌兹别克斯坦鹏盛工业园、越南龙江工业园、俄罗斯乌苏里斯克工业园、塞尔维亚贝尔麦克商贸物流园、墨西哥华富山工业园等境外经贸合作区，进一步拓展拉美、中东欧、非洲等地区域布局。加强国际联合创新，建设一批科技研发型境外经贸合作区。省内以各类开发园区为依托，加强资源整合，打造一批功能突出、特色鲜明的国际产业合作园、科技合作园、重大境外并购项目回归产业园。

（2）打造创新合作平台。推进与“一带一路”沿线国家和地区合作共建创新孵化中心、联合实验室或技术研究中心、技术转移中心和科技园区，打造一批高水平国际研究机构和海外产业创新服务综合体，推动国际联合技术攻关和成果转化。支持杭州、宁波等城市在美国、以色列等国家设立创业投资孵化机构。加快建设西湖大学，支持高校院所加强与国际名校名院合作，大力吸引海内外高层次人才来浙创新创业。推动浙江科技大市场国际合作，共建国际技术交易数据库。

（3）提升国际产能合作水平。引导建材、石化、汽车、轻纺、船舶和海洋工程、工程机械、电力等优势产能海外布局，形成一批境外产能合作基地，拓展农业和海洋等多领域国际合作。积极推进“一带一路”基础设施互联互通建设，鼓励建筑业“走出去”开拓国际市场。

（4）加强海外资源合作开发。支持有实力的企业参与东盟国家、俄罗斯和中亚、西亚地区等的油气资源合作开发，助推国家亚太油气生产基地建设。扩大与东南亚、拉丁美洲、非洲等地区在铁、铬、钴、钾盐、铝矾土等矿产资源方面的合作开发，建立一批重要资源开发供应基地。

（5）培育本土跨国公司。推动本土优势企业跨国经营，建立境外分支机构，开展投资并购、境外上市，积极鼓励境外并购重大项目回归省内落户。

6. 架好民心连通桥，打造国际人文交流基地

（1）扩大文化交流与合作。举办好世界互联网大会、联合国世界地理信息大会、世界油商大会、世界浙商大会、中国国际茶叶博览会、中国杭州西湖国际博览会、中国国际动漫节等重大国际会议和展会。在“一带一路”沿线国家和地区举办一批具有浙江特色的文化交流活动，推动浙江优秀传统文化、文学作品、影视产品等“走出去”。办好2022年第19届亚运会等重大国际体育赛事。支持温州创建世界华商综合发展试验区、金华创建中非文化合作交流示范区、衢州推进与南南合作促进会合作项目建设、义乌建设捷克小镇、青田创建华侨经济文化合作交流试验区，打造一批“一带一路”特色窗口。

（2）大力开展教育国际合作。围绕“一带一路”建设和城市国际化、企业国际化、人才国际化，全面开展教育国际合作。大力引进“一带一路”沿线国家和地区优质教育资源。广泛开展与国际知名院校合作办学，提升浙江大学国际校区、宁波诺丁汉大学、温州肯恩大学等中外合作办学机构办学水平，支持开展境外合作办学。积极创建国际教育培训中心，为“走出去”企业、“一带一路”沿线国家和地区培养专门人才。推动建立“一带一路”沿线城市产业科教联盟。

（3）加强医疗卫生领域合作。支持在“一带一路”沿线国家和地区建设经营医院，开办特色医疗诊所。推动省内医院加大国际合作办医力度，推进国际化医院试点，积极开展国际养老合作。积极推广中医药产品和技术标准，支持在“一带一路”沿线国家和地区建设一批中医药海外中心。

（4）深化国际旅游合作。提升杭州国际旅游服务水平，加快推进全省旅游国际化进程。继续办好世界休闲博览会，支持宁波、温州、舟山等地建设国际游轮母港，支持台州等地建设国际邮轮停泊港。发挥世界旅游联盟总部落户杭州的带动作用，办好国际海岛旅游大会、国际乡村旅游大会、中国（宁波）—中东欧国家旅游合作交流会等重大旅游主题活动。

（5）提升国际友城合作水平。扩大和深化国际友城合作，深化民间交往，举办富有地方特色的友城交流活动，丰富内涵、提升水平。至2022年，各市、县（市、区）基本实现国际友城结对覆盖。

（6）加强高端智库合作交流。发挥国家和省高端智库试点单位及各类研究机构作用，开展决策咨询、投资贸易促进等研究。深化智库国际合作交流，增进政策沟通和人文交流。①

三、浙江省打造“一带一路”枢纽的路径

我们以中国（浙江）自由贸易试验区、中国（杭州）跨境电子商务综合试验区和义甬舟开放大通道为例，分析浙江打造“一带一路”枢纽的路径。

（一）中国（浙江）自由贸易试验区

2013年1月国务院批复《浙江舟山群岛新区发展规划》，明确提出“加快建设舟山港综合保税区，条件成熟时探索建立自由贸易园区，逐

① 中共浙江省委，浙江省人民政府．关于印发《浙江省打造“一带一路”枢纽行动计划》的通知（浙委发〔2018〕22号）［Z］．2018－05－14.

步研究建设舟山自由港区”，形成了“三步走”的发展战略。2017 年 3 月 15 日，国务院正式批复《中国（浙江）自由贸易试验区总体方案》，同年 4 月 1 日中国（浙江）自由贸易试验区（以下简称浙江自贸试验区）正式挂牌成立。

根据《国务院关于印发中国（浙江）自由贸易试验区总体方案的通知》（国发〔2017〕16 号），自贸试验区的实施范围 119.95 平方公里，由陆域和相关海洋锚地组成，涵盖三个片区：舟山离岛片区 78.98 平方公里（含舟山港综合保税区区块二 3.02 平方公里），舟山岛北部片区 15.62 平方公里（含舟山港综合保税区区块一 2.83 平方公里），舟山岛南部片区 25.35 平方公里。

自贸区按区域布局划分，舟山离岛片区鱼山岛重点建设国际一流的绿色石化基地，鼠浪湖岛、黄泽山岛、双子山岛、衢山岛、小衢山岛、马迹山岛重点发展油品等大宗商品储存、中转、贸易产业，海洋锚地重点发展保税燃料油供应服务；舟山岛北部片区重点发展油品等大宗商品贸易、保税燃料油供应、石油石化产业配套装备保税物流、仓储、制造等产业；舟山岛南部片区重点发展大宗商品交易、航空制造、零部件物流、研发设计及相关配套产业，建设舟山航空产业园，着力发展水产品贸易、海洋旅游、海水利用、现代商贸、金融服务、航运、信息咨询、高新技术等产业。

按海关监管方式划分，自贸试验区内的海关特殊监管区域重点探索以贸易便利化为主要内容的制度创新，重点开展国际贸易和保税加工、保税物流、保税服务等业务；非海关特殊监管区域重点探索投资制度、金融制度等体制机制创新，积极发展以油品为核心的大宗商品中转、加工贸易、保税燃料油供应、装备制造、航空制造、国际海事服务等业务。

1. 浙江省自贸试验区的特色

浙江省自贸试验区是我国唯一一个由陆域和海洋锚地组成的自由贸易试验区；建设重点是推进以油气全产业链为核心的大宗商品投资便利化、贸易自由化；战略定位是建设成为中国东部地区重要海上开放门户示范区、国际大宗商品贸易自由化先导区和具有国际影响力的资源配置基地；核心任务是确保国家能源战略资源安全，争夺国际市场话语权；发展目标是经过3年左右有特色的改革探索，对接国际标准初步建成自由贸易港区先行区。

相比于其他自贸试验区，浙江省自贸试验区特色鲜明：一是地域聚焦。浙江自贸试验区实施范围全部在舟山市范围内，充分发挥舟山群岛区位优势、海岛资源优势和离岛监管便利优势，打造独具地域特色的自贸试验区。二是目标聚焦。围绕中央关于“探索建设舟山自由贸易港区”的战略要求，对标新加坡，致力于打造具有中国特色的自由贸易港。三是内容聚焦。浙江省自贸试验区以油气全产业链投资便利化、贸易自由化为核心试点内容，探索既符合国际惯例，又具有中国特色的大宗商品自由贸易制度，着力推动供给侧结构性改革，为提升我国资源配置全球竞争力探索新途径、积累新经验。

2. 浙江省自贸试验区建设成效

浙江省自贸试验区于2017年4月1日挂牌，推进以油气全产业链为核心的大宗商品投资便利和贸易自由为核心任务。挂牌3年多来，浙江省自贸区着力打造“一中心三基地一示范区”，油气全产业链建设不断取得新成效：油气企业4279家，成为全国油品企业聚集度最高的地区；保税燃料油供应占全国总量的30%以上，成为全国第一国际船舶燃料油加油港，并跻身全球十大加油港；全国首个民营主导炼化一体化石化企业落户浙江省自贸试验区，一期2000万吨/年项目即将投产。

此外，围绕打造油气国际化合作平台，连续3年举办世界油商大会，吸引了世界知名油气企业、世界前十大石油公司、世界十大石化企业、全球五大油气贸易商等国内外重量级油气全产业链企业派出高管参会，累计签约重大项目45个，协议金额2230亿元。①

① 邢郑，杨曦．中国（浙江）自由贸易试验区高质量发展推介会在京举行［OL］．人民网，2019-08-23.

3. 浙江省自贸试验区 2.0 版

落实党的十九大提出的“赋予自由贸易试验区更大改革自主权”的要求，浙江省重点抓好两件事：一是抓紧争取新赋权，建设有影响力的国际油品交易中心；争取医疗旅游领域开放更大先行先试权，建设国际医疗旅游先行区。二是抓紧谋划并争取片区优化，跳出舟山，形成省内“一区多片”布局，努力把“最大试验田”的效能发挥到最大。

2019 年 8 月，浙江省政府办公厅印发《关于进一步推进中国（浙江）自由贸易试验区改革创新的若干意见》，首次明确提出要在浙江省范围内建设“自贸试验区联动创新区”。根据该意见，浙江省将支持联动创新区充分发挥自身特色优势，紧扣全省八大万亿产业和战略性新兴产业，深化数字经济、民营经济、智能制造、小商品贸易等方面的优势，探索形成一批具有代表性、体现浙江特色的改革创新经验。同时，自贸试验区与联动创新区也将强化联动试验，争取形成一批跨区域、跨部门、跨层级的改革创新成果。

2019 年 12 月，浙江省政府同意杭州、宁波、温州、嘉兴、金华、台州等 6 市分别设立中国（浙江）自由贸易区联动创新区。2020 年 3 月 6 日，浙江省自贸办发布 6 个自贸试验区联动创新区总体方案。① 这标志着浙江省自贸试验区联动创新区已正式进入建设阶段，自贸试验区建设按下了“快进键”。这些总体方案具有强调复制推广、突出特色创新、要求联动发展等特点。6 个总体方案中都提出，要重点复制推广自贸试验区在政府职能转变、投资管理等领域的制度创新成果，形成一批复制推广的实践案例。联动创新区复制推广的不仅是浙江省自贸试验区的经验，还包括全国所有自贸试验区的政策试点经验。

同时，6 个总体方案在制订过程中也充分结合了地方特色，特别是围绕数字经济、民营经济、智能制造、小商品贸易等方面提出了特色化

---

① 翁杰，李杨. 6 个联动创新区总体方案发布 浙江自贸试验区建设按下“快进键”[OL]. 浙江新闻，2020-03-07.

的改革探索任务。例如，杭州市发挥数字经济优势，全力打造数字自贸区；宁波市立足国际大港和开放枢纽优势，加快建成高水平高质量对外开放高地；温州市发挥民营经济、市场经济、侨商优势，构建民营企业国际化发展示范区。

（二）中国（杭州）跨境电子商务综合试验区

中国跨境电子商务综合试验区是中国设立的跨境电子商务综合性质的先行先试的城市区域，旨在在跨境电子商务交易、支付、物流、通关、退税、结汇等环节的技术标准、业务流程、监管模式和信息化建设等方面先行先试，通过制度创新、管理创新、服务创新和协同发展，破解跨境电子商务发展中的深层次矛盾和体制性难题，打造跨境电子商务完整的产业链和生态链，逐步形成一套适应和引领全球跨境电子商务发展的管理制度和规则，为推动中国跨境电子商务健康发展提供可复制、可推广的经验。中国（杭州）跨境电子商务综合试验区（简称综合试验区）是我国第一个跨境电子商务综合试验区。

1. 中国（杭州）跨境电子商务综合试验区概况

2015 年 3 月 12 日，国务院印发《关于同意设立中国（杭州）跨境电子商务综合试验区的批复》。综合试验区通过构建信息共享体系、金融服务体系、智能物流体系、电商诚信体系、统计监测体系和风险防控体系，以及“线上综合服务平台”和线下“综合园区”平台等“六体系两平台”（见图 10 - 1），实现跨境电子商务信息流、资金流、货物流“三流合一”；并以此为基础，以“线上交易自由”与“线下综合服务”有机融合为特色，重点在制度建设、政府管理、服务集成等“三大领域”开展创新。

综合试验区的发展目标是，经过 3 ~ 5 年的改革试验，力争把跨境电商综合试验区建设成以“线上集成 + 跨境贸易 + 综合服务”为主要特征，以“物流通关渠道 + 线上综合服务平台信息系统 + 金融增值服务”为核心竞争力，“关”“税”“汇”“检”“商”“物”“融”一体化，“线上综合服务平台”和线下“综合园区”平台相结合，投资贸易便利、监管高效便捷、法制环境规范的全国跨境电子商务创业创新中心、跨境电子商务服务中心和跨境电子商务大数据中心。

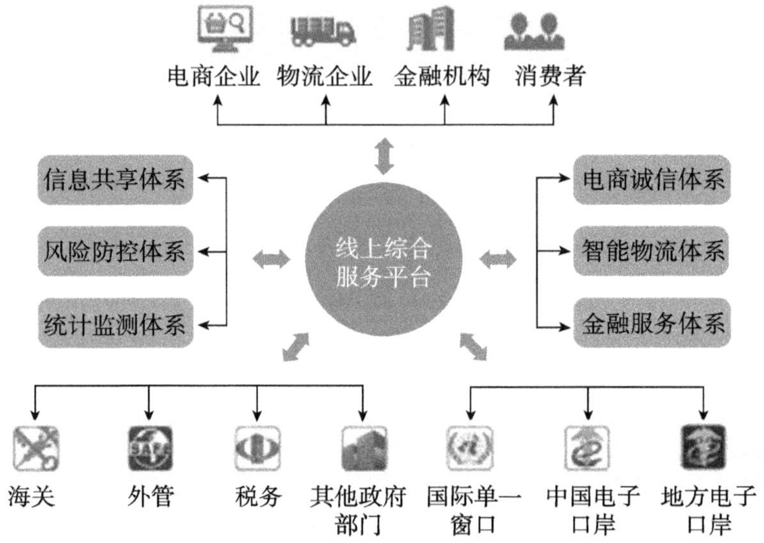

图10－1　中国（杭州）跨境电子商务综合试验区线上服务平台

2. 杭州市在跨境电商领域取得的进展

杭州市政府一直关注跨境电商发展。杭州市有很好的市场基础和外向型经济，有以阿里巴巴为龙头的一批优秀企业。2017 年 3 月 1 日《杭州市跨境电子商务促进条例》实施。通过发挥市场作用，推动中小企业的转型，杭州市在跨境电商领域取得了一些成绩。

（1）制度创新引领全国。杭州市创新推出了多个全国“首个”方案，推出了首个 B2B 认定标准、申报流程和便利化方案，制定了第一个地方性的跨境电商促进条例，推出了第一个跨境电商指数和人才标准，形成了包括 B2C 进口、B2C 出口、保税出口在内的全国最齐全的海关监管模式，成立了首个互联网法院、仲裁联盟和人才联盟，设立了第一家跨境零售商品质量安全风险国家监测中心。

以“六体系两平台”为核心的杭州跨境电商经验在全国得到了普遍推广，依托杭州经验在全国设立了另外 12 个跨境电商综合试验区。

同时，杭州市积极参与世界电子贸易平台（eWTP）倡议建设。2017 年 5 月，杭州市政府与马来西亚数字经济发展局、阿里巴巴集团签署了三方协议；同年 10 月，杭州市推出了 eWTP 实验区建设方案；未来 3 ~ 5 年，杭州市将在数字口岸建设、数字应用、数字监管等方面，继续创新发展。

（2）跨境电商新产业蓬勃发展。杭州一直保持 B2B 和 B2C 齐头并进；外贸新模式新业态层出不穷；大卖家日益增多，年销售额达到亿级甚至几十亿级的大卖家，如雨后春笋一样冒出来。产业集群迅速崛起，如服装、休闲用品、家居照明等。出口进口双向发力，2017 年杭州市跨境电商零售进口达 26 亿美元，集聚了天猫国际、网易考拉等龙头平台。此外，杭州内外贸融合速度越来越快。

（3）综合服务不断优化。杭州市综和试验区搭建了全国第一个“线上综合服务平台”，一站式报关、报税等，实现所有数据共享。在此基础上，又推出线上综合服务二期大数据平台，收集来自关、检、汇、税的信息，并与阿里巴巴联合为企业提供无抵押、无担保融资。

（4）生态环境日臻完善。①线下产业园区加快发展，“一核一圈一带”13 个产业园区遍布杭州市各区县市，产业园区规划总面积达到 159 万平方米，很多园区扩容二期发展。②打造物流枢纽人才服务，联合电商平台、大学院校以及第三方培训机构，建设人才实训基地、跨境电商港、电商学院，加快杭州物流枢纽建设。③金融服务业发展活跃，如建设银行在杭州市专门设立跨境电商金融中心。④全球各大平台在杭州集聚，包括阿里巴巴、网易考拉、亚马逊以及很多垂直平台等。过去三年，杭州市引进了跨境电商产业链企业 1454 家，注册资金合计达到 233 亿元，并且还在以加速度发展。[①]

3. 未来杭州市综合试验区发展方向

面向未来，杭州市综合试验区将努力在以下几个方面取得新进展。

---

① 陈卫菁．中国（杭州）跨境电子商务综合试验区的实践和探索［OL］．搜狐网，2018 - 02 - 23.

①进一步完善跨境电商基础设施，朝“便利化、智能化”发展；②构建互联互通的跨境电商贸易网络，加快跨境电商与实体经济的深度融合；③培育对外贸易新业态新模式，深入推进 eWTP 杭州实验区创新实践；④建设杭州综合试验区升级版，着力推动“网上丝绸之路”和“贸易强国”建设。

（三）义甬舟开放大通道

加快推进义甬舟开放大通道建设，深化推进海港、陆港、空港、信息港的融合发展，是坚持以“一带一路”为统领，构建浙江省全面开放新格局的重大举措，也是浙江省服务和落实长三角一体化发展国家战略的具体行动。

义甬舟开放大通道对内辐射拓展内陆腹地、对外联通“一带一路”沿线国家和地区，覆盖多个“一带一路”倡议支点城市，既有宁波舟山港这样的海上桥头堡，也有义乌国际陆港这样的陆上桥头堡，是浙江省新时代全面开放、服务和落实“一带一路”倡议的先行区。

义甬舟开放大通道贯穿浙江省四大都市区中的宁波、金义两大都市区，是大湾区建设“一环一带一通道”（环杭州湾经济区、甬台温临港产业带和义甬舟开放大通道）总体布局中的“一通道”，也是大通道建设中“三大通道”（开放通道、湾区通道、美丽通道）之一，是一条集聚“山、水、海、园、廊”于一体的绿色生态带，是浙江省一条十分重要的发展轴线。

1. 义甬舟开放大通道建设成效

义甬舟开放大通道一头连接“丝绸之路经济带”，一头连接“21 世纪海上丝绸之路”。重点工作是“一轴四港五通”。

“一轴”就是突出义甬舟交通主轴建设。义甬舟开放大通道以宁波—舟山、金华—义乌为战略节点，主要由金甬舟铁路、宁波舟山港主通道等项目构成。2019 年全线开工建设金甬铁路，力争 2022 年建成通车；加快推进甬舟铁路前期工作，力争 2022 年建成通车。

“四港”就是加快推进“四港”联动。海港、陆港、空港、信息港联动发展，要加快建立工作推进机制、成立运营主体联盟、规范多式联运服务标准、健全一体化通关协作制度、构建多式联运设施体系、建设信息联通服务平台、打造“四港”联动示范工程。同时，大力实施数字经济“一号工程”，加快建设高速、移动、安全、泛在的网络基础设施。

“五通”就是浙沪苏皖赣闽的互联互通。对接上海，重点是要推进沪嘉城际轨道交通一体化、沪乍杭铁路和沪苏湖铁路等项目建设；连通江苏，重点是推进通苏嘉铁路、苏台高速公路南浔至桐乡段等项目建设；连通安徽，重点是推进杭武铁路杭临绩段、千黄高速公路等项目建设；连通江西，重点是推进温武吉铁路等项目建设；连通福建，重点是推进衢宁铁路、龙丽温高速公路等项目建设。

义甬舟开放大通道建设自 2016 年年底启动建设以来取得良好成效。宁波舟山港成为全球首个货物吞吐量超过 10 亿吨的海港，2019 年上半年共完成货物吞吐量 5.58 亿吨，集装箱吞吐量突破 1391 万标箱，同比增长 5.5%、4.7%。海铁联运发展势头迅猛，已开通 12 条线路，业务辐射至全国 15 个省、48 个地级市。义新欧班列去年全年运行 320 列，发运集装箱 2.5 万标箱，同比增长 68.8%。①

2. 继续加大义甬舟开放大通道建设

根据浙江省义甬舟开放大通道建设联席会议发布的《义甬舟开放大通道建设十大标志性工程（2019 年版）》，浙江省将围绕十大标志性工程，加大大通道建设力度。这十大工程分别是：义甬舟陆海空联动工程，义甬舟开放大通道西延工程，舟山江海联运服务中心，义乌国际贸易综合改革试验区，义甬舟高质量对外开放平台，义甬舟一体化发展协同区，中国—中东欧国家博览会，义甬舟中外文化交流合作区，义甬舟“世界超市”和义甬舟绿色生态带。

---

① 王丽玮．义甬舟开放大通道建设“十大标志性工程”2019 年版发布［OL］．人民网浙江频道，2019－09－20.

第十一章 宁波市："一带一路"建设综合试验区

宁波市是古代海上丝绸之路的始发港之一。如今，宁波不仅地处"21世纪海上丝绸之路"和长江经济带交汇处，同时也是中国重要的制造业基地和首个《中国制造2025》试点城市。2017年9月14日，浙江省人民政府网站公布了《浙江省政府关于设立宁波"一带一路"建设综合试验区的批复》，同意设立宁波"一带一路"建设综合试验区。"一带一路"建设综合试验区将拓展宁波对外开放的深度和广度，提升对外开放新优势。谋划创建宁波市"一带一路"建设综合试验区也是浙江服务"一带一路"建设的重大举措，对牵引带动浙江省全方位双向开放、提升国际化发展水平具有重要意义。

一、宁波市对外开放的独特优势

宁波市地处我国海岸线中段，长江三角洲南翼，东有舟山群岛为天然屏障，北濒杭州湾，西接绍兴市的嵊州、新昌、上虞，南临三门湾，并与台州的三门、天台相连。宁波地理区位独特、开放平台众多、体制机制灵活，对接"一带一路"的基础好、优势大、契合度高，具有创建"一带一路"建设综合试验区多方面的条件。

（一）宁波市拥有源远流长的对外交流历史

公元前2000多年的夏代，宁波的名称为"鄞"，春秋时为越国境地，秦时属会稽郡的鄞、鄮、句章三县，唐时称明州。公元821年，明州州治迁到三江口，并筑内城，标志着宁波建城之始。明洪武十四年（公元1381年），取"海定则波宁"之义，改称宁波，一直沿用至今。作为海上丝绸之路的重要门户之一，宁波市对外交流历史悠久。公元

752年（唐天宝十一年），日本孝谦朝3艘遣唐使船驶抵宁波口岸，掀开了港口1200余年的对外开放历史。在宋代，明州与广州、泉州同为对外贸易三大港。目前，宁波市已与40多个“一带一路”沿线国家城市缔结了友城关系。宁波市的经济外向度高，2018年完成外贸进出口总额8576.3亿元，增长12.9%。实际利用外资43.2亿美元，增长7.2%，引进（增资）境外世界500强投资项目10个。备案境外中方投资额41.4亿美元。服务贸易进出口额830亿元，增长10.7%。深度参与“一带一路”建设。在“一带一路”沿线国家和地区设立境外企业和机构近580家，成功推进建设34个重点平台、50个重点项目，启动建设全国首个16+1经贸合作示范区。① 成功举办中国—中东欧国家投资贸易博览会、中国—中东欧国家经贸促进部长级会议、海丝港口国际合作论坛、世界“宁波帮·帮宁波”发展大会等活动，有条件为我国与“一带一路”沿线国家和地区开展经贸合作提供更大空间。

（二）宁波市具有特殊重要的城市战略地位

宁波市是我国沿海重要的港口城市、副省级计划单列市和改革开放前沿城市，位于21世纪海上丝绸之路建设与长江经济带发展的战略交汇处，连接东西、辐射南北、通达全球，在国家全方位开放格局中具有特殊地位。宁波市与舟山群岛新区隔海相望，是浙江省义甬舟开放大通道的关键节点、联结世界的重要窗口。同时，宁波市经济实力雄厚，2018年实现地区生产总值10745.5亿元，增长7%，跻身经济总量万亿级城市行列；财政总收入2655.3亿元，增长9.9%，一般公共预算收入1379.7亿元，增长10.8%；跨境电子商务贸易额和境外投资额均位居副省级城市前列，为服务和参与“一带一路”建设提供了坚实支撑。

（三）宁波市具有得天独厚的港口资源优势

宁波全市海域总面积为8355.8平方公里，岸线总长为1594.4公里，约占全省海岸线的24%。宁波港是具有7000多年历史的古老港口。

---

① 裘东耀．2019年宁波市政府工作报告［N］．宁波日报，2019－02－14.

早在7000年前，河姆渡先民就划桨行舟，宁波市已经有了港口的雏形。公元前4世纪，古越国营建了水军要塞句章港。唐开元二十六年（公元738年），宁波港正式开港。宁波舟山港自然条件优越、港口资源丰富、地理位置重要，紧邻国际主航道，对外直接面向东亚及整个环太平洋地区，243条国际航线连接着100多个国家和地区600多个港口；对内可通过江海联运、海河联运、海公联运、海铁联运，直接辐射长江经济带和丝绸之路经济带，是联通内外的国际枢纽港。宁波舟山港货物吞吐量连续10年位居全球第一，集装箱吞吐量达2635.1万标箱，跃居全球第三①；中欧货运量居全国之首，宁波航交所“海丝指数”成功登陆波罗的海交易所，具有创建“一带一路”建设综合试验区的港口资源条件。

（四）宁波市具有开放包容的国际营商环境

“一带一路”建设需要创新开放的体制机制、高效便利的服务功能作为支撑。宁波市拥有宁波保税区、梅山保税港区等10个国家级开发区，行政服务规范透明、口岸监管高效、投资贸易便利、城市功能完善，金融科技人才等高端要素加速集聚，形成了创新开放、成熟包容的营商环境。近年来，先后获批中国（宁波）跨境电子商务综合试验区、中国—中东欧贸易便利化国检试验区、国家保险创新综合试验区等试点，综合服务环境和质量水平不断提升，为与“一带一路”沿线国家和地区开展合作提供有力的制度保障。

（五）宁波市具有开拓进取的民营企业群体

民营经济是将“一带一路”建成繁荣之路的重要力量。宁波民营经济发达，民营企业家创新意识强、开拓精神足，民间资本可用总量1万亿元以上，“走出去”的民间资本遍布全球100多个国家和地区，“一带一路”沿线国家和地区投资总量占比达到20%以上，是目前全国第4个境外投资额超百亿美元的副省级城市，成为我国推进“一带一路”建设的重要力量，有能力为全国企业更高水平“走出去”、探索与沿线

① 裘东耀. 2019年宁波市政府工作报告［N］. 宁波日报，2019-02-14.

国家和地区合作新机制提供经验示范。

（六）宁波市具有非常深厚的历史文化底蕴

宁波市作为国家历史文化名城，是中国大运河和海上丝绸之路的交汇点，也是中国传统阳明文化、佛教文化、藏书文化、港口文化、海洋文化的典型代表城市，具有独特的“山海汇融、中西合璧”的城市文化。宁波市作为我国海上丝绸之路的一个重要港口城市，持续繁荣千年而不衰，在我国历史上并不多见。① 宁波市拥有40多万海外“宁波帮”和110多位宁波籍院士，与“一带一路”沿线国家和地区文化交往频繁，有能力为促进沿线国家和地区之间的文化认同做出更大贡献。

二、宁波市建设综合试验区的思路

（一）指导思想

深入贯彻落实习近平总书记关于“一带一路”建设系列重要讲话和省第十四次党代会精神，以开放创新为主线，以互利共赢为目标，以宁波梅山新区为核心载体，以港口互联互通、投资贸易便利化、产业科技合作、金融保险服务、人文交流为战略重点，积极打造“一带一路”港航物流中心、投资贸易便利化先行区、产业科技合作引领区、金融保险服务示范区、人文交流门户区，勇当“一带一路”建设排头兵，努力建成“一带一路”倡议枢纽城市。

（二）试验目标

到2020年，“一带一路”建设全面展开，“五通”“五路”项目加快推进，“一带一路”港航物流中心、投资贸易便利化先行区、产业科技合作引领区、金融保险服务示范区和人文交流门户区建设初见成效，“一带一路”建设枢纽城市的功能地位初步确立。

——“一带一路”港航物流中心。以港口开放为主线，依托国际

① 徐侠民，霍杰等．“一带一路”建设的地方设计与实践［M］．杭州：浙江大学出版社，2018.

港航物流服务中心建设，推进多元、立体、无缝、绿色、安全、快速、智能化的综合交通运输体系建设，打造多式联运国际枢纽，扩大“海丝指数”影响力，强化供应链管理创新，增强国际资源配置能力，促进贸易物流联动发展。到2020年，腹地“无水港”达到20个以上，新增与“一带一路”沿线国家和地区国际航线5条以上、空港国际货运航线5条。

——“一带一路”投资贸易便利化先行区。结合宁波国际经贸合作交流中心建设，争创“16+1”经贸合作示范区，深化投资贸易便利化改革，加快“三互”大通关建设，海关、检验检疫、出入境管理等国际化水平显著提高，外向型经济结构明显优化、效益显著提升，成为“一带一路”沿线国家和地区投资贸易便利化先行城市。到2020年，与沿线国家和地区进出口贸易额达到400亿美元以上，跨境贸易电商交易额年均增长20%以上。

——“一带一路”产业科技合作引领区。以《中国制造2025》试点示范城市、国家创新型试点城市和科技成果转移转化示范区建设为契机，依托新材料科技城、国际海洋生态科技城和国别产业合作园等载体建设，推进绿地投资、跨国技术并购和国际科技成果转移转化合作，健全企业“走出去”服务体系和风险防范机制，成为“一带一路”沿线国家和地区产业科技合作的重要城市。到2020年，境外产业园增加到5个，累计新增境外投资总额25亿美元，经认定本土跨国企业不少于5家。

——“一带一路”金融保险服务示范区。结合国家保险创新综合试验区建设，强化金融保险创新，研究设立“一带一路”巨灾保险合作基金并争取落地，加大政策性银行金融支持力度，不断提高国际金融合作水平，成为“一带一路”沿线国家和地区金融保险服务的示范城市。到2020年，人民币跨境收入占本外币跨境收入比重达30%。

——“一带一路”人文交流门户区。以海外“宁波帮”为桥梁，以港口文化、海洋文化、阳明文化、佛教文化、运河文化等为纽带，加强民间和政府间交流，不断丰富与沿线国家和地区的文化交流和人员往来，成为“一带一路”沿线国家和地区重要的人文交流门户区。到2020年，友好城市数量达到100对。

到2030年，更多国别、更宽领域、更深层次的对外开放合作深入推进，共商、共建、共享的合作机制更加完善，战略性开放通道安全高效畅通；经贸投资合作成果更加丰硕，与沿线国家和地区贸易总额、对外投资、引进外资均比2020年翻一番；金融保险、知识产权保护、投融资等“走出去”服务体系更加健全，与沿线国家和地区友好城市的多层次交往更加深入，“一带一路”倡议支点作用充分体现、战略枢纽城市地位牢固确立。①

三、宁波市建设综合试验区的路径

按照《推动共建丝绸之路经济带和21世纪海上丝绸之路的愿景与行动》总体要求，围绕“五通”“五路”建设，以梅山新区等重大平台为载体，充分发挥宁波港口、开放、产业和人文集成优势，从港口互联互通、贸易便利化、产业科技合作、金融保险服务、人文交流等五方面推进综合试验区建设。

（一）以宁波舟山港为龙头，着力做强“海丝指数”，探索设施联通新路径

1. 提升“海丝指数”国际影响力

完善宁波市出口集装箱运价指数（NCFI）、海上丝路贸易指数（STI）体系，推动中国—中东欧贸易指数等新指数研发。大力推进航运数据整合，集聚产业链上下游、国内外港航物流和国际贸易数据，建设海上丝路航运大数据中心。深化与波罗的海交易所在国际集装箱指数等领域的合作，确保已发布的四条指数稳定发展，加强与新加坡交易所

① 浙江省发展和改革委员会．关于印发《宁波“一带一路”建设综合试验区总体方案》的通知（浙发改函〔2017〕166号）［Z］．2017－09－20.

在航运金融衍生品方面的合作。加强指数数据分析和应用，丰富指数分析报告品类。拓宽指数宣传渠道，推动权威机构对指数的引用分析，提高指数应用率和国际公认度。

2. 大力推进国际港口合作

加密宁波舟山港与沿线国家和地区港口间的航线，探索开辟新的海上航线。坚持公开透明和互利共赢的原则，合作建设支点港口，带动东道国临港产业和腹地经济发展。推动港口管理输出，加强与沙特、印尼、缅甸、斯里兰卡、阿联酋、罗马尼亚等国外港口在全程物流服务、技术标准修订等方面的合作。加强与招商局等央企对接，探索推进以资本为纽带的国际港口间合作，不断提升港口海外运营能力。强化港口资源深度整合，以宁波舟山港为核心，积极打造世界级港口集群，加快推进舟山江海联运服务中心建设。加强与国内沿海沿江港口的战略合作，完善“无水港”网络布局。

3. 完善对外交通通道网络

构筑沿海南北、沿江东西和甬昆西南三条跨区域对外综合运输通道，提升宁波国家级综合交通枢纽功能。谋划建设“新亚欧大陆桥复线”，推进宁波、义乌进出口贸易运输联动发展，开拓完善以“义新欧”为品牌窗口、包括宁波在内的中欧班列体系。加快铁路集装箱中心站、中欧班列沿海集结中心等建设，设立宁波铁路口岸和宁波多式联运海关监管中心，打造国家海铁联运示范通道。积极推进海河直达运输发展，增强沿海港口与内河港口的联动发展。加快宁波机场三期项目建设，开辟“一带一路”沿线国家和地区新航线，争创国家临空经济示范区。进一步拓展国际互联网出口通道，实现宁波与境外高速互访和实时通信，加强与“一带一路”沿线国家和地区在智慧城市建设领域的合作交流，共同推进建设“21 世纪数字丝绸之路”。

4. 推动港航服务业高端化

支持航运企业加快兼并重组，促进规模化经营，做强通关服务、航运信息、航运代理和船舶港口供应等航运基础服务业。大力扶持发展物料供应、保税油供应、船员培训等船舶服务业，积极培育航运交易服务市场、航运人才中介市场等高端航运服务业态。推动贸易物流联动发展，打通金融、贸易、物流等政策壁垒，培育和引进一批跨国贸易物流企业区域总部、专业化物流供应链服务商和物流园区运营商，建设中国（梅山）国际供应链创新示范区。大力发展航运金融，依托宁波航交所等载体，集聚国际海事组织、船舶交易、船舶管理、船舶检验、航运经纪等各类中介机构，开展船舶融资租赁等业务。加快发展邮轮游艇经济。

（二）以与中东欧经贸合作为重点，着力提升贸易便利化水平，探索贸易畅通新机制

1. 争创“16+1”经贸合作示范区

以建设中国—中东欧贸易便利化国检试验区（见专栏1）为契机，加强中东欧国家商品准入管理机制研究，加快中东欧国家肉类、新鲜水果等特色优势产品输华准入。建立贸易商品认证体系和标准，推动我国与中东欧国家对相关标准体系进行共认。探索市场准入规则互认，推动定期磋商与交流。共同建设贸易便利化政策的推介平台和机制，推动双方政策互认。建设国际贸易“单一窗口”，实现货物作业“一站式”、通关无纸化。创新中东欧“走出去”简易模式，支持企业赴中东欧建设工业园区、营销基地和资源开发中心。谋划建设中东欧产业园，实现中东欧优势产业与宁波产业链对接。提升中国—中东欧国家投资贸易博览会层级，支持中东欧国家设立签证服务中心、旅游办事处等办事机构。

专栏1 中国—中东欧贸易便利化国检试验区

建设国际一流口岸：建成宁波国检贸易便利化服务中心。开展检验检疫智慧窗口建设，建设“渠道多、办事易、效率高”的线上窗口服务平台。简化贸易投资业务流程，推进跨境贷款、境外并购、境内海运费网上支付等试点。推进“一次申报，分步处置”通关模式试点。 有效集聚出口商品：完善市场采购贸易外汇管理。全面实施全国范围内检验检疫“出口直放”放行制度。推动标准检测认证互认合作。

> 打造进口首选之地：打造中东欧进口商品交易展示中心。实施检验检疫、海关集中快速“冷链查验”，建成中东欧国家冷链产品交易中心。鼓励中东欧大型企业集团在宁波设立公司，争取在宁波设立中东欧国家常驻商务、经济代表处。完善中东欧进口商品物流基地布局。
>
> 畅通进口直通渠道：加快推进宁波和内陆一体化通关管理，试点将进口直通负面清单商品直运至目的地，实施一次性检验检疫的进口直通放行机制。加快宁波铁路口岸、邮路口岸建设，提高中东欧班列数量，扩建宁波国际邮件互换局（交换站），在中东欧（宁波）工业园建成宁波中东欧邮政跨境电商物流园。

2. 探索争创梅山自由贸易岛

创新国际船舶登记制度、航运业务运作模式、航运金融开放、航运税收政策，以梅山岛为核心争取国家港航服务改革试点，加快复制上海市、天津市的国际船舶登记、中资“方便旗”船舶税收优惠、沿海捎带、启运港退税等政策。创新投资管理制度和投资贸易税收政策，扩大服务业和先进制造业对外开放。研究实施个人境外直接投资、开设自由贸易账户等政策，争取国际贸易结算中心试点。完善口岸监管政策，实施“一线放开、二线安全高效管住”的口岸监管方式，创新外商投资和金融等领域风险管理体系。探索高端人才政策创新，实施有利于人才集聚的住房、社保、户籍、个税减免奖励等政策，完善人员出入境政策。

3. 探索建设大榭国际能源贸易岛

谋划制订大榭国际能源贸易岛建设方案，争取复制中国（浙江）自由贸易试验区政策，推动油品全产业链投资便利化和贸易自由化。争取放宽原油、成品油进口资质和配额限制，争取开展保税油加注业务。争取油气设施网运分离试点，推动能源基础设施对民间资本开放。争取建设原油、成品油、LNG 等能源大宗货物交易市场和交割基地，争取特定能源产品贸易的税收优惠政策。创新建立与能源贸易相适应的口岸监管方式。做大做强能源国际贸易，加大国资能源巨头与本地民营企业抱团“走出去”，加强与伊朗、沙特、土耳其等沿线资源国在能源开发、配套基础设施、上下游产业和投融资等领域的合作。

4. 高水平建设“21世纪数字丝绸之路”

以中国（宁波）跨境电商综合试验区建设为契机，依托贸易、航运和纺织、服装、电器、文具等优势行业，大力发展跨境贸易电商。以宁波保税区、宁波跨境电商产业园、宁波电商创新产业园等为载体，构建个性化通关通检流程，扩大附加值高的进口商品品种，建成集通关、展示、交易、结算、配送等功能于一体的供应链综合服务体系，打造跨境电商数据中心。建立电子商务进出口新型海关监管和检验监管模式，鼓励银行机构为跨境电商提供支付服务，实施适应跨境电商特点的进出口税收政策，建立电商出口信用体系。进一步便利跨境电商企业收结汇，共同推进跨境电商人民币结算业务发展，支持甬易支付探索开展跨境支付业务。

（三）以产业发展为主体，着力完善互利共赢服务体系，探索产业科技合作新模式

1. 深化国际产业合作

推动重点领域产业合作，聚焦新材料、高端装备、纺织服装、能源化工、家用电器等重点优势产业，采取投资建厂、合作开发、承包工程等多种方式分类推进国际产业合作，大力拓展与中西亚、东欧、非洲、拉美等地的能源资源合作。谋划建设智能经济国际合作园，吸引沿线国家和地区跨国公司、研究机构在宁波设立智能经济研发中心和分支机构，组建大数据、智能装备、智能家电等产业联盟。打造国际产业合作示范平台（见专栏2），高水平建设中意（宁波）生态园等国别产业合作园。支持中小民营企业“抱团出海”，在中东欧、东南亚等地合作新建一批境外经贸合作区。大力培育本土跨国公司，支持有实力的本土企业通过绿地投资、跨国并购等方式“走出去”。

专栏2 “一带一路”国际产业合作示范平台

境内产业合作平台：中意（宁波）生态园、中捷（宁波）产业园、中东欧（宁波）工业园、中以产业园、北欧工业园、中东欧贸易物流基地、中德健康养老小镇、中泰农业生态科技园。 境外产业合作平台：浙江吉润汽车白罗斯生产基地、宁波（越南）工业园、宁波（柬埔寨）工业园、中策尼日利亚宁波工业园、贝宁中国贸易中心。

2. 加强国际科技合作与成果转移

高水平建设新材料科技城、国际海洋生态科技城等重大平台，加强与沿线国家和地区科技项目合作对接。建设双向合作科技园，推进宁波诺丁汉中英科技创新园、宁海中瑞科技园、海曙国际科创城等科技合作园建设，支持企业和机构在以色列、捷克、意大利等重点国家探索共建境外科技研发园。依托国际技术产业联盟（中国）总部、中科院宁波材料所等科研机构，推动与沿线国家和地区知名机构及产业组织共建联合实验室（研发中心）、国际技术转移中心，合作开展重大科技攻关（见专栏3）。实施海外企业研发平台建设计划，搭建宁波国际科技商务平台，支持有条件的企业设立海外研发中心或产业孵化基地。

专栏3 “一带一路”科技合作平台载体

重点科技合作平台：新材料科技城、国际海洋生态科技城、航天智慧科技城、中官路创业创新大街、环杭州湾创新中心、宁波“侨梦苑”、中英国际创业港、意大利CSMT（中国）中心。 双向合作科技园：宁波诺丁汉中英科技创新园、宁海中瑞科技园、宁波智能经济国际合作园。 重点科研合作机构：国际技术产业联盟（中国）总部、海上丝绸之路创新设计产业联盟、中科院宁波材料所、宁波国际材料基因工程研究院、中东欧新材料研究院、宁波智能制造产业研究院。

3. 健全“走出去”服务体系

完善民营企业赴沿线国家和地区建设产业园区、营销基地和资源开发中心的财政、金融、税收等扶持政策，简化境外投资审批流程。整合各类对外交流合作机构资源，争取国家“一带一路”建设促进中心分支机构落户宁波市，为企业提供法律法规、信息资讯、投融资、知识产权保护等服务。建立健全政策沟通长效机制，以友城合作和产业园（基地）建设为载体，与友好城市签署合作备忘录、制定合作规划和措施，为企业“走出去”提供政策支撑。

4. 创新“走出去”风险防范机制

探索建立防风险机制，加强“走出去”公共信息平台建设，及时提供国别风险咨询、境外投资政策环境、风险监测预警等服务。依托海外“宁波帮”和海外华侨华人社团组织、驻外使领馆等力量，积极构建法律、安保、公关等网络体系，增强企业境外突发事件应急处置能力。探索建立防不正当竞争机制，规范“走出去”企业境外经营行为。探索建立防腐败机制，探索实行对外投资工程立项报告和腐败犯罪风险防控报告“双报告”制度，建立企业行贿“黑名单”制度等。

（四）以保险创新为特色，着力健全跨境金融保险服务，探索资金融通和风险保障新体系

1. 建设“一带一路”保险综合服务中心

高水平建设保险创新产业园区，大力推进保险领域改革创新，打造“一带一路”保险创新示范基地。共同研究设立“一带一路”（宁波）巨灾保险合作基金，实现“一带一路”国家巨灾风险基金的集合、共享和互助，创新对外援助模式。加快发展对外工程保险、海外投资保险、境外人身意外伤害保险等业务，大力发展出口信用险，推动设立“一带一路”财产保险公司，为企业“走出去”提供全过程风险管理和一揽子金融保险服务。做大做强宁波东海航运保险公司，提高在全球航运保险市场的话语权和定价权。借力国家保险创新综合试验区 14 条先行先试政策，在特定区域试点开展跨境保险、离岸保险、保险资金跨境

运用等业务创新，创新发展航运保险。打造“一带一路”保险合作交流中心，举办中国保险创新论坛并争取永久落户宁波市。

2. 完善跨境金融服务体系

大力推广 PPP 模式，引导社会资本积极参与“一带一路”重大基础设施建设。积极争取国家丝路基金、亚投行等机构资金倾斜支持，鼓励国有资本、社会资本共同探索设立宁波“21 世纪海上丝绸之路基金”。发展多层次资本市场，支持符合条件的法人金融机构和企业到沿线国家和地区发行人民币债券和外币债券，推动符合条件的沿线国家和地区金融机构宁波分支机构进入银行间债券市场，积极争取 QFLP（合格境外有限合伙人）试点。深入推进境外并购外汇管理试点和跨境贷款对外债权登记管理试点。鼓励金融机构支持企业开展人民币境外直接投资活动，探索开展跨境人民币借款、贷款、贸易融资、结算、支付等金融创新业务。研究发展服务“一带一路”建设的征信机构。以科技金融为切入点，打造一流的金融和产业聚合平台，为企业开展国际产能合作提供便捷化、全过程的金融服务。

3. 加大开发性金融机构支持力度

推动国家开发银行在宁波开展开发性金融政策、产品、服务等方面的试验创新，争取国家开发银行和中国进出口银行“一带一路”专项贷款向宁波倾斜，支持“一带一路”开放通道与平台、企业并购、产业投资、贸易融资、园区合作、港航物流等领域的项目建设。有效利用境外资金，依托国家开发银行海外窗口平台，引导境外资金服务宁波产业转型升级和企业“走出去”。

4. 提升金融合作水平

推动金融机构开展互利合作，鼓励符合条件的金融机构和民营资本共同设立中外合资银行。支持沿线国家和地区金融机构在宁波设立服务于“一带一路”经贸合作的区域性总部或分支机构。加强金融监管合作，与经贸往来密切的重点国家和地区探索构建区域性金融监管合作体系，扩大信息共享范围。

（五）以“活化石”为依托，着力推进人文交流合作，探索打造民心相通新平台

1. 推进多元文化交流

扩大中国—中东欧国家投资贸易博览会、中国—中东欧市长论坛的国际影响力，争取举办中国国际进口博览会中东欧分会场。继续办好国际港口文化节、中国航海日论坛、中东欧文化艺术交流季等系列活动。规划建设保加利亚索非亚中国文化中心、宁波文创港、河海博物馆等项目，协同推进大运河文化带建设，加大宁波丝路文化宣传力度。加大沿线国家城市结好力度，建立高层定期会晤机制，打造“一带一路”友好城市典范。争取设立“一带一路”国家商协会联盟，健全同沿线国家和地区“宁波帮”联络机制，积极发挥桥梁纽带作用。

2. 深化国际教育合作

自2014年起，宁波市已连续主办了五届中国宁波—中东欧国家教育合作交流活动，与中东欧所有国家开展了教育国际合作交流，与“一带一路”沿线国家签署了近百项教育合作项目协议，合作建立了中非（贝宁）职业技术教育学院、中斯丝路学院、中罗（德瓦）国际艺术学校等一批境外办学机构，成立了全国首个“一带一路”产教协同联盟，建成了宁波海上丝绸之路研究院、波兰研究中心等多个地方智库，“一带一路”沿线国家留学生占在甬留学生的比例接近60%。①

在教育部指导下，制定教育对外开放战略规划，谋划建设“一带一路”职业教育合作办学基地、产教协同创新中心和国际交流教育中心，打造“一带一路”国家职业教育合作综合试验区。推进MIT宁波（中国）供应链创新学院、中国—中东欧科技成果转移中心和中国—中东欧国际物流与服务学院等建设，设立“一带一路”发展教研基地，高水平建好宁波海上丝绸之路研究院、宁波中东欧国家合作研究院，打

① 易鹤，刘国尧．教育部与宁波市政府签署合作备忘录［N］．宁波日报，2019-02-19.

造中英时尚产教协同中心。扩大“一带一路”产教协同联盟影响力，举办中国—中东欧国家教育政策对话，宁波高校与世界知名高校开展合作办学，打造“留学宁波”教育品牌。办好捷克语言文化中心、斯洛伐克教育科研中心等，新引进若干沿线国家和地区知名高校、中小学校来宁波合作办学。探索境外办学和援外培训新模式，推进中非（贝宁）职业技术教育学院、中罗（德瓦）国际艺术学校建设，办好在印度尼西亚、波兰、俄罗斯等国家的境外办学项目。实施“一带一路”沿线国家和地区来甬留学生奖学金计划，在沿线国家和地区新建阳明学堂等。

3. 促进国际科技人才交流

谋划建设“一带一路”国际人才交流港，大力推进国家引进国外智力示范区建设。深入实施“3315 计划”、海外高端创业创新人才和海外工程师引进等计划，组织举办中东欧青年创新创业大赛。提升中国新材料与产业化国际论坛、中国机器人峰会、中国智博会等科技交流平台影响力。继续推进“欧洲·宁波周”科技分团等科技招商活动，吸引沿线国家和地区专家、企业和社会组织来宁波市开展科技对接交流。加强“一带一路”智库建设，推动与沿线国家和地区智库交流互访。

4. 举办特色旅游活动和体育赛事

争取“一带一路”沿线国家和地区在宁波设立旅游办事处，支持境外旅游企业在宁波设立旅行服务机构，争取宁波机场口岸 144 小时过境免签政策，积极争取离区免税政策，大力开辟直飞洲际航线。与沿线重点国家城市互办“旅游年”，联合打造丝路特色的国际精品旅游线路和旅游产品，开展互为旅游目的地推广活动。继续办好国际旅游节，积极承办“美丽中国—海上丝绸之路”旅游联合推广活动。积极争办“一带一路”沙滩排球世界巡回赛，不断扩大国际网球巡回赛等赛事的国际影响力。规划建设铭泰国际赛事中心。

主要参考文献

［1］ Riskin C. China's Political Economy: The Quest for Development since 1949 ［M］. Oxford: Oxford University Press, 1978.

［2］ Li Shantong, Xu Zhaoyuan. The Trend of Regional Income Disparity in the People's Republic of China ［J］. ADB Institute Discussion Paper No. 85, 2008.

［3］ 习近平．干在实处 走在前列——推进浙江新发展的思考与实践［M］．北京：中共中央党校出版社，2006.

［4］ 习近平．弘扬人民友谊共创美好未来［N］．人民日报，2013－09－18.

［5］ 习近平．弘扬丝路精神深化中阿合作［N］．人民日报，2014－06－06.

［6］ 习近平．开辟合作新起点谋求发展新动力［N］．人民日报，2017－05－16.

［7］ 习近平．在深入推动长江经济带发展座谈会上的讲话［J］．求是，2019（17）．

［8］ 魏后凯，刘楷．我国地区差异变动趋势分析与预测［J］．中国工业经济研究，1994（4）．

［9］ 赵洪祝．把改革开放的伟大事业继续推向前进［J］．今日浙江，2008（23）．

［10］ 吕祖善．改革开放是浙江富民强省的必由之路［J］．今日浙江，2008（23）．

［11］ 徐建华，鲁凤，苏方林，等．中国区域经济差异的时空尺度分析［J］．地理研究，2005（1）．

［12］刘夏明，魏英琪，李国平．收敛还是发散？——中国区域经济发展争论的文献综述［J］．经济研究，2004（7）．

［13］杨开忠．中国区域经济差异变动研究［J］．经济研究，1994（12）.

［14］宋德勇．改革以来中国经济发展的地区差距状况［J］．数量经济技术经济研究，1998（3）．

［15］王立军．东部企业西进的十大模式［J］．理论学刊，2001（9）．

［16］国家发展和改革委，外交部，商务部．推动共建丝绸之路经济带和21世纪海上丝绸之路的愿景与行动［Z/N］．人民日报，2015－3－29.

［17］陈建军．长三角区域经济一体化的历史进程与动力结构［J］.学术月刊，2008（8）．

［18］吴三忙，李善同．中国地区差距的历史考察与演变新趋势：1952—2008［J］．宁夏社会科学，2010（2）．

［19］文孜．长江经济带战略升级历程［J］．珠江水运，2013（20）．

［20］国务院．关于依托黄金水道推动长江经济带发展的指导意见（国发〔2014〕39号）［Z］.2014－9－25.

［21］朱江涛，卢向虎．国家级新区行政管理体制比较研究［J］．行政管理改革，2016（11）．

［22］推动长江经济带发展领导小组办公室负责人就长江经济带发展有关问题答记者问［OL］．新华网，2016－09－11.

［23］董宇坤，白暴力．“一带一路”战略的政治经济学分析——马克思主义政治经济学的丰富与发展［J］．陕西师范大学学报（哲学社会科学版），2017（3）．

［24］国务院．关于印发中国（浙江）自由贸易试验区总体方案的通知（国发〔2017〕16号）［Z/OL］．中国政府网，2017－03－15.

［25］张顺凤，张艳涛．论“一带一路”的世界历史意义［J］．桂海论丛，2017（6）．

［26］浙江省发展和改革委．关于印发《宁波“一带一路”建设综合试验区总体方案》的通知（浙发改函〔2017〕166号）［Z］．2017－09－20.

［27］国家发展和改革委员会．国家级新区发展报告（2017）［M］．北京：中国计划出版社，2017.

［28］秦尊文．长江经济带战略形成前的理论研究［J］．长江大学学报（社会科学版），2018（1）．

［29］蔡之兵，改革开放以来中国区域发展战略演变的十个特征［J］．区域经济评论，2018（4）．

［30］段文斌，张文，刘大勇．从高速增长到高质量发展——中国改革开放40年回顾与前瞻［J］．学术界，2018（4）．

［31］王桂敏，翟璐．新时代与新理念：“一带一路”倡议的背景分析［J］．辽宁经济，2018（5）．

［32］中共浙江省委、浙江省人民政府关于印发《浙江省打造“一带一路”枢纽行动计划》的通知（浙委发〔2018〕22号）［Z］．2018－05－14.

［33］车俊．坚持“一带一路”统领全面推进开放强省［N］．学习时报，2018－06－20.

［34］邢郑，杨曦．中国（浙江）自由贸易试验区高质量发展推介会在京举行［OL］．人民网，2019－08－23.

［35］刘云中．改革开放以来我国区域发展战略的逻辑演进［J］．经济纵横，2018（10）．

［36］黄秉杰．“一带一路”倡议与我国区域经济新格局［J］．人民论坛，2018（18）．

［37］仇娟东．中国区域经济增长效率集聚与地区差距研究［M］．北京：经济科学出版社，2018.

[38] 孙久文．改革开放以来我国区域经济发展战略的演变与趋势［M］．北京：经济科学出版社，2018.

[39] 靖学青，等．中国区域战略与上海转型发展［M］．上海：上海社会科学院出版社，2018.

[40] 徐佚民，霍杰，等．“一带一路”建设的地方设计与实践［M］．杭州：浙江大学出版社，2018.

[41] 浙江省推动长江经济带发展领导小组办公室．关于印发《关于浙江省高质量参与推动长江经济带发展的实施意见》的通知［Z］．2018－11－20.

[42] 段艳，陈耀．中国区域经济平衡发展战略的回顾与思考（1949—1978年）［J］．中国浦东干部学院学报，2019（1）．

[43] 裘东耀．2019年宁波市政府工作报告［N］．宁波日报，2019－02－14.

[44] 易鹤，刘国尧．教育部与宁波市政府签署合作备忘录［N］．宁波日报，2019－02－19.

[45] 明海英，吴传清．长江经济带发展战略演进历程［OL］．中国社会科学网，2019－03－04.

[46] 翁建荣．大都市区建设的“浙江蓝图”［J］．今日浙江，2019（4）．

[47] 李华康．“一带一路”开放新格局分析［J］．新丝路，2019（8）

[48] 何立峰．扎实推动长江经济带高质量发展［J］．求是，2019（18）．

[49] 中共中央办公厅，国务院办公厅．转发《中央农办、农业农村部、国家发展和改革委关于深入学习浙江“千村示范、万村整治”工程经验扎实推进农村人居环境整治工作的报告》［Z/OL］．新华网，2019－03－06.

[50] 中共浙江省委，浙江省人民政府．关于印发《浙江省推进长江三角洲区域一体化发展行动方案》的通知［Z］．2019－06－14.

［51］车俊．浙江发挥优势全力打造“一带一路”重要枢纽［OL］．新华网，2019－07－12．

［52］陈立平．新安江跨流域生态补偿试点将全面升级［N］．杭州日报，2019－07－23．

［53］李华康．“一带一路”开放新格局分析［J］．新丝路，2019（8）．

［54］王丽玮．义甬舟开放大通道建设“十大标志性工程”2019年版发布［OL］．人民网浙江频道，2019－09－20．

［55］中共中央，国务院．长江三角洲区域一体化发展规划纲要［Z/OL］．新华社，2019－12－01．

［56］陈月丹．金华获批设立中国（浙江）自由贸易试验区金华联动创新区［OL］．澎湃新闻，2019－12－20．

［57］王凯艺，洪宇翔，徐伦．宁波舟山港海铁联运跃上新台阶［N］．浙江日报，2020－01－03．

［58］长三角合作建立统筹疫情防控和经济社会发展工作机制［N］．浙江日报，2020－02－28．

后　记

近年来，笔者相继承担了浙江省发展和改革委员会长三角高质量一体化发展重点研究课题《长三角关键技术协同攻关机制研究》、杭州市决策咨询委员会课题《杭州钱塘新区争创国家级新区的空间扩容思路研究》、丽水市发展和改革委员会委托课题《丽水市高质量参与长江经济带发展实施规划及实施方案》，以及中共嘉善县委推进县域科学发展示范点建设办公室委托课题《嘉善县在长三角一体化发展背景下推进高质量发展的定位及路径研究》。在研究过程中，对于浙江省参与国家区域战略有了一定的思考。2020年年初全国抗击新型冠状病毒肺炎疫情，在企业管理出版社刘一玲老师的鼓励下，利用这一段相对较长的时间整理之前的成果，并开展新的相应的研究，完成了此书。

感谢浙江省社联主席盛世豪研究员，浙江省发改委长三角处黄鸿鸿处长、吕浩杰老师，浙江省科技厅合作处奚灵平处长，杭州市委政研室沈金华副主任，杭州市发展研究中心决策咨询处左银宝处长，丽水市发展委周立军副主任，中共嘉善县委推进县域科学发展示范点建设办公室倪妮主任、于红弟副主任对课题研究的指导；感谢上海科技政策研究所所长杨耀武研究员，中共安徽省委党校王泽强教授，中共嘉善县委党校徐玲娟校长、朱樱副校长等对课题调研的支持和帮助。感谢课题合作者中共丽水市委党校周爱飞副教授，中共浙江省委党校唐勇副教授、周梦天博士，以及南京财经大学夏勇博士；感谢中共浙江省委党校区域经济学研究生史志辉和王书宇，参加课题调研，并帮助我收集整理资料。

本书是对浙江省参与国家区域战略的一个实证研究。在研究过程中，参考和引用了国务院，上海市、江苏省、浙江省、安徽省人民政府和杭州、宁波等市，以及相关部门的有关文件，已经在注释和参考文献中列出，挂一漏万，如果还有疏漏，敬请谅解。

由于作者学识有限，本书的不当之处在所难免，望读者不吝批评指正。

王立军

2020年3月